격동의 시대 **19세기**

조선의 생활모습

◉ 김철수 지음

격동의 시대 19세기 조선의 생활모습

발행일 2010년 10월 4일 초판 1쇄
       2016년 8월 15일 초판 2쇄
지은이 김철수
발행인 안경전
발행처 상생출판
전화 070-8644-3156
팩스 0303-0799-1735
출판등록 2005년 3월 11일(제175호)
배본 대행처 / 상생출판

ⓒ2010,2016 상생출판

ISBN 978-89-94295-10-7
ISBN 978-89-94295-05-3 (세트)
*한국십진분류법(KDC) : 한국철학, 사상(151)

프롤로그

최상의 지고한 존재인 상제가 인간 세상에 오는 과정을 보자.

> 나는 본래 (도솔천궁에 있다가) 서양 대법국大法國 천개
> 탑天蓋塔에 내려와 천하를 두루 살피고 동양 조선국 금
> 산사 미륵전에 임하여 30년 동안 머물다가 (1871년 신
> 미년에) 고부 객망리 강씨 문중에 내려왔나니(『도전』
> 2:15:6-8)

여기서 우리는 궁금한 것이 한두 가지가 아니다.

왜 우주 주재자가 인간 세상에 내려와야만 했을까?

왜 19세기에 내려왔을까?

왜 서양 대법국 천개탑을 거쳐 왔을까?

왜 동방 땅 조선이었을까?

왜 금산사 미륵불상에 머물렀을까?

모두가 의문투성이고, 의문은 꼬리에 꼬리를 문다. 이 모두는 인류의

문명사, 종교사를 풀어나가는데 중요한 문제들이다.

하늘[天]과 땅[地] 그리고 사람[人]!

천·지·인이 함께 성공하는 때, 이 '때'가 언제 어디서 어떻게 이루어지는가는 인류사의 큰 수수께끼였다. 그 수수께끼가 풀렸다.

우주의 뜻과 섭리가 우주 주재자가 인간으로 옴으로써 완성되는 길이 열렸기 때문이다. 그 주재자가 19세기 중후반인 1871년 동방 땅 조선에 왔다. 다름 아닌 증산 강일순 상제(1871~1909)이다.

증산상제의 탄강 증산상제는 어떤 분인가? 태어남도 범상치 않았다. 어느 날, 아버지가 거친 세월의 무게에 겨워 혼곤히 잠을 청하였다. 갑자기 하늘에서 불덩이가 떨어져 가슴에 파고들었다. 태몽이었다! 가난을 가슴에 묻고 자나 깨나 손孫을 비는 부부에게 하늘이 서광을 비춘 것이다.

어머니도 깊은 잠속에서 호박琥珀같은 큰 불덩이를 품었다. 불덩이는 하늘이 남북으로 갈라지며 황금색의 신비한 광채를 내며 다가왔다.

증산상제는 잉태한지 열 석 달 만인 1871년 9월 19일(양력 11월 1일)에 태어났다.

무슨 조화였을까? 열 석 달이면 384일이다. 황극수皇極數와 일치한다. 우주의 조화주로 천지변화의 조화기틀을 품고 태어남이라.

태어난 집안은 매우 가난하였다. 집은 사립문도 없이 작은 방 하나에 부엌 하나였다. 부엌도 대충 볏짚으로 둘렀고 문은 대나무를 엮어 만들었다.

만추의 양광은 인색했고 이엉으로 엮은 초가지붕은 궁색했다. 동네 몇 채 안되는 초가들이 시름겨운 얼굴을 맞대었고, 가을 가뭄에 애타는 마당의 잡초는 부황기가 만연하였다.

증산상제가 태어나자 훈훈한 기운이 온 집안을 감돌았다. 집안은 찢어지게 가난하여 지붕을 이지 못해 하늘이 마주보일 정도인데도, 하늘에서 두 선녀가 내려와 산모를 보호하고 천지신명이 함께 기뻐하였다. 다들 탄성을 질렀다. 기쁨이 흘러 넘쳤다. 방안은 냉랭하기는커녕 온기로 가득 찼다.

전라도 고부군 객망리客望里는 일명 손바래기였다. 손바래기는 드넓은 호남평야의 영기를 품은 산자수명한 마을로 선망리仙望里라고도 하였다. '신神과 선仙은 『고기古記』의 순을 옮김 말'이다. 손바래기에는 '신'을 바라는 간절한 소망이 담겨있다. '하늘의 주인을 기다리는 마을'이란 뜻이다. 드디어 여기서 그 '하늘의 주인'이 태어났다.

'하늘의 주인'이 태어난 데는 인류사의 비밀이 담겨있다. 하늘의 주인은 상제이다. '상上'은 '더 이상이 없음'을 말하며, '제帝'는 '임금, 하나님'을 뜻한다. '상제'는 '천상에 계신 가장 높은 하나님'이다. '우주의 주재자, 통치자 하나님'이다. 상제는 하늘에서 정사를 보는 지고한 분이다. 그 상제가 인간으로 이 땅에 내려왔다.

왜 하늘의 정사를 제쳐놓고 내려왔을까?

온 천하가 대개벽기를 맞이하였기 때문이다. 그칠 새 없는 전란과 비인간적 행위들, 끔찍하고 비극적인 사태들로 세상이 어지러웠다. 천하는 원한이 얽히고 설켜 희망과 미래가 보이지 않았다. 원한 덩어리가 된 세상은 폭파되기 직전에 이르렀다.

19세기 이래 눈부시게 발전한 과학과 기술도 속수무책이었다. 아니 그 교만과 잔꾀는 설상가상으로 혼란만 더욱 부채질하였다. 그동안 목소리 높여왔던 기존의 사상, 종교들도 소용없었다.

천지의 신명들이 걱정하였다. 자신들의 능력으로도 어쩔 도리가 없었다. 때를 놓칠 수 없었다. 신명들은 천상의 상제께 호소하였다. 상제만이 폭발지경에 놓인 이 세상을 구할 수 있다고.

상제는 여러 신명들의 호소를 물리칠 수 없었다.

> "내가 혼란키 짝이 없는 말대末代의 천지를 뜯어고쳐 새
> 세상을 열고 비겁否劫에 빠진 인간과 신명을 널리 건져
> 각기 안정을 누리게 하리니."(『도전』 2:42:2-3)

증산상제는 우주의 주권자로서 당신의 사명을 밝혀 주었다. 병든 하늘과 땅을 뜯어고쳐 새 천지를 여는 일임을. 이 일이 천지공사天地公事다. 인간과 만물을 병들게 하는 상극질서를 상생의 새 우주로 개벽하는 일이다. 증산상제는 한평생을 오로지 천지공사를 위한 삶을 살았다.

어린 시절 어린 시절과 청년 시절은 그 준비단계였다. 어린 증산은 지덕智德을 두루 갖추고 총명과 혜식慧識이 출중하였다. 성품이 관후寬厚하고 기개가 있었다.

여섯 살(1876년) 때의 일이다.

부친은 가난한 살림에도 불구하고 천자문을 가르치려고 이름있는 훈장을 청하였다.

훈장이 하대하여 말했다.

"도령, 공부해야지?"

증산이 물끄러미 훈장을 쳐다보았다.

천자문을 펼쳐 '하늘 천天' 자와 '땅 지地' 자를 집안이 울리도록 큰

소리로 읽었다. 그리고는 책을 덮고 아무 말 없이 밖으로 나가버렸다.

" ...... "

훈장은 무슨 말을 하고 싶었지만 신이한 기운에 눌렸다. 그저 어린 증산이 노는 모습만 바라볼 뿐이었다.

며칠 뒤, 훈장이 다시 말하였다. 이번은 매우 조심스런 말투였다.

"도령, 공부하셔야지요?"

어린 증산이 대답했다.

"하늘 천 자에 하늘 이치를 알았고, 땅 지 자에 땅 이치를 알았으면 되었지 더 배울 것이 어디 있습니까?"

훈장은 당황했다. 어린 증산의 대답에 멀미를 느꼈다.

하늘과 땅을 알았으면 더 배울 게 뭐 있느냐! 이 얼마나 놀라운 선언인가. 인간역사를 총체적으로 진단하고 인간의 새 문화를 여는 선언적 이야기다. 여섯 살의 어린 증산이 벌써 우주 주재자의 면모를 보여 준 것이다.

인생이란 결국 하늘 땅에서 태어나 그것을 얼마나 깊이 배우고 익히는가의 문제이다. 하늘 땅에 대해 얼마나 알고, 깨쳤는가? 인간이 천지의 주인으로서 제 노릇을 하느냐 못하느냐의 문제가 여기에 달렸다.

이듬 해, 일곱 살 때 지은 글도 가슴을 후려친다.

어느 날, 어린 증산이 글방에서 훈장으로부터 '놀랄 경驚' 자 운韻을 받고 글을 지었다.

　　"遠步恐地坼이요 大呼恐天驚이라."(『도전』1:20:2)

'멀리 뛰려 하니 땅이 꺼질까 두렵고 크게 소리치려 하니 하늘이 놀랄

까 두렵구나.' 아, 탄성이 절로 나올 듯하다.

온 하늘이 놀라고 땅이 꺼질까 두려워 소리 지르지도 못하고 뛸 수도 없다! 하늘과 땅을 흔들어 놓는 기개이다. 그 속에서 우리는 증산상제의 한없이 깊은 우주적 심법과 뱃심 그리고 영성을 느낀다.

증산상제는 화초와 나무심기를 즐겨했다. 하찮은 미물곤충의 생명도 가벼이 여기지 않았다. 이 세상 뭇 생명 하나 하나를 소중히 다뤘다.

어느 날, 아버지가 벼를 말리면서 새와 닭의 무리를 심히 쫓아냈다. 이를 본 증산상제가 만류하면서 말하였다.

"새 짐승이 한 알씩 쪼아 먹는 것을 그렇게 못 보시니 어찌 사람을 먹일 수 있겠습니까?"

아버지는 듣지 않았다. 별안간 한낮에 천둥이 치고 큰 비가 쏟아졌다. 말리던 벼가 다 떠내려가 버렸다. 대자연의 온 생명과 한마음이 되고, 천지와 하나 된 증산상제의 일심경계를 느낀다.

증산상제는 어려서부터 객망리 시루산을 타고 다니며 산하정기를 호흡하였다. 근처의 두승산에 올라 고산준령을 향해 한껏 소리치고, 산속의 고요에 젖어 깊은 명상에 들었다. 아홉 살 때는 집 뒤에 초막을 지어 홀로 거쳐하며 조용히 사색에 잠기기도 하였다.

가정형편이 곤궁했기 때문에, 어린 증산은 종종 부모의 농사일을 도왔다. 아버지가 주막을 경영하자, 홀로 계신 어머니를 위해 집안일을 도맡기도 했다. 효심이 돈독하고 부지런하였다.

뿐만 아니라, 매사에 범절이 뚜렷하여 사람들의 칭송이 자자하였다. 언제 어디서나 반듯한 품성과 기품을 잃지 않았다. 아버지마저 함부로 대할 수 없는 기품이었다.

열세 살(1883) 때, 어머니가 짠 모시 베를 시장에서 잃어버린 적이 있었다. 모시 베는 어머니가 가족을 위해 무한한 노력과 수고가 들여 짠 땀의 결정체였다. 어머니의 그 애틋한 심정을 모를 리 없었다. 증산은 기지를 발휘해 찾아 드렸다. 어머니는 그 지혜와 효심에 감동하였다.

또한 부친이 진 빚을 지혜롭게 갚아드리고, 집안에 손님이 올 것도 정확히 예지하였다. 동네 사람들 중 그 영명英明함과 비범함에 놀라지 않은 이가 없었다. 얼굴은 금산 미륵불과 흡사하였고, 눈은 일월의 밝음과 같고, 음성은 맑은 천둥소리 같았다. 몸가짐이 반듯하고, 법도와 헤아림이 깊고 컸다. 사물에 대한 깨달음과 분별력도 신령하며, 기상氣像이 웅장하였다.

열다섯 살 무렵에는 글 읽기를 중단하였다. 가세가 많이 기울었기 때문이다. 짚신을 삼아 팔고, 사방으로 유랑하였다. 머슴으로 일하며 보리를 거두고 산판꾼이 되어 나무를 베었다. 그런 와중에도 틈틈이 여러 서적을 접하고 읽는 일만은 게을리 하지 않았다.

유랑과 머슴살이... 어린 증산은 젊은 시절에 곤궁하고 고통스런 인간의 삶을 모두 체험하였다. 인간으로서의 삶을 경험한 좋은 기회면서도 인간으로서의 한계를 절감하는 계기였다. 거들먹거리는 우리네 인간사와는 달리 살가운 느낌이다.

열여섯 살 되는 해에는 암자에 들어 깊은 사색에 잠겼다.

객망리로 돌아온 뒤에는 시루산에서 큰 소리로 진법주眞法呪를 읽으며 공부하였다. 열아홉 살 쯤이었다. 이 때 스스로 호號를 증산甑山이라 했다. 증산은 시루 '증甑' 뫼 '산山'으로 시루뫼다. 시루는 떡을 쪄 익히는 늘이나. '싱숙, 완싱, 실실'을 뜻한나. 설국 '승산'은 상세의 삶을 의미하였다.

동학혁명 스물네 살(1894) 때, 증산상제는 동학혁명을 지켜보았다. 동학혁명은 전명숙이 전라도 고부를 중심으로 보국안민輔國安民의 기치를 내걸고 일으킨 거사였다. 이 때 어엿하게 장성한 증산은 천하대세를 가름하고 있었다.

증산상제는 동학혁명을 안타깝게 바라보았다. 애초에 "성사도 안 되고 애매한 백성만 많이 죽을 것이라"고 경계했던 일이었다. 혁명은 수탈당하고 핍박받는 다수의 농민들이 주도했다. 그들의 깊디깊은 원한이 터져 나온 것이었으니 거사를 막을 수도 없었다.

농민들이 죽창을 들고 지배층의 탄압에 맞섰다. 조선 정부는 동학군을 막기 위해 청군과 일본군을 불러들였다. 큰 패착이었다. 청군과 일본군은 한반도에서 격돌했고, 혁명은 마침내 천하의 대란으로 변했다. 온세상이 전쟁 이야기로 들끓었다.

증산상제는 동학군의 앞날을 글로 예고했다.

> 月黑雁飛高하니 單于夜遁逃라
> 欲將輕騎逐할새 大雪滿弓刀라
> 어두운 달밤에 기러기 높이 나니
> 선우가 밤을 타서 도망하는구나.
> 경기병 이끌고 뒤쫓으려 할 적에
> 큰 눈 내려 활과 칼에 가득하도다.(『도전』 1:51:3)

혁명은 실패했다. 조선 전역에 불안과 두려움이 엄습했다. 청일전쟁에서 승리한 일본군은 오만불손한 기세로 이 땅을 유린했다. 정부는 무능하였다. 벼슬아치의 부정부패는 극에 달했고, 모든 학學과 교敎는 참된 덕을 잃었다. 모두 없느니만 못했다.

세상인심이 날로 악화되어 갔다. 백성들은 고난과 궁핍의 늪에 깊이 빠져 헤어날 길을 찾지 못했다. 천하가 올바른 길을 찾지 못하고 날로 그릇되어 갔다. 근심어린 눈으로 지켜보던 증산상제는 마침내 광구창생의 큰 뜻을 품었다.

광구창생 증산상제는 뜻을 이루기 위해, 먼저 유·불·선, 음양 참위 讖緯를 비롯한 모든 글을 읽었다. 천하유력天下遊歷의 길을 떠나 세태와 인정도 직접 체험했다.

맨발로 먼 길을 가고, 산과 들에서 노숙하기가 다반사였다. 걸식도 하고, 굶는 때도 많았다. 농부를 만나면 대신 밭을 갈고, 곡식도 거두어 주었다. 시장에 가면 상인들을 돕고, 장인匠人과 함께 일도 하였다. 또 누대에 올라 풍물을 듣고, 노인을 만나 옛일을 말하였다. 관리를 만나면 정치를 들었다. 민심과 풍속을 살피고, 명산대천의 지운地運과 기령氣靈을 관찰하였다.

실로 만고萬苦를 체험하고 만상萬相을 직접 둘러보았다. 서른 살 (1900) 되는 해에 고향에 돌아왔다.

'이제 천하의 대세가 종전의 알며 행한 법술로는 세상을 건질 수 없다.' 이듬해(1901년), 증산상제가 내린 선언이었다.

새로운 참법이 나와야 한다. 증산상제는 천상에 두고 온 조화권능造化權能이 필요했다. 광구천하의 큰 뜻을 이루기 위해 모든 일을 자유자재로 할 권능이다. 수도修道에 더욱 정진하였다. 시루산에서 14일, 전라도 모악산 대원사 칠성각에서 21일 동안 수도를 계속했다.

마침내 1901년 7월 7일, 증산상제는 천지의 도통문을 열었다. 무상無

上의 대도통을 한 것이다.

인간 역사 속에 천지대신문天地大神門을 열어놓았다. 인간과 신이 진정으로 하나가 될 수 있는 소통의 길을 열었다.

증산상제는 천상에서 행했던 무한한 조화권능, 천지인 삼계를 통치할 수 있는 대권을 가지게 된 것이다. 폭풍우 속을 걸어도 젖지 않았고, 바람, 눈, 서리, 구름과 번개 등을 뜻대로 부렸다. 민중과 성도들에게 가는 해를 멈추는 권능도 여러 번 보여주었다.

그들은 감격하여 한결같이 외쳤다.

"하나님이 강세하지 않았으면 어찌 이러할 수 있겠는가. 천주님이 강세하셨도다."

권능을 회복한 증산상제는 파천황적 선언을 했다.

"모든 것이 나로부터 다시 새롭게 된다."
(『도전』 2:13:5)

새로운 하늘 땅의 역사! 인류역사상 전무후무한 '천지공사'의 시작을 알리는 선언이었다.

천지공사는 천지의 신명들과 함께 계획·집행했다. 그들과 더불어 우주의 질서와 인간의 역사를 바로잡는 일이다. 새로운 세상을 건설하는 청사진이다. 지금까지 세상은 상극의 이치가 지배하였다. 때문에 수많은 원과 한이 끊임없이 만들어졌다. 온 하늘과 땅, 그리고 인류가 진멸지경의 위기에 빠졌다.

천지공사는 상극의 세상을 종결짓고 상생의 새 세상을 여는 일이다. 증산상제는 9년(1901~1909)에 걸쳐 하늘과 땅의 새로운 역사를 기획하였다.

오늘날 대자연의 격변과 인류의 위기를 직시해 보자. 외줄타기로 생명을 잇는 인류의 구원을 생각해 보자. 증산상제도 '아차차, 아차차!' 하며 통곡하였다. '천하창생이 먹고 살려고 껄떡거리다가 허망하게 다 죽을 일을 생각하니 안타깝고 불쌍하다'고 슬퍼했다.

> '허망한 세상! 허망하다, 허망하다! 세상만사 덧없이
> 넘어간다.' (『도전』 7:48:9)

증산상제의 탄식이다. 창생에 대한 가없는 사랑과 인간적 슬픔이 묻어난다.

이 모든 문제를 푸는 세상담론의 중심에 증산상제가 있다. 동서의 역사상 가장 드러나지 않은 인물이다. 가장 연구되지 않고 철저히 숨겨지고 왜곡된 인물이다. 그가 바로 천지를 마름질한 증산상제다.

역사의식 증산 상제는 조선에 탄강하여 19세기 민중의 삶을 직접 체험하셨다. 서구의 제국주의 열강의 잔혹한 침탈에 무너지는 동양과 조선의 위기도 몸소 겪었다. 그 속에서 신음하며 한줄기 희망을 찾던 백성들과 삶을 함께 했다.

19세기 인류사는 약육강식의 원리가 지배한 시대였다. 세상은 먹는 자와 먹히는 자로 나뉘었다. 자신들의 이익을 쟁취하기 위해서 무자비한 폭력을 사용하는 나라들이 있는가 하면, 민족의 숨줄을 잇기 위해 안간힘을 쓰는 나라들도 있었다. 이 과정에 동양과 서양이 맺었던 고대 문명 흐름의 흔적은 사라져 버렸다. 그만큼 인류의 고통도 처절했다.

증산상제가 선택한 조선도 예외는 아니었다. 조선조의 역사를 보노라

면, 참으로 조선 민족이 고대 인류문명사를 화려하게 주도했던 민족일
까라는 의심이 수도 없이 든다. 몇 번이나 붓을 멈추고 이 민족의 어제
와 오늘을 물끄러미 생각하여 보게끔 한다.

> "우리나라는 지구상에 9천 2백여 년 역사를 가지고 있는 나라
> 다. 여기는 인류문화의 핵 아닌가. 헌데 다 잃어버리고 아무 것
> 도 모르고 있다."(증산도 안운산 종도사)

성성한 역사의식!

이 세상의 가장 준엄한 교훈은 곧 역사이다. 역사의식이 없는 민족은
죽은 민족이다. 다사다난한 우리에게 진정으로 이 민족이 가야할 길이
어디인가를 가르쳐주는 것은 오로지 지난날의 역사이다.

정말로 그래서인가?

한민족! 역사의 미아처럼 어제는 저 이리떼에 몰리고 오늘은 이 승냥
이에게 뜯기며 쓸개보다 더 쓴 곤욕을 참으며 살아온 지 벌써 오천년이
다. 그토록 순박하고 그토록 어질게만 인종忍從하던 우리 민족이다.

민족이란 행주치마 몸에 두르고 굴뚝 모퉁이에서 옷고름만 만지작거
리며 눈물을 글썽거리는 새 며느리처럼 연약할 수는 없다. 이 나라의 국
모가 야만족의 칼 아래 피를 뿌리며 쓰러지고 민족의 운명이 끊어지는
것을 보고도 아무 말없이 자결만 하던 우리 선조들. 과연 옳았던 행동일
까? 나는 잘 모르겠다. 반만년 역사, 금수강산, 백의민족이 지난날의 모
든 쓰라림을 다 보상할 수 있을 만큼 그토록 고귀하였던 것인가? 다시
한번 생각해 보자.

민족의 역사를 탐독하는 것은 그것이 꼭 영광스러웠기 때문만도 아니

요 치욕의 기록이었기 때문만도 아니다. 언제까지 이렇게만 살 것인가를 우리 모두 함께 생각해보자.

증산상제는 인류에게, 특히 절망의 수렁에 빠져 허우적 거리는 조선 민족에게 희망의 세상을 이야기하였다.

> 내가 천지를 개벽하고 조화정부를 열어 인간과 하늘의 혼란을 바로잡으려고 삼계를 둘러 살피다가 너의 동토에 그친 것은 잔피屠疲에 빠진 민중을 먼저 건져 만고에 쌓인 원한을 풀어 주려 함이라.(『도전』3:184:10-11)

19세기는 모든 인류가 희망에 들뜬 신세기였지만, 조선 민중의 삶은 참담하기 그지없었다. '인류 제사문화의 본 고향으로 여태까지 신명을 잘 받들어 온' 민족치곤 가혹한 시련이었다. 증산 상제는, 그러한 잔피에 빠진 민중의 삶을 건지고 만고의 원한을 풀어주기 위해 동토인 이 땅으로 왔다.

격동의 세월 근대의 아침은 민란으로 시작되었다. 정치는 순조의 외척인 안동 김씨가 틀어쥐었다. 세도勢道정치로 백성들은 숨막혔다. 사회경제적으로도 매우 불안한 시기였다. 인심은 흉흉하고 도둑 떼와 걸인이 거리를 메웠으며, 전국에 민란이 빈발하는 어지러운 상황이 벌어졌다.

서울 장안의 4대문에 이른바 '관서비기關西秘記'라는 괴벽보가 나붙더니(1804) 이윽고 홍경래의 난(1811)이 일어났다. '구세주'를 기다리던 사람들은 홍경래를 '상제의 대리자'로 보았다. 관군의 토벌로 진압은 되었으나, 그 후유증은 커 1860년대의 민란을 유발하는 화약고가 되었다.

1830년대의 사회상도 매우 암담하였다.

헌종이 즉위할 무렵(1834), 전국 총인구는 675만 명 정도였다. 그 중 170만 명이 구호가 필요한 대상이었다. 4인 중 1인이 굶주린 백성[飢民]인 셈이다. 때문에 좀도둑, 살인, 걸인, 전염병, 가뭄, 흉년, 그리고 화적火賊, 들의 벼를 베어가는 좀도둑인 초적草賊, 수적水賊 등 떼강도가 극성을 피웠다.

1831~1832년은 동서양을 막론하고 유행성 독감이 전 세계를 휩쓸었다. 1834년 1월에는 서울에 전염병이 심하여 길가에 널린 시체가 1천여 구이고 해골이 8백여 개가 굴러다닌다고 했다. '걸인 부자父子가 길에서 서로 껴안고 '추워~ 추워~'하다 모두 얼어 죽었으며', '떼강도가 노상에서 사내아이를 죽이고 1냥 반을 빼앗아 달아났다'는 내용들도 보인다. 당시의 참상을 말해주는 듯하다.

조선정부가 1876년 외국에 문호를 개방하여 본격적인 근대사의 장을 열기 이전 약 30~40년 동안, 곧 19세기 중반에 해당하는 시기는 조선이 역사의 거대한 소용돌이로 빨려 들어가기 직전의 과도기였다. '서양 천개탑에 내려온 증산 상제가 천하를 둘러본 뒤 동토, 이 동방 조선에 와서 금산사 미륵전에 머물고 있었던' 바로 그 때였다.

곪았던 종기가 터졌다고나 할까. 홍경래란 이후 조용한 것이 도리어 이상했다. 1862년 2월, 8만이나 되는 격노한 농민들이 흰 머리띠를 동여매고 곤봉을 들고 진주성문에 들이닥쳤다. 임술년 진주민란이다. 농민에게 부과된 토지세[結役]를 정액 이상으로 강제징수하고 포탈했던 대가였다.

이 소식은 전국으로 퍼져나갔다. 3월에는 전라북도 익산에서 군민 3천명이 들고 일어나 관아를 습격하고, 이어 성주, 예천, 함양, 선산, 상주 등지에서도 연이어 일어났다. 3월에서 5월, 전국은 민란의 계절이었다. '양반 불알을 깠다' 는 무서운 난동이기도 하였다. 민란의 원인은 결국 관리의 부패였다. 그만큼 백성들의 고통과 곤궁함은 극에 달하였다.

동학의 최수운이 죽임을 당한 고종 원년인 1864년, 천재지변과 인재人災가 잇달아 일어났다. 이 해에 소금 값이 폭등하고, 유행병이 돌고, 서울 종로상가에 큰 불이 연거푸 세 차례나 났다. 시골에는 명화적이 들끓었다. 1868년에는 엎친데 덮친 격으로 농사가 수재, 한재, 그리고 병충해로 그야말로 손을 댈 수 없는 지경[脫手之境]에 이르렀다.

그런 가운데, 1871년 후천 원년을 맞이하였다. 이 해도 민란은 그치지 않았고, 백성들의 삶은 고달프기 그지없었다. 동학도인 이필제가 민중봉기에 앞장서 진주, 영해, 문경 등지에서 난을 주도하였다. 그만큼 백성들의 고생은 심했다.

1876년 개항으로 얻은 큰 병중의 하나는 콜레라였다. 한 때는 부산항을 폐쇄해야 할 정도로 심각했다. 전염병은 무서웠다. 1차 세계대전 때도 독감으로 죽은 사람이 실제 전투에서 죽은 사람보다 더 많았다. 『조선왕조실록』을 보면, 18세기 초 숙종 연간에 돌림병[輪疾]으로 인해 2만 명이 죽고, 18세기 후반 영조 연간에 2만 명이 죽었다.

19세기에 들어와서 유행병의 희생자가 갑자기 20배로 늘어난다. 1860년(철종11)에 무려 40만 명이 떼죽음을 당하고, 청일전쟁이 일어난 다음 해인 1895년에는 30만 명이 괴질로 희생되었다.

왜 이렇게 갑자기 사망자가 늘었을까? 신종 유행병이 들어온 것이다. 이것이 바로 콜레라였다. 콜레라는 예전의 어떤 유행병보다 치사율이 높은 괴질이었다.

이 병이 한반도에 처음 모습을 드러낸 것은 1821년(순조21) 8월이었다. 이 해의 『조선왕조실록』을 보면, "윤행괴질輪行怪疾 약효藥效없고 의술醫術없다. 경각지간頃刻之間에 죽은 자 십중팔구요, 전염하기는 마치 불똥과 같다"고 기록하였다. 사망자가 10만 명에 이르렀다.

이 괴질은 이 해 겨울을 넘기고 이듬해 가을까지 창궐하였다. 헌종, 철종 연간(1830~1860년대)에는 한국사회를 공포의 도가니 속으로 몰아넣었다. 약으로도 안되고 도망가도 안되는 병, 이것이 바로 콜레라라는 수입병이었다.

흉년도 해마다 계속되었다. 매년 음력 6월 초(양력 7월 말)가 되면, 대지는 메말랐다. 그 때마다 각도에서 기우제를 지냈지만 하늘은 무심하여 비올 기척도 보이지 않았다. 농심은 흉흉하고 도처에 화적떼가 횡행했다.

개항!

작스런 문호개방이라는 충격은 조선의 정치, 경제, 사회를 불안케 하였다. 19세기 후반기의 조선사회는 괴질(콜레라)의 만연, 계속된 흉년, 노임과 물가(특히 米價)의 폭등, 화적떼의 횡행으로 백성들의 참상은 말할 수 없는 상태에 이르렀다.

설상가상으로 일본상인의 침투는 상태를 더욱 악화시켰다. 콜레라라는 괴질도 일본에서 들어온 것이었는데, 연안 어장마저 일본어선의 침략을 받아 상실되었다. 일본 상인들은 석유와 성냥과 양면을 팔고, 그 돈으로 쌀과 콩을 독점하여 자기나라로 날랐다. 동학이 '척양공왜斥洋攻倭'를 부르짖은 것은 당연하였다. 19세기 마지막 10년은 항일과 전쟁의 소용돌이였다.

전쟁터가 된 1894년, 백성들의 생활은 편할 리가 없었다. 하늘도 무심하여 가뭄까지 겹쳐 유례없는 흉작의 해였다.

"농민[農丁]의 품삯이 껑충 뛰어올랐다. 논을 매는데 3전錢에다 간식으로 술과 쌀밥[白飯]을 먹여주어도 그들의 뜻에 거슬리면 반드시 주인을 음해하고 흉측한 말을 서슴치 않는다. 참으로 인심이 흉악하다."
"올해 농사는 실패할 것이 확실하다."

이런 상황에서 유행병까지 나돌았다. 전쟁 뒤에는 대역병이 번진다더니, 청일전쟁 끝에 전염병(콜레라)이 발생하여 죽은 인명이 자그마치 30만 명이나 되었다. 이미 나라는 반죽음의 상태였다.

증산 상제는 이미 동학혁명의 앞날을 내다보고, 경계하였다.

> 증산께서 그 전도가 이롭지 못함을 미리 아시고 "때가 아니니 나서지 말라."하시며 "성사도 안 되고 애매한 백성만 많이 죽을 것이라."하고 경계하시니라.
> (『도전』1:43:6-7)

백성들이 편할 리 없는 이런 상황에서, 동학군도 민심을 얻지 못했다. 동학군이 9월 봉기에선 '척왜斥倭'를 내걸었는데도 그 명분이 먹혀들지 않았던가 보다.

> "충청도 단양의 동학도들이 단양읍내 집들을 마구 불질렀다 하는데 명분은 왜놈倭奴를 격퇴하기 위한 것이라 한다."
> "동학도들의 성세聲勢가 다시 떨치고 있는데 모두가 왜놈倭奴을 물리치기 위한 것이라고 그 명분을 내세우고 있다."
> "동학도들이 기승을 부린다. 벼 추수를 그들 마음대로 하며 요호饒戶[富農]의 외작外作[小作]을 마치 그들의 소유인양 거둬들이

고 있다. 올해 추수가 끝나기 전에 저들 동학도가 먼저 망해야
천리天理일 것이다."

왜 동학도들이 망하는 것이 '하늘의 이치'라 했을까? 얼마나 동학도
들을 원망했으면 동학군에 대한 방비를 마을마다 튼튼히 하는 조치를
강구하였을까? 잔피에 빠진 조선의 민중들에게 엄청난 역사의 회오리가
몰려오고 있었다.

책의 구성 이 책은 19세기의 사회상을 리얼하게 보여주려는 자료집이
다. 주제는 '격동의 시대, 19세기 조선의 생활모습'으로 잡았다. 주제에
따라 내용은 '증산상제의 강세를 전후한 모습, 곧 선후천의 갈림길에 선
19세기 조선의 모습'이다.

조선에 강세한 증산상제가 민중들의 삶과 마주하고 고통을 함께 하는
모습을 생동감 있게 이해하려는 목적에서 기획되었다. 좀 더 나아가면,
'우주의 주재자인 증산상제가 왜 19세기 조선에 왔을까'라는 궁금증과
관련된 내용들이기도 하다.

그래서 세계정세 속에서 19세기 조선의 위치, 열강의 착취현황, 인구
상태(유민과 해외이주), 신분제도 및 사회경제 실상, 먹거리 등 구체적
인 민중의 모습이 실증자료를 통해 정리되었다.

각 장의 분류는 가급적『도전』속의 성구를 사용하였다.『도전』의 정확
한 이해를 돕고, 진리 틀을 밝히는 데 필요한 자료가 된다.

'증산상제의 강세와 19세기 조선의 사회상'은 모두 3부로 구성되었
고, 각각『형극과 시련의 시대』『고난과 눈물의 삶』『절망과 감동의 땅』
으로 별도의 제목이 붙여졌다. 각 부의 주요 개념을 '시대'와 '삶' 그리

고 '땅'으로 정했기 때문이다.

구체적으로 이 책과 각 부에서 다루어진 내용들은 다음과 같다.

제 1 부 형극과 시련의 시대
    제 1장. 천하호구를 성책하여 오라 [조선의 인구]
        2장. 하느님의 회초리 [전염병]
        3장. 천하의 농정이 나에게 달렸다 [농업과 농민]

제 2 부 고난과 눈물의 삶
    제 4장. 잔피에 빠진 민중의 삶 [백성의 의식주]
        5장. 조상의 땅을 떠나는 백성들 [해외유민]
        6장. 천인을 후대하라 [조선의 신분제도]
        7장. 가을의 일꾼, 머슴 [머슴]

제 3 부 절망과 감동의 땅
    제 8장. 찢기는 '대한'의 산하 [서구열강의 침탈상황]
        9장. 돈은 순환지리로 쓰는 것 [화폐]
        10장. 신의 프로그램으로 진행된 근대문명
        11장. 19세기 조선의 희망

이 가운데, 제 3 부 『절망과 감동의 땅』의 10, 11장은 19세기 조선의 절망과 희망을 세계문명사와 연관시켜 설명하였다. 이는 '세계대운이 조선으로' 몰아들어오는 내용을 서술한 글로 전체 글의 머릿글이자 총결론적인 내용을 담았다.

찬찬히 읽어보면 궁금증을 해결하는데 많은 도움을 줄 것이다.

목차

제 1 부
형극과 시련의 시대

제1장. 천하호구를 성책하여 오라

1. 남자는 몇이고 여자는 몇이오?
2. 천하호구를 성책하여 오라.

자료 1 _ 1864-1909년간 인구변화

1. 남자는 몇이고 여자는 몇이오?

1901년, 조선정부는 호구조사를 실시하였다. 훈장이 동네 호구조사에 앞서 증산께 물었다. 아마 증산상제의 신이함을 달갑게 생각하지 않던 사람인 듯 싶다.

> "듣자니 당신이 아는 체를 잘한다는데, 이 동네 호구戶
> 口가 몇인가 좀 봐 주시오. 남자는 몇이고 여자는 몇이
> 오?"(『도전』 1:77:3-6).

증산상제가 동리의 호수戶數와 남녀의 수를 자세히 일러 주었다. 마을 이장은 이를 믿지 않았다.

이장이 이튿날 새벽부터 온 동네를 돌며 호구를 낱낱이 조사하였다.

증산상제가 말한 수치는 정확히 들어맞았다. 이장이 이를 확인하고 그 신성함에 감복하였다.

고종이 등극한 원년인 1864년, 조선의 인구는 공식적으로 약 680만 명이었고, 총 호수는 약 120만 호였다. 남녀의 비율은 101.3 정도였고, 가구당 인구는 약 5.6명이다. 이만하면 통계상으로 매우 적정한 인구비율이었다.

1860년대 조선을 세 차례 다녀간 오페르트는 조선정부의 인구통계가 신빙성이 극히 낮다고 말하였다. 그 이유는 "납세자를 근거로 해서 주민의 수를 산출하기 때문에 어떻게 해서든지 주민들이 실제의 수를 감추어 조세부담을 축소하려거나 지방 관리들이 세금을 가로채기 위해서 중앙정부에는 가능한 적게 징세 액을 신고"하기 때문이다.[1]

그는 "조선에서 취합된 신뢰할만한 보고"를 들먹이며, 실제 주민 수는 750~800만 명이 아니라 1,500~1,600만 명에 이른다고 했다. 두 배의 차이가 있다. 오페르트의 지적은 충분히 수긍이 간다.

하지만, 우리가 인구의 정확한 수를 알고자 하는 것이 아니라면 정부의 공식 통계도 인구의 흐름을 아는데 도움을 준다.

19세기 중반인 1864년, 인구는 700만에 미치지 못했다. 이런 추세는 큰 변화를 보이지 않아 20세기 초두까지 계속되다가, 1906년에 이르러

---

[1] 오페르트, (신복룡 역주) 『금단의 나라 조선』, 집문당, 1999:40-41. 물론 당시 인구조사가 과학적이고 체계적인 바탕에서 이루어진 것이 아니라, 세수稅收의 목적 혹은 상납上納의 목적임에서 이루어졌다는 지적은 수긍할 수 있다. 그러나 차이를 보이는 당시 인구수에 대한 추정은 어디까지 신뢰해야 할지 모르겠다.

1천만 명에 가까워졌다.

다만, 1890년대 후반기에는 인구가 감소하였다. 이는 당시 동학혁명이나 청일전쟁 등으로 피해를 입어 인구가 줄어들었기 때문이다.

인구이동이 활발하지 않았던 봉건사회의 말기, 인구변화에 큰 영향을 미친 요인은 민란 등 각종 전쟁이었다. 1894년 1년간 30~40만 명의 희생자를 낸 동학혁명이나, 같은 해 한반도를 무대로 전개된 청일전쟁의 여파는 19세기 조선사회의 인구 증감에 큰 영향을 미쳤음은 분명한 사실이다.

역병(괴질)의 대유행도 인구변동에 영향을 미쳤다. 뒤에서 다시 설명하겠지만, 전쟁은 생활환경을 최악의 상태로 몰아넣음으로써 역병이 발생하기에 적합한 상태를 만든다. 청일전쟁의 와중에 발생한 전염병의 만연도 19세기 말의 인구감소에 영향을 미쳤다.

20세기에 들어서면서 인구는 다시 증가하였다. 1906년, 조선의 인구는 978만 명에 이르렀다. 총 호수는 233만 호였고, 1호당 인구는 4.19명이었다.[2]

1906년 이전에, 조선의 총 인구가 이미 1,000만 명을 넘었다고도 한다. 장지연은 1906년 당시 인구를 1,200만 명이라 하여 이러한 추정을 뒷받침하였다.[3]

공식적으로는, 1910년 9월의 조사에서 조선의 인구가 12,935,282명

---

2) 당시 조선은 12개 부府와 333개의 군郡, 그리고 4,332개 면面이었다. 그 중 전라도는 2부 58군이었다.

3) 『대안사상외월보』 제 2호(1906. 8)에서 南嵩山人 張志淵은 "我國人口는 據 近日 調査 表 則一千二百萬人이라"고 하였다.

이었다. 이 때, 조선의 총 호수는 2,742,263명이었고, 서울의 조선인 수는 약 54,000명이었다.[4]

그러나 조선시대는 1890년대에 민족의식이 성장하면서, '삼천리강산, 2,000만 동포'라는 관념이 형성되었다. 각종 대회나 기록에는 조선의 인구가 '2천만 명'으로 불려졌다. 물론 당시의 공적 조사기록에는 총인구가 600만 명에도 미치지 못했다.

갑오 동학혁명을 거치고 독립협회가 결성된 후에, 1898년 만민공동회가 개최되어 연설할 때도 "대한 이천만 동포 형제"를 연호하였다.[5] 『독립신문』도 1899년 '2,000만 동포'에게 연일 호소하였다.

『황성신문』에 게재된 1905년 11월 20일자 '시일야방성대곡是日也放聲大哭'에도 "삼천리 강토, 오백년 종사三千里疆土, 五百年宗社, ... 이천만 생령二千萬生靈... 이천만 동포二千萬同胞"는 연이어 나타났다.[6]

세계는 일찍부터 인구가 급증하고 부지런하게 움직였지만, 조선은 이제 막 잠에서 깨는 중이었다. 서서히 기지개를 켜고 있었다. 민족의식의

---

4) 서울인구 중에 兩班이 1,200戶, 儒生은 200戶였다(『每日申報』1910.9.17). 그리고 警務總監部에 의한 民籍統計는 戶數 2,742,263, 人口 12,935,282로서, 光武 11년(1907) 警務顧問部 調査에 비하야 409,176戶, 3,153,611人이 증가되었다(『每日申報』1910.11.19).

5) 『독립신문』光武 2年 3月 10日·12日·15日. 『大韓季年史』上 光武 2年 3月 9日. 『大韓日本公使館記錄』1898년 '本省往報告' 第37號.

6) '이천만 동포'를 언급한 내용은 다른 곳에서도 흔히 발견된다. 예를 들면, 『대한자강회월보』제 3호(1906.9)에서 李 沂이 '大韓地圖說'이라는 기사에서 "三千里疆域과 二千萬人口"를 말하고, 『매천야록』의 1906년 글에서도 "500년 宗社와, 삼천리의 강토와, 이천만의 생령" 운운하는 글귀들이 나온다.

각성이나 인구의 증가도 조선에는 좀 늦게 찾아온 것이다.

민족국가의 힘이 인구의 수와 직결된다는 생각이 들기 시작했다. 19세기말 조선사회의 논조에는 이런 생각이 나타났다. 국가다운 국가 혹은 나라의 발전을 위해서는 '좀 더 많은 인구의 필요성'을 느꼈다.

그 기준이 소위 '2천만 동포'가 아니었을까? 더욱이 1907년

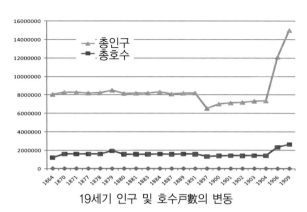

19세기 인구 및 호수戶數의 변동

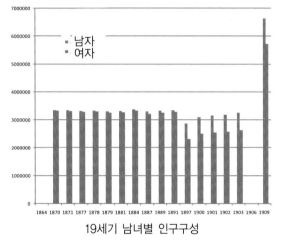

19세기 남녀별 인구구성

이 되면, 그 '이천만 동포'는 봉건제적 냄새가 짙은 '입[口]'이 아니라 하나의 독립된 개체인 '사람' [人 혹은 名]으로 분류되었다.[7]

---

7) 『승정원일기』 『일성록』 『고종실록』을 보면, 당시 조선은 5부(서울의 동·서·남·북·중부)와 8도의 인구를 조사하면서 名 혹은 人이라 하지 않고 口라 세었다. 이는 인구를 '먹여 살려야 하는 입'으로 본 것이다. 여기에는 봉건적인 냄새가 배어있다. 그러나가 1907년 조사에 이르러서는 비로소 名이라 기재되고 있다.

2. 천하호구를 성책하여 오라.

1908년 어느 날, 증산상제는 한공숙 성도에게 지구촌 인구조사의 명을 내린다.

"천하호구天下戶口를 성책成册하여 오라."
(『도전』5:266:6)

근대로 들어서면서 정확한 인구조사는 모든 일을 하는데 바탕이 되었다. 명을 받은 성도는 오방신장五方神將을 불러 호구조사를 하여 올렸다.

출산율이 감소하여 안절부절 하는 요즘, 격세지감을 느끼는 영역이 있다. 바로 인구 영역이다. 전통사회에서 인구는 국가의 '힘'이었고 '부'의 상징이었다. 인구가 많다는 것은 그 국가의 힘이 강대하고 부유함을 뜻했다.

우리도 인구조사를 '국세조사國勢調査'라 한 적이 있다. 이는 인구의 수가 국가[國]의 힘[勢]이라는 믿음에서 나왔다. 정확한 인구조사는 그 국가의 힘을 정확히 측정하는 '힘'이었다.

19세기는 인구가 폭발적으로 증가한 시대였다. 세계적으로 인구가 얼마나 증가하였는지 도표로 살펴보자.

여기서 우린 특히 두 가지 눈에 띄는 현상을 확인할 수 있다. 하나는 1650년을 기점으로 인구성장이 J-곡선을 그리며 급상승한 사실이다. 이 때가 바로 산업혁명이 싹트기 시작할 무렵이며, 북유럽에서 인구센서스가 시행되기 비롯한 시기였다.

또 하나는 18세기와 19세기의 폭발적인 인구 증가 현상이다. 산업혁

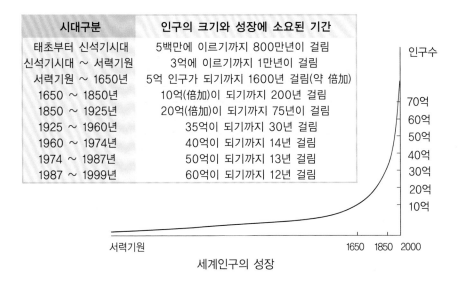

시대구분	인구의 크기와 성장에 소요된 기간
태초부터 신석기시대	5백만에 이르기까지 800만년이 걸림
신석기시대 ~ 서력기원	3억에 이르기까지 1만년이 걸림
서력기원 ~ 1650년	5억 인구가 되기까지 1600년 걸림(약 倍加)
1650 ~ 1850년	10억(倍加)이 되기까지 200년 걸림
1850 ~ 1925년	20억(倍加)이 되기까지 75년이 걸림
1925 ~ 1960년	35억이 되기까지 30년 걸림
1960 ~ 1974년	40억이 되기까지 14년 걸림
1974 ~ 1987년	50억이 되기까지 13년 걸림
1987 ~ 1999년	60억이 되기까지 12년 걸림

세계인구의 성장

명이 진행되면서, 가내 수공업은 공장제 공업으로 바뀌었다. 여기에서 인구는 곧 '생산능력'이었다. 많은 노동력이 필요하였다. 18, 19세기 들어 급속하게 진행된 산업화는 인구의 폭발적인 증가와 보조를 같이 하였다.

인구 증가는 근대사회의 제 1의 특징이었다. 인구증가는 산업혁명을 더욱 촉진하였다. 생산된 물자는 증가하는 인구를 모두 만족시키기에는 턱없이 부족했다.

물자는 부족한데 인구는 증가하는 상황에서 인간의 욕망은 멈추지 않았다. 이를 해결하기 위해선 해외 자원과 해외 시장이 필요하였다. 강력한 민족국가에 토대를 두고 자원과 시장 확보를 위한 제국주의 침략전쟁이 수행되었다.

뿐만 아니라 인구 증가는 모든 사회문제를 만드는 제 1의 원인이었다. 식량과 천연자원은 한정되어 있음에도 불구하고 계속적으로 늘어나는 인구는 큰 문제였다.

인구의 과잉은 산업화된 사회에서 도시문제, 교육문제 환경문제, 사회시설의 부족, 자원의 고갈, 실업의 증대 등 다양한 문제들을 일으켰다. 이는 인간의 삶의 질을 결정하는 주요한 요인이었다.

각종 사회문제들이 심각해졌고, 산업화는 성장의 한계에 직면하였다. 이 모두는 근대사회가 애초부터 직면한 문제들이었다.

2005년 2월, 미국 상무부 통계국에 의하면 세계 인구는 65억을 넘어섰다. 이는 1900년 인구에서 3.5배가 증가한 것이다. 인구가 50억에서 60억으로 늘어나기 까지 걸린 시간은 불과 12년이었다. 근래 가장 짧은 기간이었다.

〈자료 1〉 1864년~1909년간 인구변화

표1. 1871년 이전

년도	전국				전라도			
	총호수(戶)	총인구(口)	남자	여자	호수	총인구	남자	여자
1864 (고종1)	1,209,604	6,828,517			260,981		499,973	496,841
1865(2)			3,311,093	3,268,405				
1866(3)	1,580,369	6,751,494	3,395,718	3,335,576	261,114	1,000,302	502,279	498,023
1867(4)	1,590,573		3,380,895	3,339,399	200,452		485,989	492,642
1868(5)	1,590,435		3,374,152	3,340,519				
1869(6)	1,614,016		3,422,038	3,343,281				
1870(7)	1,591,839	6,677,001	3,345,386	3,331,615	260,763		486,366	494,546

표2. 1901년~1909년

년도	전국				전라도			
	총호수(戶)	총인구(口)	남자	여자	호수	총인구	남자	여자
1901 (광무1)	1,409,34	5,713,244	3,159,369	2,553,875	(북)108,656 (남)120,455	416,453 450,067		
1902(6)	1,405,116	5,782,860	3,193,250	2,589,556	(북)107,218 (남)118,173	418,821 456,054	234,423 246,258	184,398 209,796
1903(7)	1,418,530	5,891,595	3,255,588	2,636,006	(북)110,194 (남)124,090	431,175 484,315		
1904(8)	1,374,969 (함북제외) 1,419,899	5,629,487 5,928,802	3,098,017	2,531,470	(북)110,835 (남)124,310	440,901 490,054		
1906(10)	2,333,087	9,781,671			(북)157,412	597,393 850,635	330,821	266,572
1909(3)	2,633,028	12,363,404	6,632,081	5,731,323	(북)182,271 (남)301,551	891,452 1,331,576		

표3. 1871년~1900년

년도	전국				전라도			
	총호수(戶)	총인구(口)	남자	여자	호수	총인구	남자	여자
1871 (고종8년)	1,591,264		3,347,400	3,318,397	260,746		486,676	495,180
1872(9)	1,596,073		3,348,577	3,313,983	265,117		489,520	493,632
1873(10)	1,593,965		3,354,258	3,316,189	261,138		489,859	494,348
1874(11)	1,593,728		3,255,482	3,317,938				
1875(12)	1,634,908		3,377,704	3,320,714	261,443		502,566	498,056
1876(13)	1,595,501		3,279,913	3,323,597	262,196		402,702	498.536
1877(14)	1,582,287	6,607,547	3,320,876	3,286,671	254,770		471,225	478,572
1878(15)	1,580,321	6,633,054	3,331,656	3,301,398	252,223		469,408	478,272
1879(16)	1,932,528	6,560,027	3,300,427	3,259,600	247,050		465,994	473,589
1880(17)	1,573,029	6,581,227			245,653		465,353	471,886
1881(18)	1,572,716	6,594,909	3,321,332	3,273,577	245,802		466,430	471,286
1882(19)	1,527,606 (8도만)		3,233,793	3,180,054				
1883(20)	1,573,387	6,628,587			246,275		478,804	482,628
1884(21)	1,583,922	6,715,543	3,375,550	3,339,993	245,728		479,959	483,942
1885(22)					245,728		479,959	483,942
1887(24)	1,575,530	6,522,687	3,298,052	3,224,635	243,638		471,253	444,906
1888(25)	1,584,865		3,377,559	3,272,518	241,778		471,016	447,207
1889(26)	1,582,455	6,593,985	3,335,246	3,258,739	240,871		457,677	432,528
1890(27)	1,575,611		3,336,586	3,272,018	234,233		462,955	440,226
1891(28)	1,576,822	6,633,166	3,346,827	3,286,339	234,695		465,157	442,264
1892(29)	1,575,828		3,347,730	3,286,561	234,340		465,005	441,736
1897 (광무1년)	1,332,501	5,198,248	2,869,767	2,328,481	(북)97,815 (남)104,918	340,122 366,090	189,780 199,791	150,342 166,299
1899(3)	1,357,037 1,375,934	5,340,901 5,415,511	2,955,044	2,385,857	(북)98,164 (남)111,187	241,668 395,867	190,570 216,156	151,098 179,811
1900(4)	1,397,630	5,608,151	3,102,650	2,505,501	(북)107,146 (남)118,139	386,132 437,660	214,695 237,032	171,437 200,628

자료 : 『승정원일기』『일성록』『고종실록』『독립신문』『황성신문』『제국신문』『매천야록』

제2장. 하나님의 회초리

1. 마마떡이라도 해야 곱게 가실텐데...
2. 시두손님, 두창
3. 아, 신사년 괴질!
4. 하느님의 회초리
5. 마테오 리치의 이름으로 기도한다.

자료 1 _ 호열자

1. 마마떡이라도 해야 곱게 가실텐데...

1909년 6월, 충청북도 청주와 전라도의 나주에서는 괴질이 크게 창궐하여 민심이 들끓었다. 증산상제가 6월 24일 하늘보좌로 돌아갔으니, 어천하기 직전에 발생한 괴질이다.

증산상제는 이 때 모든 병을 대속하고 영원한 강녕을 내려 주었다. 증산상제가 대속하여 앓은 병이 "대략 운기運氣, 상한傷寒, 황달黃疸, 내종內腫, 호열자虎列刺 등"(『도전』10:28:5)이었다.

조선시대는 돌림병이 시대였다.[8]

조선시대의 기록을 보면 괴질怪疾, 윤질輪疾, 윤행질輪行疾, 윤행시질

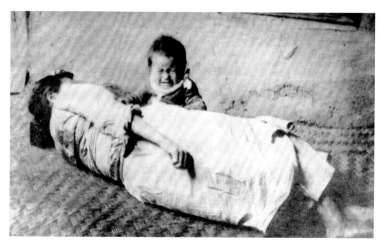

역병(콜레라)으로 죽은 엄마곁에서 우는 아이의 모습

輪行時疾, 진질疹疾, 여질 癘疾 등의 용어가 자주 나타난다.

윤질 등은 돌림병을 말함이고, 돌림병은 괴질이었다. 진질은 홍역이나 두창(천연두, 마마)을 뜻하고 여질은 염병이다. 염병은 전염병을 가리키나 특히 장티부스이다.

이들 돌림병은 조선 후기에 특히 심각하였다. 『조선왕조실록』이나 『비변사등록』을 보면, 돌림병은 몇 년에 한 번 꼴, 심지어는 몇 해에 걸쳐 연이어 창궐했다. 한번 발생하면 그 피해도 심각하였다. 몇 십만 명의 사망자를 내는 일이 다반사였다.

19세기 이전의 몇 가지 사례를 살펴보자.

숙종 25년(1699)에는 "여역癘疫이 치열하여 서울에 강시僵尸가 3천 9

8) 신동원, 『호열자 조선을 습격하다-몸과 의학의 한국사-』, 역사비평사, 2005, 40-41쪽.

백여 구구軀이고, 각 도의 사망자는 도합 25만 7백여 인이었다."영조 18
년(1742)에도 "팔도에 큰 여역이 발생하여 사망자가 셀 수가 없을 정도
였고 온 가족이 몰사沒死한 경우도 아주 많았다."

영조 25년(1749)에는 "여역이 서로西路에서부터 일어나서 여름부터
겨울에 이르기까지 팔로八路에 만연되어 민간의 사망자가 거의 5, 60만
이나 되었고," 영조 46년(1770)년에도 "여역이 치성 만연하여 전국에
사망이 연달았는데, 민호民戶가 10에 7, 8이 텅 비었다"고 하였다.[9]

전염병이 돌아 사망자를 셀 수 없고 동네의 민가 7, 80%가 텅 비었다
니, 그 참상은 충분히 짐작할 만하다.

돌림병이 돌 때마다 나라는 난리법석이었다. 조선시대 내내 국왕을
괴롭힌 것이 돌림병의 창궐과 가뭄이었다. 이 때문에 국왕이 국왕 노릇
하기 힘들었다.

사실, 알고 보면 국왕도 어떻게 할 수 없는 노릇이었다. 그래도 민심
은 국왕에게 책임을 돌렸다. 국왕의 능력이 무엇이든 간에, 그것은 '하
늘의 뜻'이었기 때문이다.

돌림병이 돌면, 국왕이 할 수 있는 건 하늘에 제를 올리는 일이었다.
봄과 가을에 여제癘祭가 올려진다. 민간에서는 호열자나 역질疫疾이 돌
면, 이를 도깨비의 행위로 인식하여 도깨비 굿을 벌인다.[10]

---

9) "是歲, 癘疫尙熾, 京中僵尸三千九百餘, 各道死亡合二十五萬七百餘人."(『조선왕
조실록』숙종 25년 12월). "是年八道大疫, 死亡不可計, 至於全家合歿者甚多."
(『조선왕조실록』영조 18년 8월). "是時癘疫起自西路, 自夏至冬延及八路, 民死
者殆五六十萬"(『조선왕조실록』영조 25년 12월). "是時癘疫熾蔓, 八路死亡相續,
民尸ㅣ空亡八云."(『조신왕소실녹』병소 46년 1월).
10) 김종대, 『도깨비를 둘러싼 민간신앙과 설화』, 인디북, 2004, 77쪽.

호열자는 19세기에 돌림병으로 맹위를 떨친 소위 콜레라이다. 역질은 원래 '두창'이라 했으며 천연두를 말한다. 천연두는 일본식 표현이다. 일반인은 '마마'라 하여 극존칭을 사용하여 신격화하였고, 오랜 세월 우리민족을 괴롭혔다.[11]

'마마'는 다른 병들과 격이 다르고 쫓아내면 안 되는 병이었다. 인간이라면 한번은 거쳐야 하는 가장 무서운 질병이기에, 아니 살아남는다 하더라도 얼굴에 흔적을 남기고 가는 병이기에 극진한 정성을 아끼지 않았다.

"어찌 이곳까지 발걸음을 하셨습니까?"

평안북도식 마마 배송굿

11) 처용설화를 토대로 한다면, 기록상으로 9세기 전후에 한반도에 전파된 것으로 추정 가능하다.

깍듯이 공대하고 접대하였다.

"마마떡이라도 해야 곱게 가실텐데.."

몇 일에 한 번씩 마마떡을 올리며 빈다. 환자 방에 들어갈 때는 의관을 정제하고 신분을 밝히고 들어간다. 집안에서 제사도 못 지낸다.

20세기 전후 괴질로 병사한 시체를 나무에 매단 모습

마마신이 들어와 있는데 다른 신이 못 들어오기 때문이다. 제사는 다른 집에 가서 지낸다.

의원을 부르지도 약을 쓰지도 못했다. 왜? 불경스럽다 생각했기 때문이다. 마마님이 노하시지 않도록 최선을 다하고 보내드려야 된다고 생각했다.

무당들은 환자가 있을 때, 소위 '식문癘門을 가두는' 절차를 행한다. 바구니에 붉은 팥 한줌을 담아 마루 밑에 넣고 시루로 덮는다. 손각시를 큰 도로 밑에 감금하듯, 혹은 죽은 자의 원혼을 단지나 큰 돌 밑에 봉쇄하듯, 마마로 죽은 원혼들을 시루 속에 감금하는 것이다.

"오신 길로 다시 가소서, 호구마마."

배송굿은 마마님이 돌아가 다시 오지 않도록 다짐을 받아두는 굿이다. 모든 역병이 중국에서 온 것으로 생각했다. 짚으로 배를 만들어 동전 한 닢을 넣고 온 곳으로 보내드린다.

마마 배송굿을 하면서 노래[神歌]를 불렀다.

"강남은 홍씨별상 조션은 리씨별상 / 대국은 옷이좃코 소국은 밥이좃코 / 옷자랑 밥구경하러 쉰세분이 나오시다 / 소국이 좃타는 말 듣고 쉰분은 도로 회정回程하고 / 단 세분이 나오실제 글잘하는 문신손임 / 활잘쏘는 호반손임 / 례바르고 돈바른 부인호구 / 삼세분이 나오신다."[12]

'좃타'는 '좁다'는 뜻이란다. 그런데 왜 '세 분'만이 나온다고 했을까? 혹시 '세 신'은 삼신이 아닐까?[13]

굿 13일 째, 병의 고비를 넘기면 두신을 배송한다. 이 때 식문癤門(두창으로 죽은 사람의 영혼)을 모두 불러 배송한다. 식문은 총, 불, 활, 칼을 들었다. 또한 두창으로 죽은 이들뿐만 아니라 크고 작은 전쟁에서 죽어 제사를 받지 못하던 영혼들과 사회에서 소외당하던 영혼들까지 모두 배송하였다. 이 영혼들은 제사를 받지 못하는 조상신들이었다.

그러나 정성을 다했음에도 환자가 죽으면 땅에 묻지도 못한다. 가마니나 거적에 말아서 들에 버려두거나 나무에 맨 채로 3일에서 7일간 둔다. 묻으면 마마신이 노하여 집안과 마을에 환자가 발생하기 때문이었다. 시신을 두신痘神에게 공물함으로써 용서를 비는 것이다.[14] 또 두창으로 죽은 사람에게는 아직까지 두창신이 붙어 있으므로 시신이 비바람에 맞으면 신을 보낼 수 있다고도 보았다.[15]

---

12) 경성 배연신 본, '호구노정기'의 첫 부분. 홍태한, "손님굿 무가연구," 『한국민속학보』 1999.

13) 이부영, "한국설화에 나타난 치료자 원형상-손님굿 무가를 중심으로-", 『심성연구』 1, 1986.

14) 민족문제연구소, 『한국인의 생활과 풍속』(상), 아세아문화사, 1995, 331쪽.

15) 村山智順, 『朝鮮の鬼神』, 조선총독부, 1929.

조선 후기에 전염병이 휩쓴 이유는 무엇일까? 이유야 많겠지만, 당시 조선사회가 근대를 향해 달려가면서 부수적으로 나타난 현상이다.

호열자가 일본에서 들어오듯,[16] 외국의 문물과 사람들이 이 땅을 거침없이 드나들기 시작했다. 나라 안에서도 상업이 발달하면서 지역 간 교역이 증가하였다. 돌림병의 전파가 훨씬 쉽게 되었다.

"옛적에는 동서양 교통이 없었으므로 신명들이 서로 넘나들지 못하였으나 이제 기차와 윤선으로 수출입하는 화물의 물표를 따라 서로 통하게 되었"(『도전』 5:23:1-2)으니, 전염병도 세계적 유행이 된 것이다.

뿐만 아니라 사회경제적 조건도 바뀌면서 농촌이 해체되고 도시가 성장하였다. 인구가 도시로 몰려들었고 빈곤층이 증가하였다. 비위생적 생활환경이 도처에 만연되었고, '조용한 아침의 나라'는 거의 진멸상태로 나아갔다.[17]

---

16) 고종 16년(1879) 6월 20일(壬戌)에도 "㐱疾(호열자)이 일본으로부터 부산에 전파되었다" 한다(『고종시대사』).

17) 제중원의 캐나다 선교의사였던 에비슨(O.R.Avison. 1860~1956)의 탄식이다 (『구한말비록』 ; 신동원, 앞책, 42쪽). 전염성 질병은 대부분 사람과 접촉하는 동물들로부터 오기 때문에 농경문화와 목축업, 곧 문명의 형성과 더불어 발생된다. 문명의 발전은 달리 보면 도시의 성장이다. 사람들이 한 곳으로 몰려들어 생활하면서 시장이 생기고 도시가 형성되면서 발전하여 나간다. 이 때 인구의 집중은 전염병이 창궐할 수 있는 좋은 여건을 조성한다(토마스 매큐언, 『질병의 기원』, 동문선, 85쪽). 최근 학자들은 전염병이 대략 5,500-6,000년 전에 발생한 것으로 보고 있다. 그 시기부터 문명의 발달, 혹은 소 말 등 가축과 생활을 시작했음을 뜻한다. 이 때는 인류문명의 시조인 태호 복희가 살았던 배달국 시대이다. 『주역』에 의하면 '도시국가가 생겨 사람이 모이고, 목축을 크게 발달시켜 북이 소늘 기르고 분명을 일으킨 왕조는 태호복희 시대'였다.(안경전, 『개벽 실제상황』, 대원출판사, 2005, 154쪽 참조).

2. 시두손님, 두창

19세기 민중들에게 가장 무서운 것은 무엇이었을까?

탐관오리의 수탈? 전쟁의 공포? 기근으로 인한 배고픔?

그도 그렇지만, 수많은 사람들을 무차별적으로 공격하는 돌림병은 속수무책일 수밖에 없는 대재앙이었다. 조선사회를 휩쓸었던 대표적인 무서운 돌림병은 두창(시두. 천연두)과 호열자(콜레라)였다.

두창과 호열자 중 가장 무서운 돌림병을 들라면 역시 두창이었다. 두

서울 부근에서 마마신을 퇴치하는 모습

창은 사람에게만 전염되는 질병이었다. 사람이라면 누구나 일생에 한번은 거쳐 가야 할 질병이었고, 또 까딱 잘못하면 목숨을 잃을 수 있는 치사율이 높은 돌림병이었다. 살아난다 하더라도 얼굴이 곰보가 되어버릴 수 있는 무서운 질병이었던 것이다.

두창은 완두창豌豆瘡·두진痘疹·대역大疫·두역痘疫·마마媽媽·손님·백세창百世瘡·시두時痘 등으로 불렸다. 발진 형태가 콩과 같아서 痘 또는 豆가 들어갔다.[18] 마마와 손님은 두신痘神을

---

18) 이는 홍역과 구분할 수 있는 중요 단서이다. 홍역의 발진형태가 마麻 씨에 비유해 마진痲疹이라 했는데 두창은 콩알 크기의 발진인 것이다. 또한 두창은 때때로 수두水痘와 혼동되는데 수두는 얼굴보다 몸에 발진이 더 많이 생기는 점에서 두창과 다르고 사망률은 10만 명에 2명 정도로 덜 치명적이다.

공손히 부르는 명칭이고, 백세창과 시두는 살면서 때가 되면 한번은 걸려야 하는 병이라서 붙은 명칭이다.

그럼 요즘 부르는 천연두天然痘란 이름은 어떻게 생긴 걸까? 천연두란 명칭이 처음 나타난 것은 1884년 무렵 '한성순보'에서였다. 천연두란 글자 그대로, 천연적·자연적으로 생긴 두창이다. 약한 균을 직접 인체에 투여하여 면역을 갖게 하는 인두人痘나 암소에 균을 투입하여 얻은 약한 균을 인체에 주사하는 우두牛痘와 같은 인위적인 종두種痘와 구분하여 만들어진 용어로 일본에서 들어온 것이다. 중국에서는 천화天花나 천행두天行痘라고 했다. 천天은 천신天神을 뜻했다. 두신은 다른 잡다한 질병을 일으키는 역신疫神과는 전혀 차원이 다른 천신이었다.[19]

두창은 삼국시대부터 유행한 흔적이 보인다. 『삼국사기』를 보면, 백제의 온조왕 4(BCE 15)년 봄부터 무령왕 6(CE 506)년 봄까지 6회, 신라의 남해 차차웅 19(CE 22)년부터 소지왕 15(CE 493)년까지 8회, 고구려 중천왕 9(CE 256)년부터 영양왕 9(CE 598)년까지 4회가 나타났다. 또한 통일신라기에도 문무왕 11(CE 671)년부터 경문왕 13(CE 873)년까지 12회에 걸쳐 역질疫疾이 유행하였다.

고려를 거쳐 조선시대에도 두창은 민중을 괴롭힌 돌림병이었다.[20] 조선 말에 두창의 유행은 매우 끔찍했다. 개화

제주도에서 마마신을 배송하는 모습

19) 村山智順, 『朝鮮の鬼神』, 조선총독부, 1929.
20) 三木榮, 『朝鮮醫學史及疾病史』, 京都, 思文閣出版, 1991.

기에 조선을 방문한 달레Claude Charles Dallet 신부의 서신을 보면, 이 병에 걸리지 않은 조선 사람은 전국에 100명도 안될 정도로 유행이 심각했다. 어린아이들의 반 이상이 두창으로 사망했으며, 달레 신부가 약을 주었던 72명의 아이들 중 2명만이 겨우 살아남았다고 전한다.[21] 선교사였던 알렌Herace Newton Allen도 『제중원 일차년도 보고서』 (1886)에서, 두창으로 인해 2세 이전에 20%, 4세 이전에 40~50%가 사망할 것으로 추정했으며, 조선인의 사망 원인 중 50%가 두창임을 알리고 있다.

그만큼 두창은 치사율이 높았고, 사람들이 무서워했다. 모두가 앓아야할 질병이었기 때문에, 더구나 열악한 위생환경에서 치사율은 더욱 높을 수밖에 없었고 사람들은 그만큼 더 두려워했다.

『조선왕조실록』을 살펴보면, 태종의 넷째 아들 성녕대군誠寧大君, 세종의 다섯째 아들 광평대군廣平大君, 일곱째 아들 원평대군平原大君이 두창으로 죽었고, 선조도 1603년 겨울에 아들·딸·손자를 불과 한 달 사이에 모두 잃고 말았다. 현종 때는 장녀 명선공주明善公主가 두창으로 죽었다.

다산 정약용도 9명의 자식 중 6명을 잃었는데, 그 6명중 5명이 두창 때문이었다.[22]

17~19세기에 두창의 발생 빈도는 약 15회였다. 12년에서 20년을 주기로 발생한 것이다.[23]

---

21) 달레, 『조선천주교회사』(1874) 상, 한국교회사연구소, 1990.
22) 『與猶堂全書』 1집 17권, 詩文集 墓碣銘.
23) 김호, "조선후기 痘疹 연구", 『한국문화』 17, 1996. 志賀潔, "痘瘡の傳染と朝鮮の傳染病に就て", 『朝鮮及滿洲』 184, 1923.

치사율은 높고 전통의술은 무력했다. 할 수 있는 것이란 고작 장승이나 굿에 대부분 의존하고 있었다.[24) 두창은 두창신이 다스리는 것으로 믿었기 때문이다.[25) 두창의 신을 강남호구별상江南戶口別星, 강남호구객성江南戶口客星, 호귀마마胡鬼媽媽 또는 서신西神, 손님 등으로 불렸다. '강남'은 중국을 의미하여 두신이 중국에서 들어왔다는 것을 뜻하

두창의 신들

며, '호구'는 집집마다 안 들르는 데가 없다는 뜻이었다.

'객성'은 '별성' 또는 '별상'이라는 이름과도 관계있는데 모두 손님을 나타낸 것이다. 두신이 토종이 아님을 알 수 있다. 별성은 명을 받들어 일을 행한다는 뜻도 지니고 있다. 이규경은 『두신변증설』에서 "우리나라에서는 두신을 '호귀마마胡鬼媽媽' 또는 '손님 들었다客至'고 칭하고, 영남에서는 '서신西神'이라 칭하는데" 민간에서는 배송굿을 해서 이를 잘 모신다고 했다.[26]

집안에 두신이 들어왔다고 믿으면, "강남호구별상사명기江南戶口別星司命旗"라고 쓴 깃발을 대문에 걸어둔다. 그리고 문 앞에 황토를 깔아두

---

25) 1170년 고려를 방문한 서긍의 기록에는 "고려 사람은 병에 걸렸을 때 약을 먹지 않으며, 단지 귀신만 섬길 뿐이다."라고 하였다. 두창의 경우, 두창신이 관장하는 이 병은 약을 쓰면 죽는 것으로 알았다. 민가 뿐만 아니라 왕실에서도 그리 알았다. 허준의 『언해두창집요』 발문에도, '왕자가 두창에 걸렸는데 어느 의원도 금기 때문에 나서지 않았고 왕마저도 풍속에 굴복하는' 구절이 있다(신동원, 『호열자 조선을 습격하다-몸과 의학의 한국사-』, 역사비평사, 2005, 356쪽). 이능화는 『조선무속고』(1927)에서 두창의 유래와 두신에 대한 기록하였다. 그는 두신을 '호구대감戶口大監' '별상마마'라 부르는 풍속도 있으며, 남산 국사당國師堂에 여아상女兒像을 모셔두고 두신이라 부른다고도 했다. 두신에 대한 이야기는 중국, 일본 뿐만 아니라 유럽, 인도, 아프리카 지역에서도 보인다.(김아름, "마마배송굿의 특성연구", 한양대 석사논문, 2008.8:23) 유럽의 경우 452년경 유럽에 훈족이 침략했을 때 두창으로 사망한 주교를 성 니카이스 St. Nicaise로 명명하여 두창에 대한 수호 성인으로 신앙했다. 인도에서는 두창이 무사히 낫도록 돕는 여신인 싯탈라가 있고, 중국은 두저낭낭痘疽娘娘 또는 두진낭낭痘疹娘娘이라는 여신이 아이들의 두창을 치료한다고 여겨졌다. 중국 소수민족 중에도 두창으로 죽은 이가 신으로 모셔졌다.

26) 신동원, 앞책, 326쪽.

고 매일 정화수 한 사발을 상 위에 올려놓고 기도한다. 기를 꽂는 것은 손님이 들어왔음을 알리는 표식이다. 문 앞의 황토에 대해, 정약용은 봉명사신奉命使臣이 마을에 들어올 때 5리 밖에서부터 도로 양면에 황토를 깔아두었는데 이를 모방한 것이라 했다. 달레 신부의 기록중에는 조선 사람들이 두창에 걸린 아이의 말이 곧 두신의 말이라고 믿어서 시키는 대로 들어주었다 하였다.

무신(1908)년 겨울, 김자현 성도의 두 살배기 딸 필순必順이 마마를 앓아 밤새도록 몸을 긁으며 죽을 듯이 울어댔다. 양손을 묶고 기旗를 세워 놓아도 차도가 보이지 않았다. 김자현 성도가 증산상제께 아뢰었다.

"제 딸아이가 지금 손님을 하는데 죽으려는지 울어대기만 하고 먹지도 않습니다."

증산상제는 작대기 하나를 질질 끌고 자현의 집에 이르렀다. 꽂아 놓은 깃대를 뚝 끊어 마당에 집어던지시며 호통을 쳤다.

"어찌 조선 땅에 발을 붙이느냐! 서양으로 썩 물러가라!"

작대기로 마룻바닥도 쾅쾅 두들겼다.

필순의 모친과 그 가족들이 모두 깜짝 놀라, '아이고 손님에게 저러면 어째' 하며 입을 다물지 못하고 벌벌 떨었다. 증산상제가 필순의 뺨을 때리고 물 한 바가지를 아이에게 붓자, 필순의 온몸에서 딱지가 우수수 떨어지며 마마가 곧 나았다.

콜레라가 유행할때 붙이는 부적

증산상제는 필순의 손님을 물리치신 후에 말씀하시기를 "이후로는 시두손님을 내가 맡아 보노라." 하고 "시두손님을 전부 서양으로 몰아 보낸다." 하셨다. 이후로 그 동네에 마마 앓는 아이가 없어지고, 조선 땅에서 시두손님이 점차로 사라졌다(『도전』 3:284:1-10).

그러나 그 날 김자현의 집을 나서면서 증산상제는 이렇게 말씀하셨다.

"앞으로 시두가 대발하면 내 세상이 온 줄 알아라."
(『도전』 3:284:12)

1979년, 국제보건기구는 두창이 사실상 사라졌다고 공식 발표했다. 하지만 시두는 사라진 것이 아니다. 다만 잠복해 있을 뿐이다. 앞으로 있게 될 시두대발은 새로운 역사의 시작을 암시한다. 새로운 역사의 기운을 몰고 오는 길 안내자인 것이다.

3. 아, 신사년 괴질!

조선이 대외적으로 빗장을 풀기 시작하는 19세기, 돌림병은 거침없이 이 땅을 유린하였다. 그 중에서도 1821년 '신사년(순조 21) 괴질'은 굉장했던 모양이다. 변강쇠가에도 "아! 그놈의 신사년, 신사년 괴질!"이라는 말이 나올 정도이고 보면 말이다.

『조선왕조실록』에 나타난 당시의 모습을 보자.

1821년 8월, 신사년 괴질은 평안감사가 괴질이 유행한다고 장계狀啓를 올리는 데서부터 그 모습을 드러내었다.

"평양부平壤府의 성 안팎에 지난달 그믐 사이에 갑자기 괴질怪
疾이 유행하여 토사吐瀉와 관격關格을 앓아 잠깐 사이에 사망한
사람이 10일 동안에 자그마치 1천여 명이나 되었습니다. 의약도
소용없고 구제할 방법도 없으니, 목전의 광경이 매우 참담합니
다. 항간巷間의 물정物情이 기도를 하였으면 하는데 기도도 일
리가 없지 않으니, 민심을 위로함이 마땅할 것입니다."[27]

　평안감사는 병자를 구호하는 동시에, 성내城內의 주산主山에 정성껏
기도를 올리고 돌림병이 멈추기를 기원하였다. 그럼에도 불구하고 괴질
이 외방의 각 마을로 번져나갔다. 감사는 더욱 더 영험이 있는 곳을 찾
아 기도하기를 멈추지 않았다.

역병을 예방하기 위해 세운 제단인 여단터(厲壇趾). 여단에서 지내는 여제는
1908년 폐지되었다.

---

27) "平壤府城內外, 自去月晦間, 忽有輪行怪疾, 吐瀉關格, 頃刻殞斃, 旬日之內, 多
　　至千餘 而醫藥所不及, 救止無其術, 口丁景色, 萬萬驚慘. 閭里物情, 惟願祈禳,
　　祈禳不無其理, 民心亦宜慰答."(『조선왕조실록』 순조21년 8월)

윤행괴질輪行怪疾이 빠른 속도로 조선 전역을 잠식하여 갔다. 10일도 채 지나지 않아 다급한 목소리의 상황보고가 계속 되었다.

"이름도 모를 괴질이 서쪽 변방에서 발생하여 도성에 번지고 여러 도에 만연하였다. 이 병에 걸린 사람들은 먼저 심하게 설사를 하고 이어 오한惡寒이 발생하는데, 발에서 뱃속으로 치밀어 들어 경각간에 10명 중 한두 사람도 살지 못하였다. 이 병은 집집마다 전염되어 불똥 튀는 것보다 더 빨리 유행되었는데, 옛날의 처방에도 없어 의원들이 증세를 알 수 없었다. 이때 경재卿宰 이상 사망자가 10여 명이었고, 여느 관료나 백성은 그 수를 헤아릴 수 없이 많아 서울과 지방의 사망자까지 합하면 모두 수십만 여명이나 되었다."28)

(왼쪽) 역병을 피해 산으로 피난간 모습 (오른쪽) 콜레라 유행지에 대한 교통차단

28) "時有無名之疾, 起自西邊, 及於都下, 蔓延於諸道, 遇此疾者, 必先洞注, 繼之以厥逆之氣, 自足衝入腹內, 頃刻之間, 十無一二生者, 家家傳染, 疾於燸火, 古方所無, 醫莫能執症, 卿宰以上死亡十餘人, 庶僚士民, 不計其數, 摠京外爲累十萬餘.) (『조선왕조실록』 순조21년 8월)

지역에 따라 차이는 있었지만, 조선 팔도가 모두 비슷한 실정이었다. 병세가 수그러들다가도 다시 맹위를 떨쳐, 신사년 여름과 가을 사이에 극심하였다.

그 이듬해인 임오(1822)년에도 괴질은 멈추지 않았다. 왕이 남쪽 끝의 제주도민까지 위로하는 것을 보면, 이제 윤행괴질은 조선 전역에 확산되었음을 알 수 있다.

> "아! 너희 탐라의 백성들이여. .... 뜻밖에 유행의 괴질怪疾이 천리의 바다 밖에까지 넘어가 마을에서 마을로 전염되어 마치 불이 들판을 태우듯이 한 바람에 3읍三邑의 사망자가 거의 수천 명에 이르렀다고 하니, 아! 이게 무슨 재앙이란 말인가?
> ... 이는 진실로 내가 덕이 없어 상서로운 기운을 이끌어 먼 곳까지 널리 감싸주지 못한 소치이므로, 두렵고 놀라워 마음을 가눌 수가 없다."[29]

실로 괴질은 하늘의 재앙이었다. 조선 전역을 휩쓰는 상황을 보고도 국왕은 애틋한 마음을 전할 뿐 어찌 손 쓸 길을 찾지 못하였다.

이 괴질의 원인에 대해선 이러쿵저러쿵 말이 많았던 모양이다. 물론 국왕의 부덕이 큰 원인이라 생각했음은 두말할 나위가 없지만, 『조선왕조실록』을 보면 '3개월에 걸친 장마로 8도가 흉년'이 들어 괴질이 급속도로 전염되었고 사망자가 크게 늘어났다고 한다.

---

29) "咨爾耽羅民人, ... 不意輪行乖沴之疾, 踔及風濤千里之外, 村傳里染, 若火燎原, 三邑死亡, 幾至數十, 噫嘻! 此何災也? ... 亮由予否德, 不克導迎祥和之氣, 以退覃而廣庇之也, 恍焉驚心, 無以爲懷."(『조선왕조실록』 순조22년 10월)

심지어 '양기陽氣가 폐장閉藏하는 달'인 10월까지도 천둥과 번개가 치고 있음에 놀라움을 표시하고 있다.[30]

어떤 형식으로든 원인이 찾아지면 해결방법을 쓰게 마련이다. 왕(순조)은 대신과 삼사三司에게 물었다. 정무가 적체되었는지, 백성들의 숨은 고통이 보고되지 않았는지, 언로言路가 막히었는지, 옥사獄事가 공평하게 처리되지 않았는지, 인재의 선발이 공평하지 못했는지를 일일이 묻고 진실한 마음으로 모든 것을 바로잡고자 하였다.

또한 국내의 유명 산천山川에서 양재제禳災祭를 정성껏 지냈다. 그러나 1824년이나 1825년에도 참혹한 괴질은 수그러들지 않았다. 답답한 노릇이었다.

기댈 곳 없는 백성들이 연이은 돌림병에 농사는 팽개쳐버리고 식구를 거느리고 살 길을 찾기에 여념이 없었다. 거리는 병을 치료하지 못하고 죽은 시체들이 나뒹굴고 있었다.

"이게 어찌 인애로운 정사에서 나올 수 있는 일이겠습니까?"[31]

탄식도 힘이 없었다. 국왕도 도성과 전국 각지에 사망자가 많고 아직도 괴질이 멈추지 않는 것을 보고 받고 별여제別癘祭와 위안제를 거행하라는 하교만 내릴 뿐이었다.[32]

---

30) 당시 서장관 홍언모洪彦謨는 중국에도 이 괴질이 크게 유행하고 있고, 중국에서는 '그 발병 원인이 애당초 남만南蠻의 백련교白蓮教 신도들이 천하를 두루 돌아다니면서 우물에 독약을 살포하고 오이 밭에 독약을 뿌리는데 있다'고 했다.

31) "豈仁政之所可出乎?"(『조선왕조실록』 순조 22년 4월).

괴질은 하늘의 재앙이었다. 1821년, 신사년 괴질의 정체는 호열자 곧 콜레라였다. 1821년은 명칭이 없어 도무지 종잡을 수 없는 병이라는 의미에서 '괴질'이라 이름 한 것이다.

4. 하느님의 회초리

조선이 동학혁명과 청일전쟁을 겪은 이듬해인 1895년. 전쟁에 지친 백성들의 처지는 아랑곳하지 않고 돌림병은 어김없이 조선 전역을 괴롭혔다.

당시 조선에 와 있던 한 외국 선교사는 1895년의 괴질에 대해 이렇게 전하였다.

> "이제 또 다시 하느님의 회초리가 떨어지고 있었다. 전염병이 굉장한 기세로 돌기 시작했으며, 아침에 건장했던 사람이 정오에 시체가 되기도 했고 한 가족 중 몇 명이 같은 날에 죽기도 했다.
> ... 그 가혹하고 절대 부동의 잔임함은 놀라운 것이었다."[33]

---

32) "요사이 들으니, 도성에 괴질怪疾로 아직도 사망의 염려가 많다고 하는데, 어제 해서 도백의 장계를 보니, 도내의 사망자가 자그마치 1만여 명이나 된다고 하였으니, 듣기에 매우 놀랍고 측은하다. .... 사망자가 특히 많은 곳은 별여제와 위안제를 작년 양서에서 하던 예에 따라 거행하고, 서울의 별여제도 전례대로 설행하게 하라."(近聞都下怪疾, 尙多死亡之患, 而昨見海伯狀啓, 道內死亡, 至於萬餘人之多, 聞極驚惻. .... 其死亡尤甚處別厲祭, 及慰安祭, 依昨年兩西例爲之, 京中別厲祭, 亦依例設行. 『순조실록』순조 22년 7월).
33) 언더우드, 『상투의 나라』, 신복룡 역, 집문당, 1999, 171쪽.

증산 상제가 이 세상에 온 1871년 이후에도 괴질은 끊이지 않았다.

향산 이만도響山 李晚燾(1842~1910)가 1866년(고종 3)부터 1903년 (광무 7)까지 정치·사회문제를 일기형식으로 기록한 『향산일기』는, 1879년 10월에 괴질로 죽은 자가 7만 여명이라 하였다.[34] 황현은 이 해 "8월 중 서울에서는 괴질이 크게 번져 사망자가 무려 6만 명이나 되었다. 이 때 전 영부사領府使 김병학도 사망하였다"고 전하였다.[35] 1870년 대 서울에 만연했던 괴질의 참상이다.

1880년대에도 괴질의 창궐은 예외가 없었다. 1883년에 괴질로 인한 계엄소식이 있었으며,[36] 1886년과 1887년 그리고 그 이듬해에도 괴질 이야기가 꼬리를 물었다.[37]

특히 1886년 괴질은 '신사년 괴질' 처럼 그 기세가 대단하였던 것 같다. 『매천야록』은 그 참상을 이렇게 전했다.

　　"(1886년) 5월부터 7월까지 국내에 큰 유행병이 번졌다. 이를 괴
　　질이라고 한다. 이때 수백만 명의 사람들이 사망하였으며 종종

---

34) "暘. 陶山堂會, 年譜言行錄重刊事, 運卿自京歸, 京城怪疾, 死者七萬餘人." (『향산일기』 고종 16년 10월). "暘. 破舊廚間補新椽, 見元佐氏書, 君範從歸, 便今年怪氣, 五部死者, 二萬餘人, 其他文蔭武死, 不可勝數, 甚於兵火云."(『향산일기』 고종 16년 9월)

35) 황현, 『梅泉野錄』(제1권 上. 1894년 이전).

36) "暘. 上氷翁書, 見元邱答書, 宋孝子景叔不淑, 侍下情地, 尤極慘然, 賻一兩, 怪疾行, 外村數三人, 幸順經, 而戒嚴深矣."『향산일기』 고종 20년 2월 '怪疾戒嚴').

37) 『한성주보』 1886. 7. 5. '同壽館 告白' ; 『향산일기』 고종 24년 3월 '東萊等地有怪疾'.

한 가문이 문을 닫는 경우도 있었다. 그 사망한 수는 대략 한 도의 인구에 해당되며, 이는 철종 경신년(1860)에 발생한 괴질보다 더욱 심하였다."[38]

1886년의 괴질도 호열자였다. 『한성주보』는 비록 광고의 형태이지만 당시의 상황을 이렇게 전했다.

"근자에 장마와 가뭄이 교대로 오고 더위가 기승을 부려, 괴질怪疾이 유행하여 백성들이 해를 받고 있으니 이 괴질은 바로 중국에서는 사질痧疾이라 칭하고 일본에서는 호열자라고 칭하는 것이다. 그 증상은 토사吐瀉를 하기도 하고, 한열寒熱이 왕래하며 수족이 뒤틀리고 복통이 오기도 하여 그 증상이 일정치 않다."

괴질이 조선 강토를 해마다 휩쓸고 지나갔다. 당시 도시는 불결하였다. 하수도 시설이 제대로 되지 않아 쓰레기와 각종 오물들이 도시 이곳저곳에 뒹굴었다.

이 때문에 장마와 무더위를 몰고 오는 여름철만 되면 해마다 괴질이 휩쓸었다. 성장의 과정에 나타나는 불결한 도시에서, 배고프고 고달픈

---

38) "自五月至七月, 通國大疫, 名曰怪疾, 人死數百萬, 往往有闔戶者, 大略減一道戶口之數, 比哲宗庚申(十一年)尤酷."(『매천야록』 1894년 이전). 이 때의 괴질은 조선후기 함양박씨咸陽朴氏 정랑공파正郎公派 선조들이 저술한 『羅巖隨錄』에도 보인다. "一種怪戾之疾, 起於起處, 道伯南一佑, 以此卒逝, 官長之相繼隕折者, 計可七八, 邑城府之物故多者, 不知其幾千數, 人家之闔門者, 往往多焉, 自五月爲始, 至六七月八九月, 直酷烈, 八道人命之損, 計可一道分數"(『나암수록』 병술년 5월 '怪疾')

백성들은 괴질에 영락없이 노출되었다.

19세기의 마지막인 1890년대는 혁명과 전쟁의 시대였다. 1894년 동학혁명과 청일전쟁, 1895년 명성황후 시해로 사회가 소란스러웠다. 서두에서 이야기했듯이, 이런 와중에 괴질도 조선전역을 괴롭히고 있었다.

전쟁이 끝나고 난 뒤의 조선사회의 생활상은 전염병이 창궐하기 좋은 환경이었다. 그래서 항상 전쟁 뒤에는 전염병이 휩쓴다고 하지 않던가.

당시 상황을 황현은 이렇게 전한다.

1895년, "의주에서 유행병이 발생하여 10일 사이에 평안도와 황해도까지 전염되었다가 결국 서울에까지 병이 전염되어 사망자가 속출하였다. 그 병은 목구멍이 막히고 토사를 계속하여 발병한 지 하루나 이틀만에 사망하였다. 우리나라 사람들은 이를 괴질이라고 하고, 서양 사람들은 호열자라 하였다."[39]

---

39) 『梅泉野錄』 제 2권 고종 32년 을미(1895년). 이러한 내용은 정부의 공식문건에도 기록되어 있다. 內部大臣署理內部協辦 俞吉濬이 內閣總理大臣 朴定陽에게 보낸 1895년 5월 24일 문서(유행병 예방 비용 청구 청의서)에는 "大戰後屬疫은 古今通患이라 今此怪疾이 日本과 淸國地方에 盛行ᄒ고 我國에도 義州府에셔 始發ᄒ 其勢가 大熾ᄒ야 平壤府에 已入ᄒ니 此地에ᄂ 檢疫委員을 派送ᄒ압職니와 近日漢城內에도 往往其毒이 肆行ᄒ고 又仁川及牙山等地에도 患者가 多有ᄒ다ᄒ니 ...." 하고, 2일 뒤인 26 일에도 '괴질이 유행하니 예방 검역을 실시토록 요청'하는 문서가 外部大臣으로부터 總稅務司에게 보내지고 있다.
40) 언더우드, 『상투의 나라』, 신복룡 역, 집문당, 1999, 173쪽. 또한 언더우드는 조선 사람들이 이러한 괴질을 퇴치하는 법에 대해서도 기록하고 있다. 콜레라를 '쥐 병'으로 인식한 탓인지, 고양이의 영혼에게 기도하고, 문에 종이 고양이 매달거나, 경련 난 곳에 고양이 가죽으로 문지르는 행위들이 있었다 한다.

언더우드는 "이 당시의 전염병은 이제까지 내가 본 것 중에서 가장 절망적이고 치명적인 것이었으며 의약품도 최종적인 결말을 조금 지연시키는 것 이상의 효과가 없는 듯했다"[40]고 하였다.

5. 마테오 리치의 이름으로 기도한다.

"복통 낫기를 마테오 리치의 이름으로 기도한다."

1900년대 초반 콜레라가 유행하자, 천주교도들이 주송했던 기도문의 구절이다.

새로운 세기, 20세기가 시작되어도 괴질은 변함이 없었던 모양이다. 다만, 이젠 어렵사리 들어온 서구의 기독교 활동이 자유롭게 이루어지면서 구원의 기도가 다양해졌고, 그 선교사들의 의료기술에 의존하는 경향이 높았을 뿐이다.

1887년 돌림병이 조선 땅 전역을 휩쓸어 수천 명이 쓰러졌을 때도 기독교의 선교사와 신도들은 하나가 되어 하느님의 응징을 멈추어 주기를 기도하였다. 그리고 이러한 기도는 "자연의 법칙에 모순된 것이지만... 놀랍게도 믿음을 증거 하듯이 그 전염병의 폐해는 8월 하순과 9월 초순의 무지무지한 열기 속에서 갑자기 멈추었다"[41]고 한다.

기독교 선교사들이 이 땅에 보다 쉽게 자리를 잡게 된 것도 해마다 터

41) 언더우드, 『상투의 나라』, 신복룡 역, 집문당, 1999, 169쪽.

지는 전염병 덕택을 톡톡히 보았다. 처음 조선인들의 눈에 비친 서구인들은 요술을 부리는 악귀와 같은 존재였다. 사악한 마술로 조선의 어린이를 유혹하여 죽이고 잡아먹는 존재였다.

이는 당시의 유언비어였지만, 조선백성들이 서양을 바라보는 시각이었다. 동네에 서양인이 보이면 어린 아이를 안고 산으로 도망쳤다. 문명의 이기인 전차에 어린이가 치이자 전차를 불태워버리는 소동까지 벌였다.

다음은 종두법이 실시된 이후, 어떤 노인의 항변이다.

> "허, 제 명에 마마가 죽을 터이면 우두를 넣어서 살리기로서니
> 얼마 산다던가? 다 제 명에 달렸나니 우리나라 사람은 타국 사람
> 과 달라서 죽더라도 마마를 시켜야 하나니."[42]

노인의 눈에 비친 문명(종두법)은 이런 것이었다. 서양은 나라를 빼앗으려는 탐욕스런 존재이자 조선 백성의 생명과 삶을 위협하는 존재였다. 그런 그들이 근대 의학의 기술로 환자들을 치료하고, 돌림병으로 고통 받는 사람들에게 약품을 나누어 주었다.

조선 백성들이 지닌 기존의 인식이 바뀌지 않을 수 없었다.[43] 조선인들은 그들의 '생명을 건 친절함' 이 궁금했다. 선교사들은 한결같이 그것을 '하나님의 사랑' 이라 말하였다.

---

42) 『매일신문』 1898.7.1 ; 신동원, 앞의 책, 323쪽에서 재인용.
43) 선교사의 신분을 감추고 공사관 의사로 미국에 도착한 알렌H. N. Allen이 1884년 중태에 빠진 민영익을 치료하여 환심을 산 뒤 광혜원을 설치한 것이나, 1895년 전염병이 돌 때 서양 의ㆍ흥선교사들이 참여한 방역대책 위원회를 꾸린 것 등이 모두 이러한 예이다.

20세기로 바뀌는 1900년 초에도 흑사병과 유사한 괴질이 유행하였다.[44] 이 때는 인도에서 흑사병이 유행하였고, 일본에서도 흑사병과 관련된 이야기들이 들려왔다.

1902년에는 괴질이 대발하여 정부에서 손을 쓰고 있었다. 서울에도 괴질이 크게 일어나 하루 수백 명이 죽어나갔다.[45] 이 괴질은 1903에도 수그러들지 않았다.[46]

1909년 증산상제가 어천하기까지도 괴질은 쉬지 않고 발생하였고, 그 때마다 정부는 관원을 파견하여 검사 및 소방을 실시하여 검역하였다. 그러나 환자를 구제할 때마다 정부는 백성들에게 해만 끼쳤다.[47]

정부의 끈질긴 노력 때문일까? 앞서 보았듯이, 20세기로 들어서면서 조선에도 서서히 인구가 증가하였다. 사망률이 감소한 것이다.[48]

1909년 6월, 증산상제는 어천 직전에 모든 병을 대속하고 영원한 강녕을 내려 주었다.[49] 20세기 조선은 증산상제의 문명의 혜택을 받는 문

---

44) "近日有一怪樣病症, 五六日或七八日式染患而死, 體上何部, 黑色敷現云云矣, 日昨東門內居, 耶蘇敎人朴昌植爲名人, 患該怪樣症, 而下瀉赤血矣, 三個日後死去, 其胸部黑色, 同洞泰西女醫師 리스審察此像, 外國黑死病類似云爾."(『日新』 광무 4년 2월. '怪疾流行類似黑死病').

45) "初二日己未 京中怪疾 ..... 聞京中怪疾大熾, 日亡數百名"(『속음청사』 광무 6년 10월). "九月, 京中怪疾起自西路, 一日物故, 將至於一千五六百, 浹旬不已"(『나암수록』 제 4책 26, 壬寅). 한편 1904년 문서를 보면, 度支部大臣 朴定陽도 議政府參政 沈相薰에게 '1902년 괴질 때 5서내 환자치료비를 예산 밖에서 지출해 달라는 청의서'(警務廳所管光武六年度當時五署內病人治療費額算外支出 請議書' 第百二十八號. 光武八年八月二十五日)를 보내고 있다.

46) "二十日內午陰, 村人龍甫妻, 以吐瀉死, 似是怪疾入村, 窮冬怪疾不息, 可怪可悚"(『속음청사』 광무 7년 1월).

명국의 위치에 서 있었다.

괴질은 새로운 세상을 여는데 큰 역할을 한다. 1860년, 최수운 대신사는 우리가 맞닥뜨린 괴질운수에 대해 언급하였다.

"십이제국 괴질운수 다시 개벽 아닐런가."

괴질운수는 '다시 개벽'과 맞물려 있다. 이 세상의 운수와 앞 날의 운명과 밀접하게 관련을 맺은 것이 괴질운수이다. 증산 상제는 이러한 괴질 운수에 대해 명쾌하고 분명하게 설명해 주었다.

> "선천의 모든 악업惡業과 신명들의 원한과 보복이 천하의 병을 빚어내어 괴질이 되느니라. 봄과 여름에는 큰 병이 없다가 가을에 접어드는 환절기換節期가 되면 봄여름의 죄업에 대한 인과응보가 큰 병세病勢를 불러일으키느니라."(『도전』7:38:2-3)

---

47) 1907년, "서울에 장티푸스가 발생하여 검역소를 설치하였다. 이때 우리 土俗에서는 그 병을 괴질로 칭하고, 서양에서는 호열자 및 흑사병이라고 하였다. 이때부터 매년 장티푸스가 유행하였으므로 그때마다 관원을 파견하여 검사 및 消防을 실시하여 이를 검역이라고 하였으나 환자를 구제할 때마다 해만 끼쳤다."(『梅泉野錄』 융희 원년). "十八日丙子雨, 痴庵·矩堂來晤, 平澤下人持殷輔諺書而來, 院村怪疾大熾, 殷輔亦經此證極涉危境, 幸而回棹, 然尙米飮小許, 不能起動云, 可驚且慮"(『續陰晴史』 광무 11년 11월). 1909년에도 호열자가 크게 발생하였다. "괴질이 淸國 安東縣에서 關西 지방으로 유행되었다. 이 병명은 虎列剌 및 黑死病이라고 한다."(『梅泉野錄』 융희 3년). "半晴半陰蒸熱, 義州·仁川等虎列剌漸熾, 都下亦間間有之, 或致死亡, 卽前日所謂怪疾也, 貞壽自學校還, 忽下泄二度, 入夜四肢厥冷, 脈息渾無, 時時轉筋, 初試五積散無"(『續陰晴史』 융희 3년 9월).

48) 1906-1911년, 인구 1,000명당 평균 출생율이 53.02명, 평균 사망률이 40.38명이었다. 곧 인구의 자연증가율은 인구 1,000명당 12.64명이었다.

〈자료 1〉 호열자虎列刺

콜레라라는 이름이 사용된 것은 1885년이었다..[50] '신사년(1821년) 괴질'도 콜레라였으나, 명칭이 없어 도무지 종잡을 수 없는 병이라는 의미에서 '괴질'이라 이름하였다. 무려 60여년 후에야 그 실체가 밝혀진 것이다.

콜레라는 '호랑이가 살점을 찢어내는' 고통을 준다는 뜻의 호역虎疫이다. 호열자虎列刺로 옮긴 데서도 그 무서움이 나타난다.

그러나 본래 호열자는 콜레라의 음역이다. 일본의 음인 '코레라'의 '호열랄虎列刺'이 조선에서는 랄刺이 자刺로 잘못 읽혀 생긴 이름이다.

물론 콜레라라는 괴질은 수입된 병이었다.

> "콜레라는 쥐통, 쥐병, 괴질怪疾, 회질恢疾, 진괴珍怪, 괴질乖疾, 호열자虎列刺 등으로 불리며 인도, 파키스탄 등지에서 발생하여 우리나라에 전파되는 병이다. 전파는, 압록강 연안은 중국 안동현安東縣을 통해, 황해도, 경기도는 중국을 통해, 경상도, 전라도는 일본을 통해 이루어졌다. .... 20~40대의 환자가 많으며, 1912년부터 1946년까지 발생한 환자 중 치명율致命率이 62%에 달했다. ...... 콜레라는 외국으로부터 수입되는 경우이므로 해항검역海港檢疫이 가장 중요했다...."[51]

---

49) 이후에도 괴질은 나타나고 있었다. 『도전』만 보더라도, 태모 고수부 때도 호열자 기록이 나타난다. 1917년 8월 옥구 근처의 괴질(『도전』11:51:1), 1930년 초에 "이근목의 아들이 호열자虎列刺에 걸려 신음"하는 모습(『도전』11:281:1) 등을 볼 수 있다.

50) 신봉원, 『호열자 조선을 습격하다-몸과 의학의 한국사-』, 역사비평사, 2005, 6쪽, 19-20쪽.

콜레라는 1817년 이전 인도와 그 주변에 한정된 질병이었다. 그러다 영국이 식민통치를 위해 마련한 교역로와 군대이동을 따라 세계로 확산되기 시작하였다. 19세기에는 1820년 전후, 1830년 전후, 1850년 직후, 1866년 전후하여 네 차례의 세계적 대유행을 일으켰다.

시카고 대학의 역사학자 윌리엄 맥닐William H. McNeil은 바로 이 점을 적시하여 '제국의 열망과 함께 퍼져나간 질병'으로 다루었다..[52] 곧 세계 질병사에서 본다면, 전염병은 '제국의 열망'과 깊은 관련이 있다. 콜레라의 세계전파도 동일한 맥락이다.

이러한 예는 다른 데서도 보인다. 몽고군대가 정복전쟁으로 페스트균을 세계에 퍼뜨려 중세체제의 붕괴에 한 몫을 한 것도 그렇다. 멕시코의 아즈텍 문명이 스페인의 코르테스가 이끄는 600명 정도의 병력에 의해 멸망한 결정적인 원인도 총포와 군마軍馬 때문이 아니었다. 원주민들이 스페인 군대가 가져온 천연두균에 대한 저항력이 전혀 없었기 때문에 괴멸당한 것이었다. 모두 같은 맥락이다.

51) 전종휘, 『한국급성전염병개관』, 의약계사, 1965, 2-8쪽, '콜레라'.
52) 윌리엄 맥닐, 『전염병과 인류의 역사』, 허정 역, 한울, 1988.

제3장. 천하의 농정이 나에게 달렸다.

1. 천하의 농정이 모두 나에게 달렸느니라

1904년, 한번은 심한 가뭄 끝에 단비가 내렸다. 그런데 다른 논에는 물이 가득 고였으나 오직 한 논만은 그대로 말라 있었다. 논 주인이 화가 나지 않을 리 없다. 주인은 하늘에 대고 욕을 하고 갔다.

어떻게 한 논에만 물이 없었을까? 왜 그랬을까?

이를 보고, 김호연 성도가 증산상제께 말하였다.

> "물을 골고루 줘야 고루 먹고 살지 어째 물이 거기는 있
> 고 어기는 없데요? 그린 재구 있길낭 띠기노 나 같이 물
> 을 주게 하세요!"(『도전』 3:156:2).

농사짓는데 물은 목숨과도 같다. 비는 그런 피같은 물은 준다. 그런데 다른 논에는 물이 가득한데 자신의 논에만 없다니. 그걸 본 논 주인의 마음은 천 갈래 만 갈래 찢어졌다.

도대체 무슨 사연일까? 주인이 하늘에다 대고 욕한 것을 보면, 그것은 '하늘의 뜻'이다. 그렇다면 그 깊은 속뜻을 더욱 알기 어렵다.

김호연 성도의 재촉에 증산상제는 이렇게 답한다.

"천하의 농정農政이 모두 나에게 달렸느니라."
(『도전』 3:156:9)

1907년, 하루는 증산상제가 정읍의 월성리에 사는 김중범의 집에 들렀다. 내년 '하늘의 불길한 뜻'을 내다보고, 증산상제는 보리씨를 손수 밭에 뿌려주었다.

소와 쟁기를 이용해 논을 가는 모습.(자료 : 김홍도의 「경직도」)

이듬해 3월이 되자, 큰비가 내려 다른 사람들의 보리는 다 썩어버렸다. 중범의 보리만은 아무런 해를 입지 않고 잘 자라 풍작을 이루었다.(『도전』 4:86:2-8)

농업은 천하의 사람들이 살아가는 큰 근본이다[農者天下之大本]. 『단군세기』에도 나라를 이루는 길은 먹는 것을 우선으로 하나니 '농사는 사람 사는 모든 일의 근본' [農者萬事之本]이라 하였다.

그 해 농사가 잘되고 못됨은 한 나라의 운명을 가르는 중차대한 문제였다. 왕은 하늘에 제사를 드리고, 선정을 베풀어 농민들을 격려하여 세세년년 풍년이 들기를 항상 기원하였다.

"농사는 정치의 근본이고, 먹는 것은 곧 백성들이 하늘같이 아는 것이다."53)

농사는 '하늘의 뜻' 에 매여 있었다.

1904년 어느 날, 안필성安弼成이 못자리를 내었다. 씨나락을 찰벼와 메벼로 갈라 각기 오쟁이에 담아서 지게에 짊어졌다. 팥정이 주막 앞을 지나다 증산상제를 만났다. 그곳에서 안필성은 증산상제가 권하는 술에 대취하여 버렸다. 필성을 대신해 증산상제가 씨나락을 대신 쳐 주었다. 가을이 되어 추수를 하였다. 예년보다 수확량이 월등히 많자, 안필성은 깜짝 놀랐다.(『도전』 7:15:1-18)

또한 1907년 '나락을 거두고 보리갈이 하는 가을철' 이 되었다. 문공신이 일꾼들에게 보리를 갈게 하고 자신은 거름을 폈다.(『도전』 3:203:2)

---

53) "農爲政本, 食乃民天."(『세조실록』 세조 3년 9월 24일).

(위) 농사직설.중간본(1581)
　　비곡종부분
(아래) 중보문헌비고 서문

농민들의 평범한 일상사이다. 못자리 만들기, 가을철 보리갈이의 돌려짓기, 그리고 거름주기 등. 그런데 이런 일들이 일상화된 건 그리 오래되지 않았다. 조선 후기에 접어들어, 농사법이 발전한 결과이다.

농사법은 조선조 후기에 들어서면서 획기적인 변화를 맞았다.54) 임진왜란과 병자호란을 치르면서 피폐해진 농정을 살리기 위해 정부가 대대적으로 노력한 결과였다.

그 결과, 조선조의 농사법은 17, 18세기를 거쳐 19세기 초에 들어서면 어느 정도 정착되었다.

먼저, 씨뿌리기 방법이 바뀌었다. 논[水田]에 씨뿌리기는 씨앗을 논에 바로 뿌리는 직파법에서 못자리에 모를 키워 논에 옮겨 심는 이앙법移秧法, 곧 모내기로 바뀌었다.55) 이앙법은 조선 전기에 경상도 북부와 강원도 남부 일부지역에서만 행해졌다. 나머지 지역은 직파법이었다.

조선 초기 『경국대전』에서는 이앙법이 금지되

---

54) 김용섭, 『조선후기 농업사 연구 Ⅱ』, 일조각, 1984 ; 이호철, 『조선전기 농업경제사』, 한길사, 1986.

55) 『農事直說』(1429)에 의하면 水耕, 乾耕, 揷種[移秧] 3가지 방법이 있었다. 수경은 물을 댄 논에 볍씨를 뿌리는 방법이고, 건경은 물을 대지 못한 마른 논에 볍씨를 뿌리는 방법이며, 삽종은 모판에 볍씨를 키워 일정한 크기 후 본 논에 줄을 맞추어 옮겨심는 방법이다.

었다. 왜 그랬을까? 이앙법은 물이 절대적으로 필요한 방법이기 때문이다. 모내기할 때 비가 오지 않으면 벼가 말라죽어 버린다.

조선은 해마다 가뭄을 겪었다. 조선 전기에는 가뭄에 대비하기 위해 이앙법이 금지되고 직파법에 의한 밭벼가 장려된 것이다. 1429년 세종의 명에 의해 펴낸 『농사직설』「종도조種稻條」에도, 이앙법은 물이 충분하지 않은 곳에서는 매우 위험하다고 적혀있다.

조선 후기에는 왜 모내기가 확대되었을까?[56]

이앙법은 여러 가지 이점이 있었다. 먼저 수확고가 높았다는 점이다.

> "직파直播를 하면 곡식의 소출이 적고 이앙을 하면 소출이 배나
> 된다. 직파를 하면 노동력이 배로 늘고 이앙을 하면 노동력이 절
> 반으로 준다."[57]

묘종을 적당한 시기에 옮겨줌으로써 두 곳의 땅의 힘[地力]을 받을 수 있어 묘의 발육상태가 좋을 수밖에 없었다. 그리고 경지 점유 기간이 단축되어 토지 이용도가 높아졌다. 이앙법을 실시하면 1년에 두 번 농사를 지을 수 있었다. 가을보리를 수확하고 난 후, 모판의 묘종을 본 논에 심을 수 있기 때문이다. 당연히 이앙법이 지닌 이점이었다.

이앙법을 하면 김매기도 직파법에 비해 절반 이하로 줄어들었다. 노동력이 절감되었다. 광해군 11년(1619)에 펴낸 『농가월령가』는 "벼를 재

---

56) 이앙이 전면적으로 보급된 시기에 대해서는 ①17세기 중엽이후(김용섭) ②17세기 초(宮嶋博史) ③16세기 말 등의 주장이 있다(염정섭, "농업생산력의 발달," 『한국역사입문』, 풀빛, 1995, 400쪽)
57) 『일성록』 정조 23년 3월 19일.

배하는 데는 보통 4차례의 제초작업을 실시하는데, 이앙법을 실시하면 2차례만 실시하면 된다"고 했다.[58]

임진란과 병자호란의 양란을 겪은 이후 노동력은 감소하고, 농토도 재정비가 되지 않은 채, 사회는 계속 어수선하여 언제 농사를 망칠지 모르는 상황이었다. 이앙법은 하나의 대안이었다. 이앙법이 지닌 각종 이점들 때문에, 그것은 조선 후기로 오면서 전국으로 확대되어 나갔다. 영조와 정조 때 편찬된『증보문헌비고』(권 147 田賦考 7, '勸農節目')에는 "이앙법은 노동력을 크게 덜어주기 때문에 지금 삼남지방 외에 다른 도에서도 모두 이를 본받아 이미 풍속이 되었다"고 할 정도였다.[59]

뿐만 아니라, 16세기 이후 각종 제언 수리시설이 확보되어 어느 정도 물을 확보할 수 있었다. 특히 18세기 후반의 정조(1777~1800) 시대에는 제언을 통한 수리정책이 꽃피었다. 18세기 말과 19세기 초가 되면, 제언 堤堰은 삼남지방만도 3,200여개 이상이었고, 제언보다 작은 규모의 보 洑[川防]도 2,200여개를 넘어섰다. 조선 건국 이래 최고수준에 이르렀다.[60]

이제는 지방수령들도 이앙법을 권농정책의 하나로 장려했다. 그래서 18세기 말과 19세기 초에 이르면 삼남지방의 논에서는 대부분 이앙이

---

58) 高尙顔, 『農家月令』雜令.

59) 조선 후기 실학자인 서유구(1764-1845)도 이앙을 적극적으로 권장하고 있었다. "이앙을 하는 것은 세가지 이유가 있다. 김매기(제초)의 노력을 더는 것이 첫째요, 두 땅의 힘으로 하나의 모를 서로 기르는 것이 둘째이며, 좋지 않은 것을 솎아내고 싱싱하고 튼튼한 것을 고를 수 있는 것이 셋째이다."(徐有榘 , 『林園經濟志』本利志 권 5, 種藝 上 稻類.)

60) 『萬機要覽』財用編 5, 堤堰.

실시되었다. 이러한 씨뿌리기 방법의 변화는 조선 후기의 생산력 발전에 원동력이 되었다.

논에서 모내기로 바뀌었다면, 밭에서는 이랑[壟種法]과 고랑[畎種法]에 적절히 씨앗을 심어 재배할 수 있게 되었다. 조선 후기에 소가 널리 사육되고 대형쟁기가 보급되면서 높은 이랑과 고랑 만들기가 가능했기 때문이다. 추위에 강하고 습기를 싫어하는 작물(팥, 조 등)은 밭이랑에 심었고, 추위에 약하고 습기가 필요한 것(보리 등)은 밭고랑에 심어 경작하였다.

이러한 농사법의 발달로, 농작물을 심는[作付] 방식이 1년 1작에서 2년 3작, 2년 4작으로 돌려짓기[輪作]가 가능해졌다. 예를 들어 모내기한 묘종을 4, 5월에 본 논에 옮겨심고 가을걷이한 뒤, 그 땅에 다시 보리를 심는 이모작 등 다양한 재배법들이 개발되었다. 그 결과 조선 후기에는 토지생산력이 크게 높아졌다.

거름의 종류와 거름을 주는 방법[施肥法], 그리고 농기구도 변화하였다. 17세기에는 사람의 배설물[人糞, 人尿]이 거름으로 이용되었고, 18세기에는 이를 이용한 다양한 거름 만들기[造肥法]가 발전하였다. 사람들의 분뇨를 사러 다니는 모습을 흔하게 볼 수 있었다. 영양분이 풍부하다 생각된 양반가의 분뇨는 비싼 가격에 거래되었다. 몸이 귀하면 내놓는 것도 귀하다는 논리였다.

비료의 종류도 많아지고 양도 풍부해졌다. 거름을 주는 방법도 씨앗에 거름하는 방법[糞種法]에서 농경지 전체에 거름 주는 방법[糞田法]으로, 파종 건이나 파종할 때 기름 주는 방법[基肥法]에서 파종 후에 하는 방법[追肥法]으로 바뀌어 나갔다.

농기구의 변화는 생산력의 변화를 의미한다. 어떠한 농기구를 사용하느냐에 따라 그 사회의 생산력 수준이 결정될 정도였다. "18세기 후반의 조선사회는 재래 농기구 체계의 완성기"였다.[61] 농기구는 조선 전기에 40여 종을 볼 수 있었던데 비해, 조선조 후기에는 무려 191종으로 늘어났다.[62] 농기구가 용도에 따라 풍부해졌음을 알 수 있다. 조선 후기, 농기구의 발달은 농업생산력의 발달로 이어졌다.[63]

농사법의 발달에는 품종의 개량도 중요하였다. 18세기 말에서 19세기 초, 농민들은 새로운 곡물품종을 얻어내기 위해 노력하였다.

벼를 놓고 보더라도, 18세기에 편찬된 『증보산림경제』에 보이지 않던 벼 종자들 다수가 60년 지난 1825년 서술된 『임원경제지』에 새로 나타났다. 새로 보이는 벼 종자들은 바람과 추위에 잘 견디는 종자, 병충해에 강한 종자, 수확량이 많은 종자들이었다.

예를 들어, '서화' 나 '검은 보리' 도 19세기 초에 이르러 널리 재배된 품종이었다. '서화' 는 밭벼의 일종으로 한 말을 심으면 110~120말을 수확할 수 있는 우량종자였다. 19세기 중엽에는 본래 전라도 지방에 퍼졌던 우량품종 '도화벼' ('보리벼' 라고도 함)가 경상 충청 경기 강원 일대

---

61) 근대사연구회, 『한국중세사회 해체기의 제문제(하)』, 한울, 1987, 41쪽.

62) 金光彦, 『韓國農器具考』, 한국농촌경제연구원, 1986.

63) 도구의 발달은 불평등의 심화와 밀접히 관련된다. 곧 가진 자와 못 가진 자의 문제이다. 이는 근대사회가 가진 중요한 문제였다. 세계적으로도 테크날러지가 발달함에 따라 불평등도 심화되었다. 서구사회에서는 산업혁명 이후 불평등이 극심한 상황에 이르렀다. 이런 문제는 19세기 한국사회도 예외는 아니었다. 농업생산력의 발전은 사회 각 층간의 불평등을 심화시키고 있었다.

에 급속히 전파되었다. 이는 논밭을 가리지 않고 잘 되었고, 한 되의 씨종자로 20말의 많은 소출을 내었다. 비바람과 가뭄에 강하고 병해충에도 강한 우수한 품종이었다.[64]

농업의 발전은 상품화폐관계를 발전시켰다.[65] 잉여상품을 팔고 사들이며 화폐제도가 발전하였다. 화폐를 통해 개인이나 국가는 부를 축적하고 힘을 길렀다.

세계적으로는 산업혁명이 활발하게 추진되면서, 세계 각국이 잉여 상품을 팔기위해 해외시장을 개척하고 있던 시기였다. 그 파도가 조선사회에도 밀려왔다. 농사법은 발전했으나 농민의 삶은 어려울 수밖에 없었다. 내부적으로는 가혹한 봉건적 억압과 지주와 관료들의 가렴주구苛斂誅求, 외부적으로는 외세의 물결이 농민들을 끊임없이 괴롭혔다.

그 어느 누구도 도움의 손길을 주지 않았다. '하늘의 뜻'에 허탈해하고 위기의식을 느꼈다. 먹고사는 문제가 어려워진 것이다.

1908년의 일이다.

증산상제를 따르던 성도들이 보리밭 가를 지나면서 말하였다.

"이 세상에 빈부의 차별로 인하여 곡식 중에 오직 먹기 어려운 보리가

---

64) 도화벼는 찧으면 벼 1말에서 7되가 나오는 우수한 품종이었다. 당시 보통은 한말에서 4되가 나왔다(『오주연문장전산고』 권 30 '산도변증설', 권 80 '장요미도변증설')

65) 당시 상업적 농업에서 중요한 자리를 차지한 것은 인삼이다. 그 재배기술이 현저히 발전하여 수출용 포삼액이 1798년에 120근이었던 것이 1847년 이후에는 무려 4만근으로 비약적으로 늘어났다. 이 외에 담배, 목화, 각종 과수업도 상업적 농업발전에 영향을 미쳤다.

빈민의 양식이 되어 먹을 때에 항상 괴로움을 느끼니, 보리를 없애 버려야 먹는 데 차별이 없이 일치하리라."

이 말을 들은 증산상제는 '그 말이 근거 있다' 하여 보리를 없애버렸다.

곧 큰 가뭄이 들고 보리가 다 말라 죽어갔다. 그러자 농민들이 크게 소동하고, 성도들은 다시 증산상제께 하소연하였다.

"이제 만일 보리 흉년이 들면 굶어 죽는 자가 많을 것입니다."

다시 비가 내리고 보리가 다시 생기를 얻어, 그 해는 풍작이 되었다. 증산상제는 성도들에게 말을 함부로 하지 말라는 경책의 말씀을 내려주었다.

> "나의 일은 비록 농담 한마디라도 도수에 박혀 천지에 울려 나가나니 이 뒤로는 모든 일에 실없는 말을 삼가라."(『도전』 4:95:1-10)

농사는 상하귀천이 없이 천하창생의 생명을 잇는 일이다. 농부와 천하창생의 마음을 생각하고 다스리지 못하면 결과적으로는 '하늘의 뜻'을 거스르게 된다. "천하의 농정이 모두 나에게 달렸느니라."는 증산상제의 말씀을 곱씹어볼 필요가 있다.

2. 수종을 가르쳤음이

증산상제는 '이 때는 해원시대'임을 선언하였다. 우리 개인이 마음속에 품은 원한만이 아니라 역사적으로 나라 사이에 맺힌 원한도 풀어주어야 된다.

증산상제는 한국과 일본 사이에 맺힌 원한을 삼한당으로 말하였다. 이것은 지난 임진란에 맺힌 원한이다.[66]

> "지난 임진란에 일본 사람이 조선에 와서 성공치 못하여 세 가지 한이 맺혀 삼한당三恨堂이 있다 하나니 먼저 도성都城에 들지 못 하였음이 일한一恨이요 인명을 많이 죽였음이 이한二恨이요 수종水種을 가르쳤음이 삼한三恨이라."(『도전』 5:286:1-4)

일본이 품은 세 가지 한 중 하나가 '수종을 가르친 한'이다.

수종이 뭘까?
그리고 수종을 가르친 한이란 뭘까?
먼저 수종에 대한 기록을 살펴보자. 수종은 임진란 이전의 기록에서 찾을 수 있다. 세조 3년(1457) 9월 24일, 옥천沃川 사람 곽유郭瑜가 상서上書한 내용을 보자.

> "갱도秔稻(메벼)의 성질은 마른갈이[旱耕]를 하였다가 물을 대어 심으면, 그 뿌리가 이미 깊이 내렸기 때문에, 비록 가뭄을 만나더라도 말라 죽지 않으며, 다행히 우로雨露의 혜택이 있게 되면 마침내 수확을 거둘 수 있지만, 건모[乾種]로 심게 되면 그 뿌리가 깊이 내리지 않기 때문에, 가뭄을 만나면 말라 죽습니다. 그런 까닭에 물논에 심는 것[水種]을 힘쓰지 않을 수가 없습니다."[67]

---

66) 이에 대해서는 김철수, "징흥신파 일본제국주의(Ⅰ)- '신헌딩二限塔' 연구"(미발표 논문)가 있다.

성종과 중종 때에도 왕에게 아뢰는 글 가운데 수종에 대한 기록이 보인다. 당시는 가뭄이 극심한 상황이었다.

"마른갈이[乾耕]는 힘들기가 못자리하기[水種]에 비하여 몇 갑절이나 되기 때문에, 망종芒種의 시기가 몇십 일 뒤에 있습니다. 그러나 논[水田]의 반半이 갈이를 하지 못하고 모를 심지도 못하였습니다. 봄철 농사[東作]가 이와 같으니, 감히 가을 추수[西成]를 바랄 수가 있겠습니까?"[68]

"영동 각 고을은 수전이 비록 많으나 토민土民이 수종水種을 힘쓰지 않고 묘종苗種에 전력하는데, 한재ㆍ수재ㆍ풍재가 때없이 발작하여 이묘移苗의 시기를 잃으면 곡식이 여물지 않으므로, 풍년이 한 번이면 흉년은 열 번이나 되어, 국곡이 창고에는 적고 백성에게 빌려준 것이 많습니다."[69]

수종은 물갈이[水耕]와 함께 물모를 의미하기도 하고, 못자리하기, 그리고 못자리에 파종하는 것[苗種]에 비교하여 논에다 파종하는 것을 가리켰다. 여기서 그 쓰임새는 약간씩 차이가 있으나, 모두 씨뿌리기[播種法]와 관련된다.

앞 서 보았듯이, 씨뿌리기는 조선조 후기 들어 큰 변화를 맞았다. 『매

---

67) "然秔稻之性, 旱耕水種, 則其根已深, 故雖有旱而不枯, 幸有雨露, 終見收成, 乾種之則根不深入, 故遇旱則枯, 故水種不可不務也."(『세조실록』 세조 3년 9월).

68) "乾耕用力, 比水種倍潦, 故芒種之期, 在於數旬, 而水田半不耕 種, 東作如此, 敢望西成乎?"(『성종실록』 成宗 12年(1481) 4月).

69) "嶺東各官, 則水田雖多, 土民不業水種, 專事苗種, 旱澇 風災, 發作無節, 移苗失時, 禾稼不實, 一豐十歉, 以致國穀在庾少, 而民散多也."(『중종실록』 中宗 7年 (1512) 5月)

천야록』에도 조선조 말에 이르면 "삼남지방은 수종이 많고 서북지방은 한종旱種이 많았다"[70] 라고 하였다.

수종은 모내기, 곧 이앙법을 뜻했던 것이다. 모내기는 19세기 들어 전국적으로 실시하지 않은 곳이 거의 없을 정도로 확산되었다.

왜 증산상제는 수종을 임진란 때 일본이 가르쳤다 했을까? 말을 바꾸면, 왜 임진란 이후 이앙법이 급속도로 확산되었을까?

우리는 전쟁 등으로 사회가 큰 혼란에 직면한 경우, 이앙법이 유리함

논에 물을 퍼올리는 공동작업 모습

---

70) "三南多水種, 西北多旱種"(『매천야록』 1894년 이전). 이 외에도 고종황제가 백성들에게 勸農에 대해 내리는 훈유訓諭의 문서에서도 유사한 내용들을 확인할 수 있다.(『청우일록』, 高宗 11년(1874) 1월 8일 '勸農綸音') 수종은 이제 『승정원일기』(숙종 28년(1702) 8월; 경종 2년(1722) 9월 13일; 경종 4년(1724) 4월 24일) 등 조선 후기의 각종 기록에서 흔하게 볼 수 있는 용어가 되었다.

錦江流域附近里程表

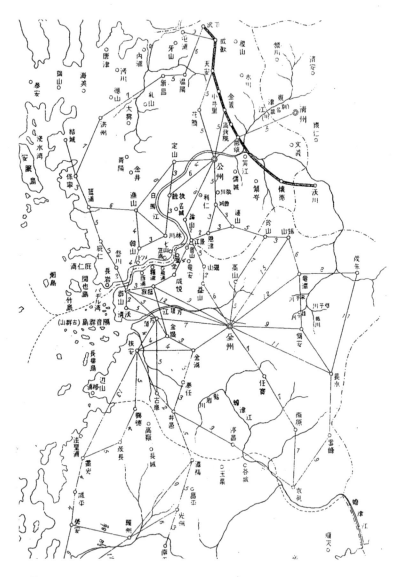

加藤末郞, 『韓國農業論』, 1904, 47쪽. 加藤이 그린 금강유역 부근 이정표이다. 숫자는 마을간의 거리를 표시하는 단위[里]이다. 조선시대 전통적으로 10리는 약 5Km였으나, 1902년 도량형 규칙, 미터법이 시행되고 일본인 고문관들에 의해 미터법이 도입되면서 일본의 도량형제도 도입된다. 1리(일본식 표현 또는 學術里)는 3927.27m였다.

을 알게 된다. 왜냐하면, 먼저 인력이 많지 않기 때문이다. 전쟁 중에 군량을 조달하기 위해 주둔지에서 벼를 재배하는데[71] 김매기 등으로 많은 인력이 소비되기가 어렵다. 또한 짧은 기간 안에 가급적 소출이 높아야 하기 때문이다. 이는 직파재배보다는 이앙재배와 관련된다.

뿐만 아니라, 일본의 경우는 직파재배보다 이앙재배가 유리하였다. 일본은 한국보다 한발旱魃이 적은 다우多雨조건이며, 태풍 도래의 비율이 훨씬 높다. 이앙재배는 관개시설이 없거나 여름에 비가 잦지 않으면 해내기 힘든 방법이지만, 관개시설이 갖추어져 있거나 장마기에 적절히 비가 와 줄 경우 매우 안성맞춤이다. 잡초방제 등 모든 관리에서 유리하기 때문이다.

일본은 태풍이 잦고 수리시설이 발달하였다. 우리나라는 남쪽이 태풍의 영향을 많이 받지만, 큰 영

모내기하는 모습 (자료 : 「경직도 10폭 병풍」)

향을 주는 태풍은 일 년에 몇 개가 안된다. 그러나 일본은, 태풍이 북상하여 오다가 소멸되지 않는 한 거의 모든 태풍의 영향을 받는다. 그래서 수리시설이 필요하였고 벼품종[72]도 바람에 잘 적응되어 있었다. 이러한 이유로 일본에서 이앙재배는 상당히 발전하였다.

조선 초기 우리나라의 중북부보다 남부지방이 벼농사에서 선진지先進地였듯이, 우리보다 일본이 벼농사 기술이 앞섰다. 8세기 기록으로 추정되는 『만엽집』에는 직파와 이앙재배에 관한 노래가 동시에 언급되고 있는 실정이다.

'임진란 7년 동안 일본은 우리에게 벼농사를 가르쳤다.'

농민은 가장 보수적이고 배타적이다. 이앙재배는 관개시설이 없으면 쉽게 할 수 없었고, 혹여 잘못하면 폐농할 수 있다. 이앙법이란 것은 실제 농민들이 임진란 이전까지 거의 해보지 못한 농법이었다. 국가에서도 이앙법을 장려하지 않았다. 가능하다 하더라도 최소한 몇 번은 스스로 실패해 보아야 농사를 제대로 지을 수 있다. 그런데 임진란 후에는 이러한 부담을 안고 이앙법이 이루어졌다. 간접적 방법일지는 모르지만, 임진란은 우리나라 농민들에게 새로운 재배법을 가르친 것이다.[73]

---

71) 이 시대는 屯田法이 보편화되었던 시대이다.
72) 조선후기 일본에서 전래해 온 杜沖租라는 벼 품종을 설명함에 있어, 우리나라 농민들이 가장 많이 심는 正金稻는 바람을 조금만 받아도 不實하지만, 이는 바람이 있어도 피해가 심하지 아니하고 서리가 내린[霜落] 후에도 성숙하므로 이른 서리[早霜]의 피해를 받지 아니한다 하였다.
73) 임진란 직후 나온 農書가 있고, 여기에 이앙법이 소개되고 있다 해도 이것만 가지고 이렇게 이앙법을 대대적으로 보급할 수는 없다. 임진란 직후 稅法을 토지중심으로 하는 大同法이 시행되었는데 남부까지 확산되는데 무려 100년이 걸렸을 정도였다.

7년간 임진란을 겪는 동안 농촌경제는 극도로 피폐하였다. 농지는 황폐화되어 줄어들었고, 많은 인명이 전쟁터에서 목숨을 잃어 농사지을 인력이 모자랐다. 이러한 상황에서, 나라 경제를 생력화할 수 있었던 방법은 상황에 맞게끔 농법을 바꾸는 것이었다. 그 시대는 경제의 핵심이 농사였기 때문이다. 따라서 임진란 이후 농사문제와 연관하여 큰 변화가 있었는데, 그것은 지금의 벼농사 재배법과 같은 모내기[移秧栽培]하는 방식의 전면적인 보급이다.

　그렇다면 왜 이러한 모내기법의 전국적인 확산이 일본에게 있어 한이 되었는가? 그것은 이 농사법이 아니었으면 전쟁 후 백성을 먹여 살리지 못했을 것이라는 뜻이 담겨있다.[74]

　이앙법을 행하면 노동력이 절약되고 소출이 늘어나며, 또 쌀과 보리의 이모작二毛作이 가능하다. 그래서 이앙법의 보급은 생산력의 발전이란 점에서는 크게 환영받았다. 동시에 한발이 있을 때는 실농, 흉작을 피할 수 없어 큰 우려의 대상이 되기도 하였다.[75]

---

74) 농업문제를 연구하는 성기영은 임진란 이후 중국과 일본이 모두 기존 정권이 붕괴되고 새로운 정권이 등장한데 비해, 조선은 특별한 변화가 없었던 것을 두고, 이앙법이 아니었으면 조선도 이 때 망국의 길을 걸어가 했겠나고 까지 말한다(성기영, "삼한당에 관한 고찰", 1994, 46쪽).

3. 3년 가뭄 백지강산에

"조선 말 국가 위기는 가뭄이었다."

김승 수자원기술단장이 1884~1910년에 걸친 27년의 장기간 가뭄을 분석한 결과였다.[76] 조선 후기 농법의 주종이 수종 곧 모내기였다면, 물은 절대적으로 필요한 것이었다. 해마다 거듭되는 가뭄은 최대의 국가 위기상황을 만들었고, 조선왕조의 절박한 몸부림은 '비 내리기를 하늘에 기원 드리는 제' 뿐이었다.

1908년 어느 날, 증산상제는 여러 성도들과 함께 태인 금상리琴上里를 지나다가 오랜 가뭄으로 사람들이 모심기를 못하고 있음을 보았다. 이 때 동학[77] 신도 류한필柳漢弼이 전날 구름이 낀 것을 보고 비가 오리

---

75) 김용섭, 『조선후기 농업사연구』, 일조각, 1971, 70-71쪽. 임진란 이후 벼농사 중에서도 가장 어려운 문제는 직파법을 버리고 차츰 모내기법이 확대되자 수리 불안전답의 旱災가 뒤따른다는 것이다. 水田농업이 주산업으로 되어있는 곳에서는 물은 언제나 중요한 것이지만 이 시기에는 수전에서의 파종법의 변동과도 관련하여 물의 적시공급은 더욱 절실한 문제가 되고 있었다. 물의 적시공급이 제대로 되려면 天水에만 의존할 수는 없으며 저수시설이 완비되어 있어서 필요시에는 언제나 이를 공급할 수 있어야 했다. 그 대책으로 제언의 개보수와 새로운 제언의 축조, 보의 개보수와 신설, 가을걷이 이후의 논에 미리 저수, 둠벙이나 방죽 등의 새로운 소규모 수리시설, 제언의 배수통 설치, 두레박과 수차 이용 등을 제시, 수원확보를 위해 나무심기, 솔의 보호와 벌목금지, 화전의 금지 등을 내세우고, 물의 합리적 이용을 위해 越畓通水 등 수리문제는 모든 사람들의 공통된 관심사가 되고 있었다(李殷雄, 『조선시대 농업과학기술사』, 2000, 338쪽).

76) 중앙일보 2006.3.10.

라 생각하고 마른 논에 호미로 모를 심었으나 이내 비가 오지 않아 모가 말라버렸다.

한필은 애가 타서 탄식하였다.

"가뭄이 이렇게 심하여 비 올 뜻이 없으니 모 심었던 것을 치우고 콩이나 심을 수밖에 없도다."

증산상제는 가뭄의 참혹한 광경을 직접 보았다. 유한필의 탄식을 듣고 말했다.

"모 심은 것을 갈아 치우고 다른 곡식을 심는 것은 변괴가 아니냐."

그리고는 서쪽 하늘을 향하여 만수萬修를 불러 소나기를 내리게 하였다.(『도전』 3:227:1-6)

또 1904년 5월에도 가뭄에 따른 민심의 소동을 들었다.

"가뭄이 심하여 이종移種을 못하므로 민심이 소란합니다."

증산상제는 이야기를 듣고, 김갑칠 성도에게 우사雨師를 붙여 풍족한 비를 내려 모심기를 마치도록 하였다.(『도전』 4:40:1-10)

조선시대 농정이 하늘에 달린 것이고 보니, 비가 오지 않아 모내기를 못함은 큰일이었다. 모내기 이후에도 가뭄이 계속 농민들을 괴롭혔다. 증산상제는 이런 극심한 상황을 "3년 가뭄으로 백지白地 강산에 백성들이 추수하지 못하게 됨"(『도전』 5:286:7)으로 말하였다.

1906년 어느 날의 일이다.

---

77) 천도교였을 것이다. 1905년 손병희에 의해 천도교가 창건되어 자칭 동학을 계승하였으나. 당시는 일반적으로 동학을 이은 모든 계파들의 신도를 '동학신도' 라 칭했다.

모악산 계룡리에 사는 유일한 친구 안필성이 주막에서 술을 들고 있는 증산상제에게 죽는 소리를 하였다.

"날이 가물어서 나락이 다 말라 죽는당게."

이 말을 들은 증산상제는 비를 내려 논에 물을 가득 채웠고, 이 해에 물이 줄지 않도록 하였다. 당연히 마을에 대풍이 들었다.(『도전』 2:86:3-13)

물이 부족해 모내기와 추수를 하지 못하는 것. 이는 백성의 고통은 물론 국가의 존망을 결정짓는 무서운 사건이었다. 가뭄이 들 때마다 굶주림으로 많은 백성들이 죽었다. 꼭 이때엔 업친 데 덮친 격으로 전염병도 돌았다. 죽은 사람들이 부지기수였다.

『매천야록』을 보면, '삼남지방의 아사 참상'을 전하는 내용이 나온다.

> "삼남지방은 수종水種이 많고 서북지방은 한종旱種이 많기 때문에, 병자년에 서북 지방은 벼가 조금 익었으나 삼남 지방은 벼 한 말에 100전이나 되어 굶어 죽은 사람이 많이 보였다. 시골 마을은 매우 처참하였다. 백성들은 입을 다물고 죽기만 기다리고 있었지만, 나라에서 진휼미를 방출한다는 말은 듣지 못하였다."
> 78)

병자년이라면 1876년이다. 새해 벽두부터 일본이 군함 7척을 이끌고 남양만에 들어와 한일수호조약을 요구하던 때이다.

이앙법이 일반화된 조선조 후기의 농정에 물은 필수적이었다. 그러나

---

78) "三南多水種, 西北多旱種, 故丙子西北差熱, 南方稻斗至百錢, 餓莩溢目, 閭里悽慘, 而民猶閉口待盡, 未聞......"(『梅泉野錄』 '1894년 이전')

물은 사람이 만들어낼 수 없었고, 하늘이 내려주는 생명선이었다. 농민들은 하늘만 쳐다볼 뿐이었다.

이듬해에도 가뭄이 이어졌다. 전 해의 기근에서 헤어나지 못했던 백성들은 또 한 번 뒷통수를 맞은 꼴이었다. 이 '병자·정축흉년丙丁凶年'은 1860년 이후 가장 심했다. 또한 연이은 흉년의 전주곡이었다. 이후에도 큰 흉년이 든 해는 1882, 1885, 1888, 1892년 연속이었다. 1893년과 1894년도 흉년이었다.

3년 내리 흉작이었으니 남은 것이 없었다. 진주에서 봉기한 동학농민혁명군의 격문도 연이은 흉년을 절규하고 있었다.[79]

"14~15년간의 흉년을 거친 뒤, 또 77일간의 대 가뭄을 만났습니다. 그런 가운데도 온갖 폐단이 발생하고 있으니, 아! 우리 백성들이여, 어찌 살아갈 수 있을 것인가."

1901~1903년에 조선을 여행한 앵거스 해밀턴도 조선 말기 극심한 가뭄을 기록하였다.[80]

"도심지 전체가 폐허로 변했다. 관할 관청은 관리기능을 상실했고 생고生苦에 시달린 백성들이 폭도로 변했다."

1777~2003년 사이에 물이 부족했던 해는 63회였다. 그 중 무려 20회가 1884~1910년 사이에, 곧 19세기 말과 20세기 초두에 발생하였다. 조선조 말 국가의 위기를 짐작할 수 있다. 그 때마다 국가가 할 수 있는 것은 하늘을 향한 기우제였다. '비 내리기를 하늘에 기원 드리는 제'는 끊임없이 올려졌다.

---

79) 한국근현대사연구회, 『한국근대사 강의』, 한울, 1997, 143쪽.
80) 앵거스 해밀턴, 『한국, 새벽의 나라』, 독일, 1904.

4. 내가 모심게 해줄까?

동네 사람들이 날이 가물어 모내기를 못 하여 모두 깊은 시름에 잠겨 있었다.

이 때 증산상제가 말했다.

"내가 모심게 해 줄까?"

하늘만 쳐다보던 동네 사람들이 얼마나 기다렸던 말인가. 입을 모아 대답하였다.

"고소원입니다."

그 순간 맑은 하늘에 먹구름이 모여들고 소나기가 쏟아져 물이 풍족해져 무사히 모내기를 마칠 수 있었다.(『도전』 2:77:1-4)

또 하루는 김병욱의 차인差人 김윤근이 애원하였다.

"요사이 날이 가물어 농작물이 다 말라 가고 있사오니 선생님께서 단비를 주시어 만민의 초조한 마음을 풀어 주십시오."

그리고는 집에서 기르는 돼지 한 마리를 삶아 대접하였다. 증산상제가 성도들과 더불어 먹고 미처 상을 물리기도 전에 우레가 일어나며 비가 많이 내렸다.(『도전』 3:236:1-4)

기우제는 농업을 위주로 하던 우리나라에서 가뭄이 들면 나라에서 왕과 신하들이 근신하는 가운데 비가 오기를 하늘에 비는 제였다. 조선시대에는 종묘, 사직과 흥인문, 돈의문, 숭례문, 숙정문 및 동서남북의 4교郊, 종각, 모화관, 경회루, 춘당대, 선농단, 한강변 등에서 기우제를 지냈다. 그밖에 영조 때 편찬한 『여지도서』輿地圖書를 보면, 전국에 74개의 기우제 제단이 있었다.

기우제에는 국행기우제國行祈雨祭 12제차가 있다. 가뭄의 정도에 따라 5월에 1차, 6월에 2차를 지내며, 5월에 5차까지, 6월에 8차까지 지내기도 한다. 가뭄이 심하면 4월에 10차까지 하고 5월에 12차까지 지내는 경우도 있었다. 이 때 기우제에는 3품 이상의 관원을 파견하였다.

한편 가뭄이 들면 왕은 일상적으로 조회하던 궁전을 피하여 밖에서 정무를 보았고, 반찬의 가짓수도 줄였다. 죄수들을 자세히 심리하여 죄 없이 억울하게 형벌을 받는 일이 없도록 했다.

17세기 중반에도 심한 가뭄이 들자, 서둘러 기우제를 지내며 "가뭄이 이 지경에 이르러 백성들의 목숨이 죽음에 박두했으니 하늘이 감응하도록 하는 일에 최선을 다해야 한다. 억울한 옥살이의 심리문제에 이미 특명이 내렸다."[81] 금부와 형조에서는 서둘러 받들어 시행하였다. 민간에서는 무덤이 파헤쳐져 밖으로 드러난 해골을 묻어 주거나, 사람들이 더위를 피하여 모자 쓰는 것, 부채질하는 것, 도살까지 금지했다.

『조선왕조실록』에는 태조부터 철종조까지 총 2,506회의 하늘에 올린 기우제 내용이 실려 있다. 그 가운데 19세기인 순조조(1801~1834)에는 30회, 헌종조(1834~1849)에는 14회, 그리고 철종조(1849~1863)에는 28회의 기우제 내용이 있다. 재위 기간과 비교해 본다면, 거의 매년 기우제를 지냈다 해도 과언이 아니다.

『고종시대사』에도 9회의 기우제 기록이 보인다.[82] 1864년, 고종 원년 5월 16일에는 삼각산과 남산(목멱산)에서 기우제를 지냈고, 6월에는

---

81) "旱災至此, 民命近止, 凡以格天之道, 宜無所不用其極, 審理冤獄, 旣有特命禁 府刑曹, 所當急急奉行."(『비변사등록』 '旱災審理冤獄'. 효종 3년(1652) 4월 16일).

용산에서 7차 기우제를 행하였다.

하늘에서 그 정성을 알아주었던 것일까? 6월 11일, 기우제를 지낸 지 3일 만에 비가 내렸다. "진실로 만민을 살리시는 하느님"(『도전』 3:236:5)이었다. 이에 감사제를 입추에 거행하도록 명하였다.

모든 기우제에 하늘이 반드시 응답하지는 않았다. 19세기 중반 철종 대왕의 묘지문을 보면, 계축년(1853)의 큰 가뭄에 대한 내용이 나온다.

> "지금 이 큰 가뭄의 재해災害는 어찌하여 이렇게 발생한 것인가? 기우제祈雨祭를 누차 거행했는데도 하늘의 응답이 아직도 아득하기만 하니, 민정民情을 생각함에 어떻게 마음을 가늘 수가 있겠는가? 재해災害는 헛되이 발생하는 것이 아니므로 반드시 그 이유가 있을 것이다. 민생民生이 고생에 시달려도 잘 구제救濟하지 못하고 법령法令이 제대로 시행되지 않아도 잘 쇄신刷新시키지 못하며 재곡財穀이 떨어져 없는데도 잘 절검節儉하지 못하고 탐욕이 많은 관리가 횡행하는데도 잘 징치懲治하지 못한 것이 첫째도 과매寡昧한 나의 죄요 둘째도 역시 과매한 나의 죄이다."[83]

이 때에는 6차까지 기우제를 지냈다. 가뭄은 끝이 없었고, 기우제는

---

82) 고종시대의 기록은 1864年 5月 16日/ 1864年 6月 3日/ 1864年 6月 11日/ 1865年 閏5月 23日/ 1883年 5月 27日/ 1883年 6月 7日/ 1883年 6月 10日/ 1889年 5月 17日/ 1906年 7月 30日이다.

83) "今此亢旱之災, 奚爲而然也? 圭璧屢擧, 靈應尙邈, 言念民情, 曷以爲心? 災不虛生, 必有所以, 民生困瘁, 不能救濟, 法令壅遏, 不能振刷, 財穀罄竭, 不能節約, 貪墨橫行, 不能懲治, 一則寡昧之罪也, 二則寡昧之罪也."(『철종실록』 '부록').

비가 내릴 때까지 수차례 올려졌다.[84] 백성들의 한숨은 절로 깊어갔다. 필연적인 결과였을까? 1862년 임술년에 삼남과 관북에서 큰 민란이 발생하였다.

1871년 이후에도 가뭄은 더욱 심각하였고, 백성들의 고통은 나날이 깊어갔다. 천주교의 침투와 잦은 이양선의 출몰, 이어 일본과 러시아의 새로운 등장과 청나라의 몰락, 대원군과 민중전의 갈등 그리고 동학과 개화파들의 등장 등으로 국내외의 정세는 혼란에 혼란이 거듭되었다. 국왕의 고민도 깊어져만 갔다. '하늘' 마저도 백성들의 마음을 알아주지 않았고 연이어 한발이 찾아들었다. 가련한 조선의 백성들은 어김없이 기우제를 올렸다.

1883년 6월에도 날이 가물어 6차의 기우제를 행하였다. 단비가 내렸으나 미흡하여 재차 기우제를 지내도록 하였다.[85] 1889년도 남단南壇과 우사단雩祀壇에서 3차 기우제를 지냈고, 『각사등록』을 보면 1897년부터

---

84) "하지夏至가 이미 지났는데도 한줄기 빗발이 아직도 더디니, 농사일을 생각하면 목마른 안타까움이 극도에 달하였다. 날을 가리지 말고 기우제祈雨祭를 설행設行하도록 하라."(夏至已過, 一霈尙遲, 言念穡事, 極爲渴. 祈雨祭不卜日設行. 哲宗 14年(1863) 5月). "하지(夏至)가 이미 지났는데도 한결같이 가뭄이 계속되고 있으므로, 농사일을 생각하면 잠자리가 편안하지 못하다. 기우제祈雨祭를 지내는 일을 해조該曹로 하여금 좋은 날을 가리지 말고 설행設行하게 하라."(夏至已過, 一直亢旱, 言念穡事, 丙枕靡安. 圭壁之擧, 令該曹, 不卜日設行.哲宗 13年 5月). 이 뿐만이 아니었다. 철종대왕의 묘지문을 보면, 당시 가뭄과 수재가 번갈아 농민을 괴롭히고 있었음을 알 수 있다. 신해년의 수재水災, 임자년의 관북關北 화재火災, 갑인년의 호남湖南 수재, 병진년의 기읍畿邑 화재와 영남嶺南ㆍ해서海西의 수재, 정사년의 호서湖西 수재, 경신년ㆍ신유년의 잇따른 수재 등 재해는 끝이 없었다. 신해년에는 해서海西에 큰 흉년이 들고, 임자년에는 관서關西에 흉년이 들었다.(『철종실록』 부록).
85) 『고종시대사』 1883년 6月 7日.

1906년까지 총 26건의 기우제 내용이 있다. 1899년에는 "봄날씨가 가물어 밀과 보리가 고사하자 서울에서는 기우제를 지냈다"고 하였고,[86] 20세기에 접어든 1906년 7월에도, 삼각산과 목멱산 그리고 한강에서 관례대로 당하관堂下官을 보내 기우제를 지냈다.[87]

1876년 3월 3일의 『청우일록』의 기우제 기록과 함께, 『한계유고』 『용호한록』 『봉서일기』 『나암수록』 『일신』 『향산일기』 『동사략』 『죽계일기』 『속음청사』 등에는 19세기 말과 20세기 초에 거행된 많은 기우제의 내용들이 부지기수 보인다.

증산상제는 백성들이 오랜 가뭄으로 모를 내지 못하여 불안해하자 "만민의 근심이 곧 내 근심"이라 하였다.(『도전』 3:312:1-2)

1903년 7월, 한 성도가 증산상제께 간청하였다.

"올해는 여름 농사를 망치고 가을 농사마저 천재天災로 거둘 것이 없게 되어 가련한 창생들이 그저 빈 솥단지만 끌어안게 될 것 같습니다. 부디 이를 불쌍히 여기시어 하느님의 큰 은덕을 내려 주옵소서."

이에 증산상제가 응대하였다.

"네 말이 옳도다. 내가 이 땅에 있는데 어찌 이러한 민생의 고통을 차마 볼 수 있으리오."

바로 장대같은 큰비가 내렸다. (『도전』 5:39:1-11)

증산상제는 언제 어디서나 가뭄으로 인한 민생의 고초를 항상 어루만져 주었다. 농민들에게 '어김없이' 비를 주고 희망을 주고 삶의 용기를

---

86) 『매천야록』 1899년.
87) 『고종시대사』 1906년 7월 30日.

주었다.(『도전』 4:101:12-13)

그러나 무조건 물을 내려주는 건 아닌가 보다. '날이 가물어 금이 쩍쩍 간 논을 보자 논바닥의 네 귀퉁이마다 손가락으로 찍어 구멍을 내어 물이 솟아나와 논물이 풍족해졌지만, 다른 논은 금이 간 채 그대로였다.'

왜 그랬을까? 증산상제는 '논 주인의 마음보'를 보고 물을 주었기 때문이다.(『도전』 3:57:1-4)

5. 충재가 심하여 인심이 불안하거늘

1909년의 일이다.

하루는 증산상제가 모시 농사를 많이 짓는 정읍 동면東面 붕래朋來를 지나고 있었다. 어찌된 일인지 농부들이 모시밭 가에 힘없이 앉아 있었고, 밭에는 이파리 하나 없는 모시대만 서 있었다.

그 이유를 농부들에게 묻자, 망연자실하게 대답하였다

> "전례에 없는 큰 충재蟲災로 이렇게 되었습니다. 저는
> 이것으로 농農을 삼아 많은 식솔이 생활하는데 이런 일
> 을 당하여 어찌할 바를 모르겠습니다."(『도전』
> 3:310:1-4)

충재는 가뭄이나 수재와 더불어 조선의 농민을 끈질기게 괴롭힌 재해였다. 봄의 가뭄과 여름철의 수재를 벗어나면, 가을철의 충재가 기다렸다.

> "가을철에 충재가 비상하여 며칠 이내에 조선전역을 뒤덮어 곡

식이라고 이름이 붙은 것은 깡그리 먹어 치웠다. 가을부터 민간
에서는 기근이 특히 심하여 밥을 짓는 집이 극히 적었고 더러는
콩깍지로 가루를 만들어 먹었다 하니 이토록 참혹한 때가 언제
또 있었겠는가?"[88]

충재와 수재를 혹독하게 입은 논밭의 각종 곡식은 모두 빈 줄기만 남
았다. 전혀 수확을 하지 못했으니 보기에도 처참하였다.

충재가 지나간 들녁을 바라보면 나오는 건 한숨뿐이었다. 이래저래
농민의 한은 쌓일 수밖에 없었다. 큰 흉년이 들면 조정에서도 구휼할 힘
이 없었다.

설상가상으로 농민들을 더욱 처참하게 만드는 것은 다름 아닌 봉건관
리들의 수탈이었다. 충재를 입어 실농한 곳이 많음에도 불구하고, 고을
의 벼슬아치들은 이를 고려치 않고 환곡還穀과 신역身役을 받아 촌민들
의 불평을 샀다.

"조금 익은 곳 및 실농한 곳을 별로 구별하지 아니하고 환곡과 각종
신역을 받아들여 원망이 길에 널리고 가난한 백성은 흩어져 떠난 사람
이 많았다."

이런 상황이니, 관료들은 자못 민생을 돌보려는 뜻이 털끝만치도 없
었음이 분명하다.

19세기의 순조 28년(1828), 이 해의 농사도 충재로 인해 매우 참혹하
였다. 농민들의 생활고가 극심했던 모양이다.

---

88) 『국역비변사등록』 숙종 11년(1685) 12월 19일.

"충재가 치성하여 어떤 것은 벼의 쭉정이 같이 생겨서 벼의 뿌리
와 줄기에 달라붙어 있고, 어떤 놈은 하루살이 같이 날개와 다리
도 있는데 곳곳마다 농작물을 해치고 있어 거의 전 도내에 퍼져
있다."89)

무고한 수백만 백성들의 재앙이었다. 가을이 되자 겨울을 넘길 양식
이 없고, 돌아오는 봄에 농사지을 씨앗도 부족하였다. 배고파 넘어지고
울부짖는 모습이 곳곳에서 보였다.

"하늘이여, 어찌 차마 이렇
게 하십니까? 하늘이여, 어
찌 차마 이렇게 잔인하십니
까?"90)

19세기 말의 상황도 크게 다
르지 않았고, 세기가 바뀌어도
마찬가지였다. 재해는 빈발하였
고, 가렴주구는 더욱 심해졌다.
이런 상황에서 백성들이 조용하
기를 기대한다는 건 어쩌면 어
리석은 일이었다.

벼를 타작하는 모습 (김홍도)

89) "以蟲災熾盛, 或狀如糠粃, 貼着根莖, 或狀如蜉蝣, 有翼有脚, 在在瘁稼, 幾遍全
    省, 馳達."(『조선왕조실록』 순조 28년 7월).
90) "天胡忍斯, 天胡忍斯?"(『조선왕조실록』 순조 28년 7월).

곳곳에서 민란이 발생하고, 마침내 1894년에는 동학란이 일어났다. 이듬해(1895~96)부터는 충재도 극성을 부려, 유망민이 늘어나는 등 민정民情이 어려웠다. 1897년에도 수해와 병충해가 심하여 농작물의 수확은 말이 아니었다.

연이은 농사의 파탄으로 세금을 감면해 달라는 이야기도 여기저기서 들려왔다.[91] 『각사등록』에는 1902년 강원도의 재해, 1904년 재해 등 20세기 들어 12건의 충재 관련 기록이 보인다. 19세기 말, 통정대부에 오르고 의병활동까지 했던 향산 이만도(1842~1910)가 고종 3년(1866)부터 광무 7년(1903)까지 37여년에 걸쳐 기록한 『향산일기』에도 가뭄과 충재에 대한 내용들이 숱하게 보인다.[92]

증산상제는 충재가 심하자 참새 수천 마리가 모여들어 그 해충을 쪼아 먹게 하였다.(『도전』 3:310:5-7)   또 어느 해는 충재가 심할 것을 미리 알고 하늘을 향해 꾸짖었다.

"천지가 어찌 생민의 재앙을 이렇듯 돌아보지 아니하느냐! 내가 이제 민록民祿을 내리리라."(『도전』 4:85:4)

그 해 충재는 발생하지 않았다.

---

91) 『각사등록』 광무 2년(1898) 사월 칠일.
92) 『향산일기』에는 "旱騷太甚, 太豆無可望, 水種高燥處, 亦已脫手, 本倅 移彦陽, 新官趙錫年, 數遞民弊去去益甚"(高宗 25年 七月 七日) ; "靈芝山祈雨云, 旱災太甚, 水種已爲失時, 谷價比春尤翔, 大小麥皆過斗兩"(高宗 29年 六月 二十二日) ; "茶薦, 久雨田苗不得立, 水種亦蝨賊, 秋事甚可慮一云也, 兒症服藥後變動"(高宗 35年 六月 十五日) ; "咸安朴生及玄風郭都事來, 下鄕旱災, 與上道無異, 水種, 半種半未種"(高宗 38年 六月 二日) ; "午後雨一鋤, 僅救田穀, 水種已無可論也, 答石査書"(高宗 38年 六月 十日) 등 농사와 관련된 내용들이 들어있다.

1903년 7월, 농작물에 충재가 심하여 벼가 썩어 문드러지고 쌀값이 올라 인심이 불안하였다.

"신축년 이후로는 연사年事를 내가 맡았으니 금년 농사를 잘되게 하여 백성의 생활을 넉넉하게 하리라."

증산상제는 충재를 없애고 풍년이 들도록 하였다.(『도전』 3:58:1-4).

농민들은 충재와 각종 재해들이 완전히 사라지고 풍년이 들어 만백성이 즐겁게 살게 될 날을 손꼽아 기다렸다. 그 날이 언제일지.

6. 농민이 상등사람

개벽 이후, 새로운 세상에서 살아갈 상등사람은 누구일까?

증산상제는 '들판에서 농사짓는 사람과 산중에서 화전 파는 사람과 남에게 맞고도 대항치 못하는 사람', "그들이 상등 사람"이라 하였다.(『도전』 7:53:3-5)

더불어 "농민도 상등 사람"임을 천명하였다.

이 때는 '해원시대'이다. 증산상제는 다음과 같이 선언하였다.

> "농사는 천하의 대본大本이요, 백성은 먹는 것을 하늘처럼 여기느니라. 오랫동안 천대 받아 온 농민의 원한을 풀어야 할지니 이제 농민을 해원시켜 상등 사람으로 삼으리라."(『도전』 7:54:1-2)

조선시대에는 농업에 종사하는 사람이 가장 많았다. 인구의 90% 이상이 농민이었다. 1910년 직업조사를 했을 때도 농업 종사자가 전인구의 84.1%를 차지하였으니, 19세기에는 90%를 넘어섰을 것임은 충분히 짐작 가능하다.

당시 나라의 경제력이 농업을 바탕으로 하였으므로 대부분 농업경제의 범위에서 살았다. 신분질서도 이에 맞추어졌다. 농민을 선비에 이어 두 번째 지위로 올린 '사농공상士農工商'의 서열을 취하였다.

그러나 그런 '높은' 지위를 누린 농민들은 극소수였다. 대다수 농민들은 '천대받는 농민'들이었다. 그들은 조선 후기로 올수록 늘어났다.

'천대받아 온 농민들'은 얼마나 될까?

조선 후기로 접어들면서 농사법이 발전하였고 토지 생산력은 높아졌다. 그러나 관료들의 가렴주구와 가뭄 등 계속되는 천재지변으로 살기 어려워진 농민들은 땅을 팔아 생계를 유지해 나갈 수밖에 없었다.

상품화폐 경제가 농촌사회에 스며들었고, 이에 따라 농지의 집중도 이루어졌다. 농지는 극소수 계층에 집중되었고, 조선후기 대다수의 농민들은 극심한 과소영세농으로 전락하지 않을 수 없었다. 18세기의 숙종 때에 이르면 농민층의 영세화는 절정에 이르게 된다.[93] 소위 '농민층 분해' 현상이다.

토지를 상실한 다수의 농민들은 농촌을 떠나 임금노동자가 되거나 소작농민의 길을 걸었다.[94] 그들은 극도의 궁핍한 생활을 이어갔고, 기아와 질병에 허덕였다.

---

93) 김용섭, 『조선후기 농업사연구Ⅰ』, 일조각, 1984, 161쪽.
94) 김용섭, 『조선후기 농업사연구Ⅰ』 '지주전호제의 변질', 일조각, 1984, 289-294쪽 ; 강만길, 『조선시대 상공업사』 '광업에서의 임금노동자의 발달1,2', 한길사, 1984, 339-401쪽.

대한제국 시대 한국침략을 위한 기초 자료로 조사된 『한국토지농산조
사보고韓國土地農産調査報告』(1906)를 보면, 극소수의 대지주가 대부분
의 경지耕地를 차지하였다. 소작인은 북부[北鮮] 지방이 약 70% 내외,
중부지방 약 80~90%, 남부[南鮮] 지방도 이와 비슷하였다. 당시 농업
종사자의 대다수는 소작 빈농이었고, 극소수만이 대지주임을 알 수 있
다.[95]

1910년 한일합병 이후에도 지주는 전체 농가의 4% 미만이었다. 그런
그들이 전 경지의 65% 이상을 소유하였고, 8할의 소작인이 지주농지를
경작하였다. 그런데 지주는 소작인 생산량의 74~76% 수취하고 있었
다.[96]

천대받는 농민들의 한은 이루 말할 수 없을 정도였다. 그들은 일년 내
내 농사일에 매달려야 했다.[97] 농사일 중에도 벼농사가 가장 중요하였
다. 벼는 그 수확량이 다른 곡물에 비해 월등하였으며, 국가에서도 세금
으로 쌀을 내도록 하였다.

---

95) 김영모에 의하면, 지주-소작관계를 중심으로 한 계급관계는 갑오개혁 이후
   그 기본질서가 형성되었고, 일제시대에는 극소수 지주 부농과 대다수의 소작
   빈농으로 양극화가 더욱 심화되었다 한다(김영모, "조선후기 신분개념과 신분
   구조의 변화", 40쪽). 『조선경제년보』(조선은행, 1948년판)에 따르면, 1914년
   에 지주는 1.8%, 순소작농은 41.0%, 자작농은 22.0%, 자소작농은 35.2%였다.
96) 김영모, "조선후기 신분개념과 신분구조의 변화", 40쪽.
97) 조선조의 농부는 자연환경의 변화에 따라 하루, 한달, 한해의 농사를 지었다.
   특히 계절의 변화와 절기의 순서에 크게 영향을 받았다. 따라서 농사에 있어 파
   종, 제초, 이앙 등의 중요한 작업은 立春, 雨水, 驚蟄부터 시작하여 冬至, 小寒,
   大寒으로 끝나는 24절기에 따라 행해졌다.(한국정신문화연구원, 『한국민족대
   백과사전』)

벼농사는 모내기 이후 추수까지 날씨의 변화에 민감하였다. 특히 가뭄이 들면, 농부는 고된 노동에 시달렸다. 냇물에서 두레질을 해서라도 논에 물을 주어야 하기 때문이다. 농사를 망치면, 다음해 뿌릴 종자는 물론 겨울동안 먹을 양식을 마련할 수 없었다. 더욱이 자기 땅을 담보로 하여 지주에게 종자와 양식을 빌렸다면, 지주에게 농지가 통째 넘어갔다.

봄의 보릿고개 때 관청에서 곡식을 빌렸다면, 가을에는 야단이 났다. 갚기는 커녕, 또 다시 빌리던지 아니면 야반도주하는 길 외에는 방법이 없기 때문이다. 조선시대 농민에게 한 해 농사는 자신의 생명 뿐 아니라 가족의 운명과 직결되어 있었다.

충분히 먹거나 자는 것은 생각지도 못했다. 농번기는 말할 것도 없고, 농한기에도 쉴 틈이 없었다. 집수리, 가마니 짜기, 새끼 꼬기 등 일에서 벗어날 수 없었다. 옷차림도 대충 이마에 수건을 두르거나 맨상투, 맨발에 짚신을 신거나 맨발로 지게를 메고 괭이를 든 모습이었다.

물론 농민도 양인으로 과거에 응시할 수 있었지만, 관직으로 나가는 경우는 극히 드물었다. 대부분이 대대로 농민의 처지를 벗어나지 못했다. 한국의 농업사정을 정부 명령으로 미리 정탐한 가토 수에로加藤末郎는『한국농업론』(1904)에서, 한국 농민들의 의식주 생활정도가 일본농민의 중간 이하 정도이며, 농민의 다수가 교육을 받지 못한 상태라 하였다.

이렇듯 '천대받는 농민들'을 더욱 괴롭힌 것은 관리들의 가혹한 수탈이었다. 농민들은 지배계급의 경제적 수탈의 대상이었고 탐학대상이었다.

이는 조선 말기 전국적으로 농민봉기가 일어나는 요인이 된다. 농민들은 기아와 질병 및 가렴주구의 질곡에서 해방을 갈구하였다. 때마침 농촌에는 이상사회의 도래를 약속하는 미륵신앙이 유행하였다. 그들의

목표는 양반 지배층이 존재치 않는 이상사회였다.[98]

19세기는 농민들이 일으킨 '민란의 세기'이다.

1862년의 삼남민란도 "민란 참가자들의 중심세력은 몰락의 경지에 이른 빈농들"[99]이었다.

민란의 끝이 1894년 동학혁명이었다. 동학혁명의 주체세력은 '양인, 노비 신분 출신의 소작농층'이었다. 전봉준을 위시한 농민군 지도부의 직업은 모두 농업이었다.[100] 그들은 관료, 양반의 지나친 탐학과 수탈이 사라진 새로운 사회를 갈구하였다.

---

98) 정석종, "숙종조의 사회동향과 미륵사상", 『조선후기 사회변동 연구』, 77쪽.
99) 최진옥, "1960년대 민란에 관한 연구", 『전통시대의 민중운동(하)』, 풀빛, 1981, 410쪽.
100) 동학혁명의 주체세력은 '良人[平民]' '노비[賤民]' 신분층이었고, 사회계급에 있어서는 '소작농[貧農]층'이었다. 농민군 지도부(전봉준 총대장, 손화중과 김개남 總管領, 김덕명 총참모, 최경선 領率將)의 출신 사회신분은 모두 '평민' 즉 '良人'이었고, 직업은 모두 농업이었다. 전봉준은 서당과 향교에서 양인 출신의 교육을 받은 농촌 지식인으로서 농업은 토지 3두락을 소유한 빈농이었다.('전봉준공초'『동학란기록』하, 524-525쪽) 신용하는 보은집회 무렵의 동학 대접주 23명의 절대다수도 '良人[平民]' 신분 출신이었다고 밝혔다. 鄉吏[衙前]로서의 中人출신은 손병희와 손천민 뿐이다. 1명 있었던 양반, 물론 몰락 양반이지만, 출신의 대접주는 서병학인데, 그는 후에 '反道'하여 전쟁 때 동학군을 토벌하는데 앞장서 향도역할을 한 인물이다. 천민출신도 1인인데 전주대접주인 南啓天이었다. 대접주의 직책을 맡을 때 노비출신이라 하여 반대가 많았으나 大道主 최시형이 신분제도에 구애받을 수 없다하여 강력히 임명하였다. 직업은 부안대접주인 金洛喆이 지주이고 그 외 21명은 모두 농민이었다. 그 외 농민군의 接主와 統領에는 천민 출신들도 다수 있었다(신용하, 『한국근대사회사 연구』, 익지사, 1987, 99-113쪽). 황현은 『梧下記聞』에서 '平民先賣' 즉 농민전쟁 때 '평민이 선두에 섰다'고 기록하였다.

증산상제는 새로운 사회를 말하였다.

> "앞으로 아랫목에서 밥 먹고 윗목에서 똥 싸는 세상이
> 오느니라. 그 때가 오면 솥에다 불 안 때고도 방에 가만
> 히 앉아서 밥해 먹게 되느니라. 손에 흙을 묻히지 않고
> 농사지으며 소와 말이 일하던 것은 기계가 대신하도록
> 할 것이니라. 곡식 종자도 한 번 심어서 거두어들인 후
> 에 해마다 그 뿌리에 움을 길러서 거두어들이는 것이 생
> 겨 지금처럼 심고 거두는 데 큰 힘이 들지 않으며 또 아
> 무리 박전薄田이라도 옥토가 되게 하리니, 이는 땅을 석
> 자 세 치로 태운 까닭이니라."(『도전』 7:54:3-7)

오늘날은 '사농공상'이 '상공농사'로 뒤집힌 시대이다. 그럼에도 천
리天理가 어찌 무심하랴! 망할 것은 얼른 망해버리고 새 세상이 나와야
한다. 농민들이 오랫동안 천대받아온 원한을 풀고 상등사람이 되는 그
런 세상이.

〈자료 1〉 소작과 마름

증산상제가 성도들과 함께 모악산 부근을 지나다 날이 가물어 논에 벼가
뻘겋게 타들어 가는 모습을 보았다.
성도들이 탄식하며 말하였다.

"흉년이 들면 인심이 사나워질 텐데 소작하는 농민들만 안됐
습니다." 그 순간, 비를 내려 순식간에 너른 들판이 물로 넘쳐
났다. (『도전』 9:119:1-4)

소작농의 모습을 조선 농민의 생활상이다. 증산상제는 소작농이 상등사
람이 되는 그런 사회를 만들고 있다.
1904년, 청도원에 사는 류찬명柳贊明이 자신의 논을 부자 김한식에게 팔
아 공사公事에 바치자 다시 그 논을 소작할 수 있도록 해주었다.(『도전』
3:108:1-3)

농사가 끝난 후 소작료를 납입하는 모습(자료 : 김윤보의 『풍속도첩』)

'넓은 하늘 아래 임금의 땅이 아닌 곳이 없다

[普天之下].'

조선시대 전기의 토지소유 관계는 이러한 왕토사상을 근거로 하여, 조세를 거둘 수 있는 권리인 수조권에 입각한 전주전객제田主佃客制였다.

국가로부터 수조권을 받은 사람을 '전주'라 하고, 실제로 땅을 경작하여 조세를 내는 사람을 전객이라 한다. 수조권은 일반적으로 관직을 가진 관료들에게 일한 대가로 나누어 지급되었다.

그러다가 15세기 말에는 국가가 직접 조세를 거두어 관료들에게 지급하는 관수관급제官收官給制가 실시되었다. 전객이란 용어가 사라졌다. 대신에 전호佃戶가 보인다. 전호는 소위 지주에게 토지를 빌려 경작하고 지대를 내는 소작농을 말한다. 아직 완전한 소작농의 형태는 아니었다.

조선 후기에는 전기의 수조권 개념이 사라지고 토지 소유권 개념을 바탕으로 한 지주전호제가 나타난다. 16세기 중엽이후에 관료들은 녹봉을 받게된다. 전주와 전객의 관계는 신분적 예속관계였으나, 지주 전호제에서는 그런 인신적 지배관계가 훨씬 약해졌다.

조선 후기에 또 다시 지주전호제가 서서히 지주소작제라는 경영형태로 바뀌었다. 지주는 종전의 노비위주의 전호노동을 임금노동인 머슴[고공]의 형태로 보충하였다. 19세기에 들어서면, 직접생산자는 기본적으로 토지 없는 농민이지만, 종래와는 달리 인신적 지배관계가 소멸되고 토지를 사이에 두고 계약을 하는 소작농이다.

19세기 전반기에 이르면, 토지생산성이 노동생산성(단위노동시간당 생산되는 생산물 량)을 훨씬 능가하였다.[101] 이는 농업기술, 농법, 농기구의 발달 덕택이었다. 조선 후기의 농사법의 발달은 토지생산력을 증대시킨 농민과 그렇지 못한 농민들 사이를 갈라놓았다. 소위 광범위한 농민층 분해가 가속화되었다.

그 결과 자립적인 소농민 경영이 확립되고, 이는 병작형태의 고율지대에 의존하는 지주제로 발전하였다. 농민층 분화는 더욱 진행되었다. 19세기에 들어서면 지주들과 다수의 빈농층 혹은 소작농으로 양분되어 버렸다. 경제적 불평등은 극심해졌다.[102]

1905년 12월 21일의 일이다.

신원일이 증산상제를 찾아와 간청하였다.

"제가 일찍이 역둔토土驛屯土의 사음舍音이 되어 도조賭租 수십 석을 사사로이 써 버렸더니 이제 궁내부宮內府에서 부안군수에게 위탁하여 독촉이 심할 뿐 아니라 장차 가산을 몰수하려 하므로 할 수 없이 피하여 왔습니다."

곧 "사음의 범포犯逋"(『도전』 3:149:8)이다. 범포는 국고에 바칠 돈이나 곡식을 사적으로 써 버리는 것이다.

역둔토는 조선 후기까지 역驛과 각 관청의 소요경비를 위해 지급된 공적인 토지이다. 신원일은 궁중의 가마, 말, 목장에 관한 일을 맡아 관아의 경비를 조달하는 사복둔의 사음이었다. 역둔토에서는 조세를 받았고(수조권),

---

101) 이호철, 『조선전기 농업경제사』, 749쪽.
102) 20세기 들어, 일본인들이 대거 조선에 들어오고 그들이 농업경영자, 곧 지주층이 되면서 문제는 더욱 심각해졌다. 다수의 한국인들이 소작인으로 전락하고 있었던 것이다. "조선 사람의 8할 이상이 농민이고 그 대부분이 소작민이라 할 때에는 극수부분인 자작농을 제하고 남는 소작인과 시주산의 문제는 곧 조선 전체의 문제이다."(金正實, "朝鮮小作問題總觀", 『신동아』 1934.4, 129쪽)

이를 관리한 사람이 도장이다. 신원일은 도장이었다.

그 해 11월에는 을사보호조약 체결되었다. 일본이 한국 내정에 본격적으로 간섭하기 시작한 해이다. 1907년 2월 17일, 그 과정에 고종은 '잡세혁파' 조칙을 발표하였다. 신원일이 증산상제의 도움으로 살 길을 찾은 것이다.(『도전』 3:149:1-9)

소지주는 스스로 소작지를 관리하였으나, 중 · 대지주 또는 먼 곳에 소작지를 갖고 있는 지주는 모두 마름[舍音]을 두어 대리해서 소작지를 관리케 하였다. 마름은 지방에 따라 대택인大宅人, 농막주인農幕主人, 수작인首作人 등으로 다양하게 불렀다.[103]

1907년 '새울에 사는 사음 박씨'(『도전』 9:129:2)나, 1908년 '형렬이 집 마름이던 김덕찬, 백일남 등'(『도전』 3:270:1)이 그 예이다. 조선 후기에 이르러서까지 수조권적 지배가 남아있었던 궁방전과 역둔토에서는 도장導掌이 마름역할을 했다. 그 폐해가 매우 컸다.[104]

마름은 친족 중에서 선정되기도 하고, 그 지방의 신용 있는 소지주나 소작인 중에서 신용 있는 자를 골랐다. 대지주의 경우는 대개 1,000두락에 1인 정도의 도都사음을 두어 사음들을 감독하였다. 도사음은 사음임면의 실권까지 갖고 있었다.

일반적으로 마름의 역할(직권과 직책)은 다양했다. 기본적으로는 소작지를 관리하고, 소작농들로부터 소작료를 징수하며 조세를 대납하는 것이나,

---

103) 朝鮮總督府,『小作農民ニ關スル調査』, 1911, 51-52쪽.
104) 『비변사등록』 1788.7.5 ; 신용하,『한국근대사회사 연구』, 일지사, 1987, 172쪽.

소작인 감독, 소작인 선정, 소작계약의 해제, 소작지 변경, 소작료의 증감 등의 권한도 가졌다. 때문에 소작인들에게는 막강한 힘을 가진 존재였다. 마름은 지주로부터 별도의 보수를 받았다.

태모 고판례가 조종리 도장에 있을 때, 소작답 스물 네 마지기를 부치며 농사를 감독하였다.(『도전』 11:50:4) 이 때 소작답을 주선해준 자가 조종리 도장의 건축을 주도한 자 중 한 사람인 강사성이다. 그는 백남신의 장남 백인기가 설립한 화성華星농장 김제 관리소의 마름이었다.

1918년은 토지조사사업이 완료된 때 이다. 그 후 1928년 조직개편문제로 불화가 일자, 강사성은 도장을 떠나며 그동안 부쳐 오던 소작답 24두락마저 끊어 버렸다.(『도전』 11:269:7) 도장 운영을 방해한 마름의 횡포이다.

1932년, 김형대金炯大가 수십 년 동안 부쳐 오던 전답田畓 20여 두락의 경작권을 하루아침에 다른 사람에게 빼앗기고 10년 동안을 곤궁하게 지낸 것 역시 마름의 횡포이다.(『도전』 11:317:1)

이처럼 마름이 가진 권한 때문에 지주에게 갖은 수단을 동원해 마름이 되려 하였다. 그래서 마름이 되면 소작농들을 지배, 통제하며 권세를 부렸다.[105] 원래 중간착취자가 더 무서운 법이다. 지주-마름-소작인의 관계에서, 마름은 이루 형용하기 어려운 방법으로 소작농을 수탈하였다. 소작농의 생활은 이래저래 힘들 수밖에 없었다.

"힘껏이 뭐야. 그저 다해 갚아야지, 그래야 나도 논임자에게 얼굴을 들

---

105) 비록 일제시대의 자료지만, 전북 김제군 부양면 신용리의 사례를 통해서 마름의 위세를 본 수 있다(고승제, 『한국촌락사회사 연구』, 일지사, 1979, 357-363쪽).

수 있지 않은가? 이 몇 해 동안 자네도 알다시피 그저 연거퍼 흉년만 드니까 나는 정말 마름되구 논임자를 뵐 낯이 없네 .... 자네 고생을 허지만 국서, 내게 주는 말세는 금년에는 좀 후허게 주어야 하네 자네니까 말이지만 말세를 좀 후허게 낸 대두 그건 되려 작인의 손해가 아니거든. 내가 말을 한마디라두 잘 건네야 자네 논도 영구히 안 떨어질 테니까, 알겠지. 작인과 마름은 그저 손을 맞잡고 나가야 한단 말이야 사람의 사는 이치가 원래 그렇거든."(유치진의 '사음' 중에서).

〈자료 2〉 조선시대 상제를 찾는 천제 기록

농사는 하늘이 짓는 일이다. 농사를 주로 하는 우리민족은 옛적부터 농사의 풍요를 기원하고 감사드리는 제사를 지내 왔다. 이처럼 하늘을 숭배하여 제사지내는 의례를 천제天祭라 한다. 천제는 하늘 상제에 대한 의례이므로, 이는 상제신앙上帝信仰의 표현이다.

고구려나 마한, 예와 같은 고대의 각 나라는 매년 하늘에 제를 올렸다. 그리고는 온 나라가 크게 모여 천신天神을 위하면서 몇 일 밤낮을 계속하여 음주가무를 즐겼다.

천제는 삼국이 고대국가로 정립되어가는 과정에서 쇠퇴와 변모를 겪었다. 고대국가의 성립은 주지하듯 왕권 확립이 필수조건이다. 정치권과 제사권이 분리되고, 사제는 왕권에 복속하고 만다. 이제 천신의 제관은 왕의 신하로 떨어져 버렸다.

왕권의 강화를 목적으로 유교, 불교, 도교 등이 도입되었다. 그것이 정치이념으로 대두되면서 상제신앙은 자연히 변화를 겪지 않을 수 없었다.

신라의 김대문金大問이 저술한 『화랑세기』 첫머리에는 '우리나라는 신궁神宮을 모시고 하늘에 제사지낸다' 라 적혀 있다. 신궁의 제사는 제천적 성격이었다. 진흥왕 때 시작되어 고려 말에 이르기까지 대략 800년간 불교 이름으로 거행된 팔관회八關會 역시 그 내용은 고대사회의 천제를 계승하였다.[106] 인종 때 고려에 사신으로 온 송나라 서긍徐兢이 직접 팔관회를 참관하고는, 그것이 고구려의 제천의례인 동맹東盟과 조금도 다르지 않다고 하

---

106) 조흥윤, 『한국종교문화론』, 139쪽.

였을 정도이다.

『고려사』를 살펴보면, 제례祭禮에 대한 18건의 내용이 나온다. 그 가운데 2건은 제례의 대상을 분명하게 호천상제昊天上帝라 기록하였다. 『고려사』 '예지'禮志를 볼 때, 그 외에도 제례의 대상이 호천상제이며, 오방위五方位 와 태조를 배위하고 있다. 물론 제사의 목적은 기곡제祈穀祭, 기우제 등이었 다.

조선시대에 상제신앙과 관련하여 특히 관심을 끄는 것이 원구제圓丘祭이 다. 태조 이래 여러 왕들이 전통을 좇아 원구제를 지내려 하였으나, 양반관 료들의 반대로 지켜지지 못하였다. 매년 가뭄이 전국을 휩쓸 때도 왕은 불 안하여 원구제를 거행하려 했지만, 양반 관료들은 명분론名分論으로 맞섰 다. 조선의 왕은 천자가 아니라 제후에 불과하므로 직접 제사할 수 없다는 것이 그들의 주장이었다. 천자만이 천제를 지내고, 제후는 종묘사직에 제사 할 뿐이라는 유교적 이념이다.

태종이 단군과 기자箕子에 봄·가을로 제사드리고, 세종이 문화현 구월

		정기제사		부정기제사				
		大報本 (동지)	新穀 (정월)	祈雨	報謝	告由	황제등극	총계
조선 초기	태조			2				2
	태종		2	6	1			9
	세종			6				3
	세조		7	2				7
조선 말기	고종	12	12	2		22		47
	순종	1		2		4	1	5
총계		3	21	2	1	26	1	73

산에서 환인 · 환웅 · 단군천왕의 삼성三聖에 제사올린 적은 있다. 또 명종
때까지만 해도 소격서昭格署 상단에 옥황상제를 모셨고(『명종실록』 명종 2
년 5월), 천신제가 거행되기도 하였다. 세조는 재위 8년 기간 동안 빠짐없
이 원구제를 친히 올렸다. 그러나 소격서는 끝내 임진왜란을 겪으면서 폐지
되고 만다.

　『조선왕조실록』『승정원일기』『일성록』『증보문헌비고』 등을 보면, 조선
시대에 거행된 73건의 각종 제천의례의 기록이 있다. 태조 7년(1398)에서
부터 세조 10년(1464)까지 66년간 21회, 고종 32년(1895)부터 융희 2년
(1908)까지 13년간 52회가 거행되었다. 나머지 기간에 대한 기록은 보이지
않는다.

　이 때 제천의례의 대상은 태조-세종 때에는 호천상제에 오방위를 배위
하였고, 세조 때에는 호천상제와 황지기皇地祇에 태조와 모든 신[諸神]을 배
위하였다. 고종 초에는 호천상제와 황지기에 모든 신을 배위하다 광무 3년
(1899) 이래로 태조도 배위하였다.

원구단과 황궁우

우리에게 잘 알려진 것은 1897년, 고종이 원구단에서 '대한' 제국을 선포하고 황제로 등극하면서 호천상제와 천지의 모든 신령에게 그 사실을 고한 천제이다.[107] 1905년 5월 13일에는, 학부學部에서 "상제는 우리 황상을 도우소서"란 애국가를 각 학교에 반포하였다.[108]

'대한'의 시작은 참담하고 미미하였으나 그 끝은 위대하리라. 대한은 바로 천지역사를 열어가는 참 주인공들이기 때문이다. 그러나 우리나라의 공식적인 제천의례, 곧 상제신앙은 이로써 마지막이었다. 1910년 이래 그 모습은 보이지 않았다.

---

107) 光武 元年(1897) 10月 13日(水), 고종은 太極殿으로 나아가 受賀 頒詔한다. 頒詔文은 다음과 같다. "朕이 생각컨대 檀君과 箕子 이래로 疆土가 나뉘어 각각 한 모퉁이를 차지하고 서로 雄함을 다투다가 高麗에 이르러 馬韓·辰韓·弁韓을 呑併하였으니 이것이 三韓을 統合함이라. .... 朕이 不德하여 마침내 어려움을 당하였는데 上帝께서 眷顧하여 危殆함을 굴려 平安함을 돌니(回)시고 獨立의 基礎를 創建하여 自主의 權利를 行케 하시니 .... 今年 9月 17日(陰曆)에 白獄의 南에서 天地에 祭를 告하고 皇帝位에 나아가(卽)며 天下의 號를 定하여 大韓이라 하고 이 해로써 光武 元年을 삼고 太社와 太稷을 고쳐 쓰고 王后 閔氏를 冊하여 皇后를 삼고 王太子로 皇太子로 삼아 .... 於戱라 처음으로 寶籙을 膺함이 진실로 하느님으로부터 도우심을 입음이라 이 大號를 換함은 써 奉土의 마음을 믿게 함이라. 옛 것을 廢止하고 새 것을 圖謀하여 德化를 行하여 風俗을 아름답게 하고자 하여 天下에 布告하니 모두 聞知하라."(『高宗實錄』光武 元年 10月 13日 ; 『官報』光武 元年 10月 14日 號外).
108) 『황성신문』 광무 8년 5월 13일.

제 2 부
고난과 눈물의 삶.

제4장. 잔피에 빠진 조선민중의 삶

1. 내 창자라도 내어 먹이고 싶구나

증산상제께서 천하를 주유하실 때의 이야기이다.

하루는 어느 개울가를 지나는데 한 아비와 딸이 드러누워 있었다. 잠시 후 딸이 일어나 물새우를 잡아 아비의 입에 넣어 주니 아비가 도로 꺼내어 딸의 입에 넣어 주었다.

증산상제는 그 광경을 애처로이 바라보며 말하였다.

"내가 어서 베풀어서 저렇게 배고픈 사람들을 살려야 할 텐데…. 세상에, 오죽하면 저 어린것이 애비 입에다 넣어 주니 애비는 도로 자식 입에 넣어 주고 할꼬."
(『도전』 1:70:1~4)

우주 주재자인 증산상제의 마음은 찢어질 듯하였다.

"내 창자라도 내어 먹이고 싶구나!"(『도전』 2:126:3).

백성들의 고통을 본 증산상제는 한 시도 지체할 수 없었다.

"내가 어서 가서 저렇게 헐벗고 굶주린 사람들을 널리
구하리라."(『도전』 1:70:5)

밥 한 끼 먹기도 어려운 생활.
이것이 조선시대 일반 백성들의 생활상이었다. 임진왜란과 병자호란,
전쟁은 백성들에게서 모든 것을 빼앗아 갔다. 두 번이나 연이어 국왕이
란 자가 백성을 버리고 도망하는 마당에, 백성들은 더 이상 기댈 곳이
없었고 생활은 참담할 수밖에 없었다. 백성들 위에 군림하던 유생과 양
반들도 제 배 채우기에 급급하였다.
무서운 세상이었다. 이러한 전쟁 속에서 살아남는다는 것 자체가 기
적에 가까운 일이었다. 백성이 있고 난 다음 나라가 있는데, 백성의 생
활이 이 모양이니 무슨 나라꼴이 되었겠는가.
당시 백성들이 얼마나 처참한 상황이었는가를 보자.
"명나라 군인이 술을 잔뜩 먹고 가다가 길 가운데 구토하자, 천백의
굶주린 백성들이 한꺼번에 달려와서 머리를 땅에 박고 핥아먹었는데,
약해서 힘이 미치지 못하는 사람은 밀려나서 눈물을 흘리며 울고 있었
다."109)

그러나 『선조실록』에 실린 사헌부의 보고내용은 더욱 처참하다.

"기근이 극도에 이르러 심지어 사람의 고기를 먹으면서도 전혀
괴이하게 여기지 않습니다. 길가에 쓰러져 있는 굶어 죽은 시체
에 완전히 붙어 있는 살점이 없을 뿐만이 아니라, 어떤 사람들은
산 사람을 도살屠殺하여 내장과 골수까지 먹고 있다고 합니다."
110)

듣기에 너무 참혹하여 설명이 필요 없을 듯하다. 3월에는 유성룡, 이
덕형 등이 국왕에게 다음과 같이 아뢰고 있다.

"굶주린 백성들이 요즘 들어 더욱 많이 죽고 있는데 그 시체의
살점을 모두 베어 먹어버리므로 단지 백골白骨만 남아 성城밖에
쌓인 것이 성과 높이가 같습니다..... 비단 죽은 사람의 살점만
먹을 뿐 아니라 살아 있는 사람도 서로 잡아먹는데 포도군捕盜
軍이 적어서 제대로 금지하지를 못합니다..... 부자 형제도 서로
잡아먹고 있으며 양주楊州의 백성은 서로 뭉쳐 도적이 되어 사
람을 잡아먹고 있습니다."111)

---

109) 임진란 당시 趙慶男이 남긴 『亂中雜錄』에 실린 내용이다.(이덕일, 『송시열과
그들의 나라』, 김영사, 2005, 24쪽)
110) "饑饉之極, 甚至食人之肉, 恬不知怪. 非但剪割道殣, 無一完肌, 或有屠殺生人,
并與腸胃腦髓而?食之."(『선조실록』 宣祖 27年 正月).
111) "飢民死亡, 近來尤多, 盡割食其肉, 只是白骨, 而積于城外, 高與城齊矣. ......
非但食其死人之肉, 生者亦相殺食, 而捕盜軍少, 不能禁戢 .... 父子兄弟, 亦相殺
食, 而楊州民, 相聚爲盜, 捉人食之."(『선조실록』 宣祖 27年 3月).

19세기에 들어서도, 백성들의 처참한 생활은 계속되었다.

"백성은 장차 모두 건어물乾魚物 가게에 가서 찾아야 할 격이니, 내년에 큰 사발의 떡국이 눈 속에서 얼어 죽어가는 목숨에게 미칠 수가 없는 것입니다. ...... 근년 이래로 잇따라 큰 흉년을 만나 기근饑饉을 겪은 끝에 여역癘疫이 심하여지고 산골짜기와 바닷가의 고을은 더욱 혹심한 재화災禍를 입었습니다. 그래서 옛날에 살던 백성들이 10명에 1,2명도 없고, 양전 미토良田美土에는 쑥대만 눈에 가득하게 비치는 실정이며, 남아 있는 잔약한 백성들은 농사를 짓고자 하면 양식이 없고, 장사를 하고자 하면 재화財貨가 없으며, 떠나고자 하면 구학溝壑이 눈앞에 닥치고, 머물고자 하면 산업産業이 모두 비어 있는데, 진황지陳荒地의 세금이 그대로 있고, 해묵은 포흠逋欠의 환곡還穀을 오히려 독촉하고 있으며, 옛날 10인의 세금을 지금은 한 사람이 이를 감당해야 하고, 전에 10가호의 적곡糴穀을 지금은 한 가호에서 이를 바치고 있어서 처음에는 잔약한 가호가 망하고, 다음에는 중호中戶가 파산破産하더니, 마침내는 넉넉한 가호마저 죄다 고갈되어 그 형세가 반드시 다하여 없어진 후에야 그칠 것입니다."[112]

---

112) "則子遺殘民, 將盡尋於枯魚之肆, 而明年大椀不托, 無及於雪裏凍死之命矣. ...... 近年以來, 連値大歉, 飢饉之餘, 重以癘疫, 近峽沿海之邑, 被禍尤酷. 昔之居民, 什無一二, 而良田美土, 蓬蒿溢目, 所餘殘民, 欲農則無糧, 欲商則無貨, 欲去則溝壑在卽, 欲留則産業俱空, 而陳荒之稅尙存, 久逋之還猶督, 昔之十人之賦, 今則一人當之, 前之十家之糴, 今則一家納之, 始而殘戶亡, 次而中戶破, 終而饒戶竭, 其勢必盡無而後乃已."(『헌종실록』憲宗 3年(1837) 11月).

이런 상황에서 백성들이 할 수 있는 일은 야반도주, 곧 도망하는 일이었다. 조선 후기에는 농민층의 유망流亡현상이 잦아졌다.

조선후기에 유민이 많이 발생한 이유는 다음 몇 가지가 있다.[113]

먼저, 조선 후기 농업생산력의 큰 발전은 농민층 분해를 가속화시키며, 빈농층과 몰락 농민층을 양산하였다는 사실이다. 다음으로, 농사법의 발전으로 넓은 땅을 경작하는 것[廣作經營]이 가능하여 농민들이 소작지를 확보하는 것이 여의치 않았다. 한정된 경작지에 늘어난 인구증가는 경작지 확보를 더욱 어렵게 하였다.

또한 과중한 조세부담도 빈농층과 몰락농민층을 괴롭혀 정든 고향을 등지고 유망케 하는 계기를 만들었다. 빈번한 자연재해는 기름을 부은 격으로 농민들의 유망을 확대시켰다.

유랑길에 떠나는 한 시골여인의 처절한 통곡을 들어보자.

구한말 함경도 국경지대에서 사는 화전민들

"남편이 병으로 죽은지 이미 3년이 되었습니다. 한데도 .... 백골 징포白骨徵布를 당하고 있습니다. 지난해에 일곱 살 난 아이가 또 군역을 지게 되었고, 등에 업은 네 살짜리 아이가 이제 또 군역을 지게 되었습니다. 여태까지 반드시 고향에서 목숨을 보존하고자 한 것은 죽은 남편의 외딴 무덤을 돌보기 위해 여기 있었던 것입니다. 이제는 도저히 감당할 형편이 못되어 장차 유망 길을 떠나려고 합니다. 그러므로 남편의 무덤에 영원한 작별의 인사를 고하고 하늘을 향해 울부짖으며 통곡하는 것입니다."[114]

이 여인의 통곡소리가 어찌 하늘에 울리지 않았으리요!

조선 후기, 농촌을 떠난 유민이 다른 곳으로 이동하여 머슴이나 노비로 머무는 경우가 허다하였다. 부세 부담이 가볍고 새로운 경작지를 확보할 수 있는 화전火田을 하거나, 변방 개간지나 섬[海島] 지역으로 흘러들어가기도 하였다. 국경을 넘어 아예 나라를 등지기도 한다.[115] 그들의 의식주 상태나 생활상은 매우 열악할 수밖에 없었다.

당시 유민도流民圖를 그려 조정에 올린 사례가 있었다. 이 그림을 보고 적은 글을 보면, 유민의 모습이 어느 정도 떠올려진다.

---

113) 변주승, "조선후기 유민의 생활상", 『전주사학』 8집, 115쪽 ; 변주승, 『조선후기 유민연구』, 고려대 박사논문, 1997.

114) 宋浚吉(1606-1672), 『同春堂集』 권6, '應求言別諭仍乞解職疏', 민족문화추진위원회, 『韓國文集叢刊』 106책 450쪽 ; 변주승, "조선후기 유민의 생활상", 118쪽에서 재인용.

115) 변주승, 『조선후기 유민연구』, 49-111쪽.

"죽은 어미의 젖을 물고 있는 아이도 있었고, 상처를 입고 쓰러져 있는 자도 있었고, 구걸하는 남녀도 있었고, 자식을 버려 나무뿌리에 묶어 놓은 어미도 있었고, 말을 할 수가 없어서 손으로 입을 가리키는 자도 있었고, 나뭇잎을 따서 배를 채우는 자도 있었고, 남의 하인이 되기를 구걸하는 사대부도 있었고, 마른 해골을 씹어 먹는 자도 있었고, 부자父子 간에 함께 누워 있는 자도 있었고, 아이를 업고 비틀거리는 어미도 있었다."[116]

이처럼 그들의 모습은 참혹하기 그지 없었다.[117] 그들은 금수와 같이 형편없는 생활을 하였다. 일반백성의 의복도 초라하였고, 유민의 행색은 더욱 처참하였다. 대부분 개가죽으로 만든 옷에 승립繩笠을 쓰고 있었다.[118]

---

116) "有母死而兒含乳者, 有創傷僵臥者, 有士女丐乞者, 有母棄兒縛木根者, 有不能言以手指口者, 有採葉充腸者, 有士族乞爲人奴僕者, 有唉嚼枯骨者, 有父子同臥者, 有母負貌蹣跚者."(『선조실록』 宣祖 26年(1593) 5月).

117) 1660년(현종 원년) 함경도 지역 유민의 모습도 있다. "늙은이와 어린이가 서로 끌고 당기며 대여섯 사람 또는 열 아홉 사람 혹은 여남은 사람이 무리를 지었습니다. 모두 머리가 마구 흐트러진 채 귀신같은 모습을 하고 있으며, 얼굴에는 사람의 기색이 없습니다. 먹거리를 지닌 길가는 행인을 한번 만나기라도 하면, 냄새를 좇는 파리와 모기떼마냥 몰려들어 입을 벌린 채 음식 먹는 것을 바라보니, 사람의 도리를 모르고 있습니다..... 그 모습은 대대 한 벌의 누더기를 걸치고 있을 따름이며, 손에 쥔 것은 빈 표주박 하나일 뿐입니다. 바삭 마른 혀와 굶주린 배를 안고 기진맥진 넘어지면 길을 갑니다."(趙絅(1586-1669), 『龍州遺稿』 권7, 「賑救饑民疏」, 『韓國文集叢刊』 90책 161쪽 ; 변주승, "조선후기 유민의 생활상", 119쪽에서 재인용.

118) 『일성록』 20권, 1794. 7. 27.

"남자들은 겨울이든 여름이든 개가죽으로 만든 윗도리와 바지한 벌뿐이다. 부인들은 겉옷은 없이 여기저기를 기운 헤진 헝겊으로 몸을 가린다. 위아래를 한 통으로 이어서 윗저고리와 치마의 구분이 없으며, 속바지를 입지도 버선을 신지도 않는다.
  날씨가 점점 추워지면 모두 몸을 움추리고 토담집으로 들어가 산다. 떡갈나무와 졸참나무 낙엽으로 솜을 대신하고 지붕과 벽은 잠방이로 만들었으며, 개를 보듬고 몸을 녹인다."[119]

  심지어 개가죽으로 만든 옷도 귀하였으며, 옷을 만들어 입히지 못해 자식을 버리는 것이 풍속이 되었다는 지적이 나올 정도였다.[120] 홑겹옷이나 개가죽이라도 걸치고 겨울을 나는 것은 그래도 나은 편이다. 심한 경우 한 겨울에도 옷을 입지 못하고 거의 맨몸으로 다니는 경우도 있었다.[121] 관속에 든 시체의 옷을 훔쳐 입는 경우도 있었다 하니 그 참상이 오죽하였겠는가.
  잠자리도 문제였다. 거적을 깔고 노숙하다 얼어 죽는 경우도 많았다.[122] 절간을 잠자리로 이용하는 유민도 다수였다. "집도 절도 없이 떠돈다"는 속담이 그러한 실상을 말해준 것이다.
  정약용의 『목민심서』를 보자.

---

119) 兪棨, 『市南集』 권14, '邊娼', 『韓國文集叢刊』 117책, 216-217쪽 ; 변주승, "조선후기 유민의 생활상", 121쪽에서 재인용.
120) 『비변사등록』 15책, 1652(효종3)년 1월 12일.
121) 『효종실록』 효종 10년 1월 癸丑.
122) 『승정원일기』 영조 17년 10월 19일 ; 변주승, "조선후기 유민의 생활상", 122쪽에서 재인용.

"객관客官 앞 한 곳에 땅을 파서 그 깊이는 한자 남짓 그 둘레는 몇 길 정도 되게 한다. 새끼로 몇 개의 서까래를 얽어 묶은 뒤 풀로 한 겹을 덮었다. 위에는 눈이 내리고 옆으로는 바람이 들어와 살을 에는 듯한 모진 추위를 견디지 못한다. 물과 같이 묽은 죽은 겨와 흙이 반이나 섞였고, 삽살개 꼬리같이 해진 옷은 그 음부陰部조차 가리지 못한다.

몽당머리에 얼어터진 피부는 그 골이 마치 까마귀 귀신같다. 나팔소리 한 번 나면 돼지처럼 모여들어 먹고, 흩어져 구걸하면 밥 한 술을 얻지 못한다. 저녁이 되면 한 구덩이에 모여 자는데 몸을 꾸부리고 꿈틀거리는 것이 마치 똥구더기 같다. 서로 짓밟아 약한 자는 깔려 죽고 병이 서로 전염하여 역질疫疾이 성행한다."123)

영조 26년(1750)에는 전염병으로 30여만 명이 사망하였다. 이 중에는 장부에 없는 걸인[籍外流丐]이 무려 17만 6천여 명에 달하였다.124) 영조 33년(1757), 두 자녀와 아내를 데리고 유망하게 된 가장이 추위와 굶주림에 시달리다 처와 자식을 차례대로 목을 메달아 죽이고 자신도 자살한 사건125)은 어쩌면 이해가능하다. 주막집이나 길가에 어린 자식을 버리거나 어미를 길에다 내버리기까지 하였으니 말이다.126)

123) 정약용(다산연구회 역주), 『譯註 牧民心書』Ⅵ, '賑荒六條' 設施, 창작과 비평사, 111쪽.
124) 『영조실록』 1750년 5월 丙辰.
125) 『승정원일기』 영조 33년 1월 19일.
126) 변주승, "조선후기 유민의 생활상", 124-5쪽.

어찌 '내 창자라도 먹이려는' 증산상제의 애처로운 심정을 이해 못할까.

뭇 생명의 아버지이신 증산 상제는 가난에 헐벗고 굶주린 창생들에게 녹祿 붙여 주는 공사를 행하였다. 동냥아치들의 얼굴과 머리를 씻겨 주시고, 갖고 있는 돈을 탈탈 털어 주었다. 입고 있는 옷을 동냥아치와 문둥병 환자들에게 벗어 주고 가난한 사람들에게는 쌀을 주는 등 살길을 열어 주셨다(『도전』 9:32:1-3).

그리고는 이렇게 선언하였다.

> "묵은 하늘이 사람 죽이는 공사만 보고 있도다. 이 뒤에 생활용품이 모두 핍절乏絶하여 살아 나갈 수 없게 되리니 이제 뜯어고치지 않을 수 없노라. .... 배고프다는 소리가 구천(九天)에 사무치리라."(『도전』 5:411:1-4).
> "부귀한 자는 빈천함을 즐기지 않으며, 강한 자는 잔약孱弱함을 즐기지 않으며, 지혜로운 자는 어리석음을 즐기지 않느니라. 그러므로 나는 그들을 멀리하고 오직 빈천하고 병들고 어리석은 자를 가까이하나니 그들이 곧 내 사람이니라."(『도전』 9:32:5-6).

2. 나도 어려서 무척 배고팠느니라.

증산상제는 "나도 어려서 무척 배고팠느니라"(『도전』 3:240:3)고 하였다. 조선 땅에서 19세기를 살았던 증산상제 역시 주어진 삶의 무게를 벗어날 수 없었다.

19세기의 끝자락, 천하를 주유하면서(1897-1900), 증산상제는 민고萬苦를 체험하고 만상萬相을 친히 둘러보았다.(『도전』 1:73:1-3) 맨발로 먼

길을 가고, 산과 들에서 노숙하며, 인가에서 걸식도 하고, 굶는 때도 많았다.

차경석은 증산상제를 모신 성도이다. 아버지 차치구車致九가 동학군을 거느리고 혁명에 참가하였다가 패망하여 죽임을 당한 이후로 가세가 기울었다. 끼니조차 잇기 어려울 정도로 형편이 빈한하여, 차경석의 제수는 밥품을 팔며 살아갔다(『도전』 3:186:1-3).

> "소쩍새야 소쩍새야 / 솥이 작아 밥을 많이 지을 수 없다지만 /
> 올해엔 쌀이 귀해 끼니 걱정 괴로우니 / 솥 작은 건 걱정없고 곡
> 식없어 근심일세."[127]

철없는 소쩍새는 솥이 작다고 푸념하지만, 농민의 사정은 뒤주를 박박 긁어도 쌀 한 톨 찾기 어려울 정도로 딱하기 짝이 없다. 농민들에게 농사는 신앙이었고, 쌀은 피와 살이었다.[128] 야속하게도 하늘은 그들을 가만두지 않았다. 연이은 가뭄과 수재, 충재로 농민들은 흉년을 맞고 있었고, 생활은 더욱 어려웠다.

---

127) 조선중기 문인 谿谷 張維(1587~1638)의 한시 '鼎小'의 일부이다. "鼎小 鼎小, 飯多炊不了, 今年米貴苦艱食, 不患鼎小患無粟." 소쩍새는 솥이 작다는 '솥적'에서 비롯된 표현이다. 또 그는 '직죽'[糉粥, 피죽새]이란 시에서 피죽새처럼 '후루룩' 소리를 내며 죽을 먹을 수 있는 것만도 다행이라고 노래했다. "쌀 적고 물 많아 죽이 잘 익질 않네 / .... 피죽도 넉넉치 않은 만큼 부디 싫다 마소."

128) 송나라 孫穆은 고려를 둘러보고 기록한 『계림유사』에는, '쌀을 보살'[白米曰 漢菩薩 粟曰田菩薩]이라 하였다. 쌀을 살이고 신이었다. 우리 조상들은 쌀에 신이 있다고 믿었다. 그래서 신주단지에 쌀을 넣고 안방이나 대청에 모셔 놓았다. 쌀에 대한 조상들의 애착은 대단하였다.

유랑민들도 더욱 많아졌다. 그들은 먹을 것이 있는 곳이면 어디든지 몰려들어 구걸하였다. 무리를 지어 다니다 구걸이 여의치 않으면, 집주인을 결박하고 마치 도적 떼처럼 돈과 곡식을 빼앗기도 했다. 아직 수확하지 않은 곡식을 베어 먹거나 방목한 소와 말을 대낮에 잡아먹기도 하였다.[129]

고향을 등지고 전국을 떠돌아다니는 빈곤한 농민들이 많아지고 규모도 점차 커졌다. 1890년에 조선에 온 새비지 랜도어는 조선 사람들로부터 들었다는 이야기를 다음과 같이 전하고 있다.

"죽도록 일해서 돈 벌어봤자 뭐합니까?"

"고되게 일을 해서 돈을 벌어봤자 관리가 그것을 뜯어갑니다. 늘 일에 지쳐 있지만 여전히 전처럼 가난합니다."

"할 수만 있으면 차라리 목을 매겠소."[130]

그는 이러한 내용들이 의심할 바 없이 완전히 사실이라 하였다. 관리들의 수탈로 말미암아 백성들은 거의 파멸에 이른 지경이다.

1894년 동학혁명이 일어나고, 그 와중에 벌어진 청일전쟁으로 조선의 전 국토는 극도의 혼란에 빠져들었다.

---

129) 流乞輩가 타작마당에 몰려와 억지로 곡식을 빼앗고, 환곡을 나누어 줄 때 창고문 밖에 무리지어 있다가 환곡을 받은 백성들의 곡식을 강제로 빼앗는 등의 참상들이 있었다.(『各司謄錄』 1876.9.25, 1850.11, 1847.1.16, 1831.10.28, 1854.7.12, 1858.4.13, 1866.10.11 ; 『公私隨錄』1828.9.15. ; 『비변사등록』 1833.10.16 등) 19세기 후반인 1871년, 求禮縣의 경우를 보면, 극빈호이며 遊離戶인 無依?乞은 전체호수(4,420호)의 15.7%(696호)였다(李鍾範, "19세기 후반 戶布法의 운영실태에 대한 검토-전라도 구례현 사례-," 『동방학지』 77,78,79합본, 1995, 611-613쪽).

130) 새비지 랜도어, 『고요한 아침의 나라 조선』, 신복룡 역, 집문당, 1999, 150쪽.

"모든 조선 사람들은 공포에 빠졌다. 양반들은 집을 버리고 시골로 피난처를 찾아 떠났고, 평민들도 모두 시골로 향했다. 모든 가게는 문을 닫았고 도시는 전염병이 습격한 지역과 같았다. 남자, 여자, 가마, 짐말의 장엄한 행진, 죽은 듯한 침묵 속에서 빠른 걸음으로 당황하고 겁에 질린 얼굴을 한 군중들이 연이어 주요 도로와 문밖으로 쏟아져 들어왔다. 많은 애처로운 작은 집단들, 커다란 공포에 빠진 부모가 군중 속에 버리거나 잃어버려 눈물자국이 난 얼굴로 혼자 바삐 걸어가는 어린아이들, 등에 아기를 업고 치마 자락을 잡은 아기를 데리고 있는 여인들."[131]

전쟁이 휩쓸고 지나간 자리, 그것도 다른 나라들끼리의 전쟁의 터전에서 조선 백성의 생활은 누구 하나 돌보아줄 사람이 없었다. 공황상태, 바로 그대로였다.

설상가상으로 1890년대 말로 접어들면서 쌀값[米價]은 폭등하였고, 서울에는 수많은 굶주린 백성[饑民]들이 모여들었다.[132] 서울 안에서만도 "춘궁을 당하여 굶주리다가 굶어죽은 사람이 이미 수백 명"[133]이 넘

---

131) 언더우드, 『상투의 나라』, 신복룡 역, 집문당, 1999, 141쪽. 전쟁 후의 평양의 모습을 보자. "사람, 말과 가축의 썩어가는 시체가 무수히 널려 있어서 우리가 가는 곳마다 계속 그것들을 넘어 다녀야 했으며 공기는 표현할 수 없을 정도로 불결했다." "어느 곳에서 나는 ....첩첩이 쌓아 올려진 20구 이상이 되어 보이는 시체를 보았다.... 소름끼칠 정도의 대량학살이 벌어져 몇 백 구의 사람과 말의 시체가 누워 있었는데 그 길이가 거의 1마일에 달하고 넓이가 몇 야드 되는 지역에 시체의 행렬을 만들고 있는 듯했다."(앞책, 144쪽)
132) 국왕이나 일본관리 등이 그들을 위하여 捐金을 送達하는 모습도 보인다(『고종시대사』 4집 1898년(戊戌) 5月 5日).
133) 『속음청사』 1898년 6월.

었다. 이런 난리 통에 제대로 된 생활을 한다는 건 감히 생각지도 못할 일이었다.

새로운 20세기를 연 1901년, 상황은 조금도 나아지지 않았다. 이 해에는 심한 기근이 들었다. 전북 연해로부터 인천과 김포지역에 이르기까지 들판의 작물이 모두 말라죽어 유민流民들이 사방으로 흩어졌다는 소식이 들려왔다.[134)]

"지금 경기 · 충청 · 전라 · 황해 등지를 보면, 주민들이 유랑하여 열 집 가운데 아홉 집이 비어있었다."[135)]

정부에서는 아무 근거도 없이 토지에 매긴 조세[稅結]을 징수하므로 거주민들은 더욱 살기가 어려웠다. 이런 상황에서, 기가 찰 노릇이었다. 정부는 무능하기 짝이 없었다. 아니, 오히려 없는 편이 나았다고 할 정도였다.

경기도의 한 군郡에서는 2천여 호의 유민이 발생하였다.

다음 해에도 마찬가지였다. 황성신문에는 "기근飢饉으로 인한 유리자流離者가 계속 이어

건어물 창고에서 일하는 백성(1903)

134) 『梅泉野錄』 光武 5年 辛丑(1901년).
135) 『고종실록』 1901년 9월.

져 빈집[空戶]이 10개의 집 중 8,9채이며 나무껍질[木皮]과 풀뿌리[萊根]
로도 배고픔을 견디지 못하다가 겨우 쌀[粒穀]을 얻어먹고는 폭사暴死하
는 변變들"이 있었다 하였다.[136] "전라남도 한 개 도가 다 고향을 등지
고 떠나는 형편이어서 농사를 폐하는데 이르렀다."[137]는 소식도 전해졌
다.

여러 해 흉년이 겹쳐 작황이 말할 수 없을 정도로 좋지 않았다. 물가
는 매일같이 천정부지로 뛰어올라 웬만한 재력이 없는 사람들은 궁핍한
생활을 면하기 어려웠다. 다급해진 정부에서는 값싼 안남미를 수입해
민간에 풀기도 했지만,[138] 기아를 해결하기에는 턱없이 부족했다.

백성들은 굶주림에 떨뿐더러 추운 겨울날씨에 길가에서 얼어 죽기 십
상이었다. 신문에는 '어젯밤 얼어 죽은 시체[凍死體]가 몇 구 발견되었
다'는 기사가 무수히 발견된다. 그리 놀라운 기사거리가 아닌 것이다.

빈곤과 질병은 악순환의 관계에 있다. 가난해지면 영양이나 주거 및
의복상태가 좋지 못하고 각종 질병에 대한 면역력이 떨어져 질병에 걸

---

136) 『고종시대사』 5집, 1902년(壬寅) 2月 12日.

137) 『황성신문』 1903년 5월.

138) 1901년, 심한 기근으로 농부들은 겨우 국내 소비를 위한 양곡만을 거두었고,
정부는 양곡이 해외로 유출됨을 막기 위해 양곡수출 금지령을 선포했다. 당시
일본은 예년에 보기 드문 풍작이어서 사실상 조선의 양곡이 필요하지 않았음에
도 불구하고, 일본인 수출업자의 이익을 위해 조선정부에 압력을 넣어 금지령
을 해제하였다. 그러자 쌀은 부족하고 쌀값은 급등하였다. 서민들의 피해는 이
만 저만이 아니었다. "『뎨국신문』에 의하면 政府에서는 旱魃의 飢饉으로 安南
米 300,000石을 輸入하였다."(『고종시대사』 5집(1901년(辛丑) 7月 27日). 안
남미를 시장에 방출하여 쌀 공급을 안정시키려 하였다. 그러나 그 효과는 그리
크지 않았던 것 같다.(H.B.헐버트, 『대한제국 멸망사』, 신복룡 역, 집문당,
1999, 213쪽).

리기 쉽다. 백성들은 병에 걸려도 치료 한번 제대로 받아보지 못하고 죽음을 기다려야 했다. 제대로 된 경제생활을 꾸려나가는 것은 꿈이었다.

농민들의 생활을 들여다보자.

대다수의 농민들은 영세한 규모의 소작지를 경작하여, 거기에서 나는 산출물의 50% 이상을 소작료로 지주에게 납부하였다.[139] 때문에 생활상태는 극히 곤궁하였다. 매년 보리나 쌀을 수확하기 이전인 3, 4월 경에는 완전히 먹을 것 하나 없는 절량絶糧상태에 빠진다. 이 때에는, 소작농민들이 작물이 성숙하기를 기다리지 못하고 아직 여물지도 않은 상태의 곡식을 채식採食하거나[140] 초근목피로 연명하였다.[141]

소작농민들은 3, 4월의 춘궁기를 넘기는 것이 매우 어려웠다. 그들은 이 때가 되면 대체로 지주나 상인, 고리대금업자로부터 고리대금이나 고리대 식량을 차입하여 살아갔다.[142] 다음 해에 수확물이나 노동력으로 갚아 나갔으나, 그럼에도 해마다 부채는 누적되었다.

결국은 소작농의 상태도 유지하지 못하고 한 가족이 뿔뿔이 흩어져 유랑민으로 살아가는 경우가

참나무 숯을 팔러 다니는 장사꾼들(1903)

---

139) 朝鮮總督府, 『小作農民ニ關スル調査』, 1911.
140) 『小作制度調査』, 113~114쪽.
141) 朝鮮總督府, 『小作農民ニ關スル調査』, 1911, 4의 1삼소.
142) 『韓國ノ土地ニ關スル調査』, 43~44쪽.

적지 않았다.[143) 이들의 삶은 비참하기 그지없어 눈물이 맺힐 정도였다.

1902년 김형렬 성도가 쌀을 사러 원평장에 갔다가 꿈에 그리던 증산 상제를 만났다. '쌀 팔돈'(3부에 설명한다)을 모두 증산상제께 드리고는 점심도 굶은 채 빈 지게를 걸머지고 집에 들어왔다.

그 아내가 오죽 답답하여 탄식하며 말한다.

"아침도 죽을 먹인 자식들을 점심도 못 먹였는데 저녁까지 굶기면 어쩔까요. 어른이야 괜찮지만."

형렬이 이 말을 듣고 안쓰러운 마음이 들어, 다시 나가 쌀 다섯 말을 가을에 일곱 말 닷 되를 주기로 하고 얻어왔다.

"집에 양식이 떨어지면 재수도 없나니 먹어서 버소."

쌀을 빌려준 사람의 고마운 말이다.(『도전』 3:9:1-12)

어려서 배고픔을 몸소 체험한 증산상제는 '앞 세상'의 일을 이렇게 말하였다.

> "내가 천지공사를 맡아봄으로부터 모든 연사年事를 맡아 일체의 아표신餓莩神을 천상으로 올려 보냈나니 앞세상에는 굶어 죽는 폐단이 없으리라. … 또 부자는 각 도에 하나씩 두고 그 나머지는 다 고르게 하여 가난한 자가 없게 하리라. 후천 백성살이가 선천 제왕보다 나으리라."(『도전』 7:87:1-5)

천하를 주유하면서, 증산상제는 농부를 만나면 대신 밭을 갈아 주고,

---

143) 『小作制度調査』, 120-122쪽.

곡식도 거두어 주고, 시장에 가면 상인들을 도와주고, 장인匠人과 함께 일도 하였다.(『도전』 1:73:2)

3. 밥 한 톨이라도 버리지 마라.

'찢어지게 가난한' 백성들.

솔잎을 너무 먹어 변비가 걸렸다는 말이다. 연이은 흉년에 벼 한 이삭도 잘 여물지 않아 사라져 버리고, 그나마 붙어있는 알갱이마저 탐관오리들에게 수탈당해 버리니, 백성들의 궁핍한 생활은 당연지사였다.

어디 먹을 것인들 제대로 있었겠는가? 굶어죽을 수는 없었다. 기근이 들면 질긴 목숨을 초근목피로 연명할 수밖에 없었다.

솔잎, 소나무 껍질, 느릅나무 껍질, 도토리, 칡뿌리, 쑥 등등...

이 중 많이 먹었던 것이 솔잎이었다. 얼마나 껍질을 벗겼으면 1887년 연이은 대흉년에, 민간에서는 '천리에 연한 소나무가 일조에 하얗게 된다' 는 참언이 유행했겠는가.

솔잎은 보통 쪄서 말린 다음 가루로 만들어 콩가루 등과 섞어 죽으로 만들

집 주위에 있는 칠성눌 집을 지켜주고 집안에 부귀영화를 가져다 준다는 귀신의 거소(居所). 이 안에는 풍성을 기원하는 뜻에서 그릇에 살, 혹은 오곡의 씨앗, 잡수를 기원하는 실타래, 신의(神衣)를 상징하는 색 옷감을 놓아둔다.

어 먹었다. 콩가루를 섞으면 변비도 막을 수 있고, 먹기도 편하고 양도 늘어나기 때문이다. 가뭄에 잘 견디고 재배법도 까다롭지 않은 고구마, 감자, 옥수수, 호박, 토마토 등이 전해지면서 상황이 좀 나아졌으나, '찢어지게 가난한' 생활은 마찬가지였다.

증산상제는 1901년 이후, 여러 공사를 행하며 몸소 많은 고생을 하고 굶을 때도 많았다.

김호연 성도와 함께 다니면서 산에 가면 갖은 나무 열매로 허기를 면하고, 호연이 이를 먹지 않으면 삘기를 뽑아서 까 주었다. 또 끼니때가 되어 밥이 나오면 주먹밥을 만들어 두었다가 호연이 배고프다 하면 한 덩이씩 꺼내 주었다.(『도전』 2:127:1-5)

1903년에도 증산상제가 저녁진지도 못한 채 밤이 늦어 공주의 어느 집에 들었다. 집 주인이 쌀이 없어 밥을 짓지 못하고 수수를 끊어다 방에서 다듬잇돌에 떨어 수수망세기를 만들었다(『도전』 3:64:2-3). 그저 끼니만 때울 수 있다면, 당시 그건 행복이었다.

증산상제는 밥티 하나라도 땅에 떨어진 것을 보면 반드시 주우며, 경책의 선언을 하였다.

> "장차 밥 찾는 소리가 구천九天에 사무치리니 어찌 경홀히 하리오. 쌀 한 톨이라도 하늘이 아니냐."(『도전』 2:128:1-5)

먹지 않고 사는 사람은 없다. '민생의 바탕은 먹는데 있고 먹음의 풍족함은 농사에 달려있다[民生之本在食 足食之本在農]'고 한다. 먹는 일이야 말로 사람이 사는 데 있어 중요한 욕구이다.

사회심리학자인 매슬로우Maslow도 지적했듯이, 인간의 생리적 욕구는 가장 기본적 욕구이다. 이 욕구가 '잘' 충족되지 않고서는 인간의 다른 욕구들이 성취될 수 없다. '잘' 먹기 위한 욕망은 바로 인류 문명사에 있어 주요한 원동력이었다.

"녹 떨어지면 죽느니라."(『도전』 2:25:7)

증산 상제의 말씀이다.

녹은 인간의 육체적 생명을 이어간다. 가난한 상태에서 수명만 길다고 행복이 아니다. 굶주린 백성들에게 먹거리는 목숨과 같은 것이다.

인류 전쟁사가 다 잘 먹기 위한 싸움이 아니던가?

땅 따먹기 전쟁이었고, 그 땅은 사람들의 먹거리를 생산해 내었으니 말이다. '잘' 먹고 난 후에야 인간의 다른 모든 욕망이 생각난다. 그래서 '금강산도 식후경'이라 하지 않았던가. 그런데 이 '잘' 먹는다는 것은 먼저 양적인 충족을 말함이고, 그 다음 질적인 만족이 있는 것이다.

지금 우리는 소위 '웰빙wellbeing'의 먹거리 문제, 곧 '질적인 만족'이 문제되는 시대에 살고 있다. 19세기 후반기나 20세기 초엽에 먹거리는 양적인 충족이 문제였다. 우리나라 사람들은 먹는 것을 유달리 중시하였던 듯하다. 먹는 게 얼마나 힘들었으면 인사말에 '밥 먹었느냐'가 있을 정도이니 말이다.

김홍도가 그린 '점심'를 보면, 밥그릇만 크고 반찬그릇이 없다. 조선시대 밥공기의 크기를 가늠할 만하다.

18세기 후반 이덕무의 『청장관전서』에는, 아침·저녁의 한 끼 식사로 남자는 평균 7홉(약 420cc)을 먹는다 하였다. 오늘날 식사량의 3배 정도이다. 노인과 어린이도 평균 5홉을 먹었고, 하루에 한 되를 먹었다.

박물관이나 전시실에 가 보면 우리 조상들이 사용했던 숟가락이 얼마나 큰지 모른다. 조선인이 대식가임을 말한다. 한국인의 대식은 이미 조선시대에 유구국[현 오끼나와]에까지 알려질 정도였다. 새비지 랜도어도 조선인은 폭식, 대식의 나라라고 하였다.[144) 언더우드도 조선인들은 "잘 먹기 위해 굶는다."고 할 정도였다.[145)

그런 그들이 먹을 것이 없어 굶주림에 허덕였다.

함께 일하다 점심을 먹는 모습(김홍도의 『풍속화첩』)

대한제국 농상공부가 1906년 경에 조사한 소작농[窮民]의 식생활 상태를 보면,[146) 평균적으로 미곡 1%, 보리[麥] 4%, 조[粟] 19%, 피[稗] 13%, 옥수수 33%, 수수 6%, 팥[小豆] 8%, 콩[大豆] 14%, 기타 2%였다. 이것은 참으로 비참한 식생활 상태였다. 잡곡으로 연명하는 삶이었음을 단적으로 보여준다.

144) 새비지 랜도어, 『고요한 아침의 나라 조선』, 신복룡 역, 집문당, 1999, 136쪽.
145) 언더우드, 1999, 127쪽.
146) 朝鮮總督府, 『小作農民ニ關スル調査』, 1911, 4쪽. 전국 평균 4.7인의 가족에 赤子가계였고, 조사대상중 하나인 전북 전주군 동면도 같은 상황이었다.

게다가 흉년이나 수해 등으로 이재민罹災民이 생기면, 그들은 나무껍질, 풀뿌리, 벼의 어린 싹, 산나물, 물구지, 쓴그루레, 물쑥 등을 먹었다.

식비와 피복비, 그리고 가옥수선비와 연초비 등을 포함한 잡비의 생활비를 보면, 형편에 따라 상하간의 차이는 있지만 평균 1인당 최저 6원 65전, 최고 45원 7전이며, 평균 24원 10전 꼴이었다.[147]

증산상제는 '먹는 것'에 대해 항상 각별한 관심을 보였다. 먹을 것을 속이지 말고 차별을 두지 말아야 한다.

증산상제가 공주에서 태전으로 가는 길에 주막에 들어가 점심을 먹었다. 이 때 주모를 불러 말했다.

"돈 주고 사 먹을 때에는 양이 차야 하지 않겠느냐?"

주모가 밥을 가져오자 숟가락으로 꼭꼭 누르니 한 숟가락밖에 안 된다. 증산상제는 당장 호통을 쳤다.

"이따위로 장사를 해먹고 네가 무엇이 되겠느냐?"(『도전』 3:65:1-9)

밥장사는 먹는장사이다. 배고프게 해선 안된다는 경책의 말씀이다.

또 "음식으로 사람을 층하層下 두는 것처럼 얄미운 것이 없나니 어른이라고 해서 잘 주고 아랫사람이라고 해서 덜 주고 하지 말라." 하며, 커다란 상에 밥과 반찬을 모두 차려 놓고 한자리에서 먹도록 하였다. 그것은 먹거리의 골고른 배분이다.

밥상은 항상 소탈하였고 무슨 음식이든지 남기지 않아 몸소 모범을

---

147) 전북 전주부 동면은 가계비가 가장 높은 지역으로, 上農의 경우 평균 1인당 가계비가 45원 7전, 下農의 경우 39원 99전이었나. 식비나 피복비, 잡비원상 등 醬 原料, 가옥가구수선비, 연초, 모자, 신발대 등1도 가장 많은 지역이었다.

보였다. 성도들에게는 경계의 말을 멈추지 않았다.

> "밥 한 톨이라도 버리지 말라. 밥알 하나라도 새 짐승이
> 먹기까지 신명이 지켜보느니라."(『도전』 9:144:3-6)

4. 먹기 힘든 '낮밥'

단원풍속도첩檀園風俗圖帖을 보자.

여기에 앞서 말한 김홍도(1745~1806)의 '점심點心'이란 그림이 있다. 일손을 잠시 멈추고 들녘에 앉아 평화롭게 점심을 먹는 장면이다. 밥그릇도 크고 반찬도 그리 많지 않다. 점심을 이고 온 아낙네는 잠시 짬을 내어 아기에게 젖을 물리고 있다.

경직도 병풍중 새참을 먹는 모습. 밥 주발이 성인 얼굴만 하다. (작자 미상)

이와 비슷한 시기였을 것이다. 찢어지게 가난한 중인 출신 김훈도가 벼슬을 얻어 한양의 외당숙 집에 갔다. 그때 점심이라고 내온 밥상이 밥 세 숟갈에 미역 두 조각이라, 투덜거렸지만 이는 오해였다. 좀 뒤에 진수성찬이 차려지는 모습을 보게 된다.[148]

'상다리가 휘어지게 차린'

밥상은 양반집이나 부잣집에서 볼 수 있었다. 대다수 백성들의 밥상이란 개다리 소반위에 막사발에 가득 담긴 밥과 김치, 종지에 담긴 장이 기본 형태였다.

1903년 11월 말에 증산상제가 백남신의 어려운 일을 해결해주었다. 백남신은 은혜에 보답하기 위해 일등 요리사들을 불러 교자상交子床에다 음식을 성대히 차려 증산상제를 모셨다.

그러나 증산상제는 젓가락을 들어 음식을 먹으려다 그만두기를 세 번 거듭하였다. 그리고는 자리에서 일어나 남신의 집을 나와 어느 허름한 주막집에 들어갔다. 여기서 증산상제는 겉보리를 찧어 만든 밥을 맛있게 먹었다.

이에 한 성도가

"왜 진수성찬을 두고 겉보리밥을 드십니까?" 하니

증산상제가 대답하였다.

"상 밑에 척신들이 가득 차서 내가 젓가락을 드니 척신들이 벌벌 떨며 '그걸 드시면 저희들은 어찌 됩니까?' 하고 하소연하므로 내가 남신의 성의를 보아 젓가락만 세 번 들었다 놓았느니라."(『도전』 3:68:1-16)

조선시대 백성들은 하루 몇 끼를 먹었을까? 점심은 언제부터 먹었을까? 언제부터 지금처럼 아침, 점심, 저녁으로 하루 세 끼를 꼬박꼬박 먹었을까?

148) 이규경(1788-1863), 『오주연문장전산고』

'점심'이란 말은 이미 조선 초기에 등장한다. 태종 때 대사헌 한상경은 서울 5부 학당의 교수, 훈도들이 하루 종일 학생들을 가르치는데 점심도 없으니 지방의 향교만도 대우가 못하다고 지적하였다.

그러나 이 때 점심은 지금과는 다른 뜻이다.

오희문이 임진란 중에 쓴 일기인 『쇄미록』을 보자. 여기에는 간단히 먹을 경우를 '점심', 푸짐하게 먹을 때는 '낮밥'이라 구분하였다. 궁중에서도 아침·저녁으로 '수라'를 올리고, 낮에는 간단하게 국수나 다과로 '낮것'을 차렸다.

조선 사람들의 일반적인 식사는 '조석'朝夕이었다. 곧 아침과 저녁에 먹는 것이라는 말이다. 점심은 먹을 수도 있었고 안 먹을 수도 있었다.

이문건(1494~1567)의 『묵재일기』를 보면,[149] 아침에 집에서 죽을 먹고 관청에서 식사를 하였다. 낮에는 따로 식사를 했다는 기록을 찾아보기 어렵다. 이 시기 점심은 낮에 먹는 식사를 의미하는 것이 아니고 간식의 의미였던 것이다. 이처럼 점심은 먹을 수도 있고 안 먹을 수도 있는 간식 정도의 식사를 가리키는 말이다.

원래 점심이란 중국의 스님들이 새벽이나 저녁공양을 하기 전에 마음에 점이나 찍을 요량의 식사였다. 간단한 요기정도로 생각하면 가능하다. 그런데 조선시대에는 안먹자니 그렇고 먹자니 곤궁하고, 이게 문제였다.

점심의 종류도 매우 많았다. 먹는 때에 따라, 모점심~해질 무렵 저녁식사 전에 먹는 점심, 낙점심~저녁식사 후 먹는 점심, 소점심, 중점심 등등. 지금처럼 정오에 먹는 것만을 점심이라 하지 않았던가 보다.

---

149) 한국고문서학회, 『조선시대 생활사 2』, 역사비평사, 2000.

하루에 몇 끼 먹었을까에 대한 관심도 이 때문이다. 지금 먹듯, 세끼 관념이 없던 것만은 분명하다.

낮에 먹는 밥은 '낮밥'이라 했다. 이것이 오늘날 점심이다. 궁핍해서 하루 두끼만 먹었다. 흉년에는 두끼 먹기도 힘들고, 굶기를 밥 먹듯 하던 우리 조상들이었다. 물론 계절이나 살림형편에 따라서 먹는 횟수도 달랐을 것이다.

『오주연문장전산고』에 의하면, '민가에서 2월부터 8월까지는 점심을 더해 세끼를 먹고, 9월부터 이듬해 1월까지는 두 끼를 먹는다'고 하였다. 부자들이야 하루 네 끼, 다섯 끼도 먹을 수 있었지만, 빈민들은 하루 두끼도 어려웠을 것이다.[150]

일본군 군의관들이 한국 북부지방의 생활을 조사한 『조선의 의식주』(1916)에서도 한국인의 식사 횟수는 지방에 따라, 계절에 따라, 경제력에 따라 다른데, 대체로 하루 2회라고 하였다.

1910년 이후의 악몽 같은 일제시대에도 식생활은 말할 필요도 없이 곤궁했다. 내가 지은 곡식을 일본의 침략전쟁에 쓰일 군량미 조달 등의 이유로 강탈당하고, 일본 국내의 농사상황을 고려해 쌀과 콩이 수탈당하는 마당에, 먹을 쌀이 없었다.

조선의 농민들은 그 대신 보리, 안남미, 만주에서 들여온 잡곡을 먹어야 했다. 그렇게라도 보릿고개를 넘기면 다행이었다. 그것마저 먹지 못해 얼굴에 부황이 든 아이들이 많았다. 일제시대는 먹는 것에서조차 단절을 경험한 시대였다.

---

150) 한미라, 전경숙, 『한국인의 생활사』, 일진사, 2005, 231-247쪽.

월탄月灘 박종화가 일제 식민지시기에 발표한 글을 보자.

"밥을 다고. 굶주린 나에게 밥을 다고-. 옷을 달라. 헐벗은 나에게 옷을 달라-. 이것이 누구의 소리냐. 사람의 소리였다. 어떤 사람의 소리냐. 헌 옷 입은 조선 사람의 소리였다. 생활은 파산되랴하고 목숨은 빈사瀕死의 위지危地에 헤매는 불나비 그것과 같다. 이중 삼중으로 압착壓搾을 받는 그네는 또다시 수재水災, 한재旱災 말할 수 없는 혹화酷禍를 한울로부터 받게 되얏다. 밥이 없는지라 말른 창자에 쪼르록 소리가 나거늘 그 어느 겨를에 예술을 차질 수 있으랴. 옷이 없는지라 춥고 떨리나 붉은 그믐을 가릴 수 없거늘 그 어느 겨를에 글 읽을 사이가 잇스랴. 학교엔 날로 퇴학하는 가엾은 어린 벗이 많았고 항간엔 하로 한끼의 묽은 죽을 마실 수 없어 참혹히 자기의 산 목숨을 끊는 이가 날로 그 수효를 더하게 하얏다. .... 굶주린 형제야. 그대들에게 한끼니 따뜻한 밥을 대접하랴- ... 그들은 성난 부르짖음으로- 밥을 내라. 빨리 배 채울 것을 내노흐라- 할 것이다. 헐벗은 형제야. 그대들에게 옷을 주랴."[151]

이러한 시절에 하루 세 끼가 어떻게 가능했겠는가. 한 끼라도 먹고 살 수만 있다면 그게 행복이었을 것이다.

이처럼 보통 두 끼로 하루를 보냈던 것이 점차 세 끼로 바뀌어 왔다. 그것은 간단한 요기였던 점심이 점차 한 '끼'로 자리잡았기 때문이다. 점심이 아침과 저녁의 중간에 먹는 한 끼의 정식 식사로 바뀌면서 '하루

---

151) 朴月灘, "甲子文壇縱橫觀", 『개벽』 제54호, 1924.

세 끼'가 정상적 식사횟수였다.

사람들이 당장 하루 세 끼를 먹고 살았던 것은 아니다. 하루 세 끼를 먹어야 했으나 생활형편이 그럴 수 없었다. 조선시대 말까지도 완전히 세 끼로 바뀐 것은 아니었다. 세끼를 다 챙겨먹은 역사는 그리 오래 되지 않았다. 하루 세 끼가 완전히 정착된 것은 20세기 중반을 넘어서면서였다.

이제 먹는 것도 풍족해지고, 오히려 요즘은 웰빙이다 뭐다 해 몇 끼에 대한 관심은커녕, 비만과 성인병 걱정도 없었던 그 시절 음식들이 각광받는 현실이다. 그걸 보노라면 한 편으로 씁쓸한 마음을 지울 수 없다.

5. 추위를 대속하여 한가에서 지내리라.

증산상제의 평소 옷차림을 보자.

두루마기를 입지 않고 바지와 저고리만 입으며 머리는 망건도 쓰지 않은 채 칭칭 감아 솔상투로 하고 주로 삿갓을 쓰고 다닌다. 버선 대신 무명베를 찢어 발감개를 하고 자연 대님도 매지 않고 밖에 나갈 때도 평소 옷차림 그대로 나간다. 간혹 의관을 정제할 때는 여느 사람과 같이 두루마기를 입고, 버선을 신고 대님을 매며 갓망건도 갖추어 쓴다.

어디를 나갈 때는 허리에 짚신 한 켤레를 차고 삿갓 하나는 꼭 챙겨 떠난다. 물론 대님을 매지 않고 짚신 한 켤레를 차고 다니는 것은 깊은 뜻이 있다.

"대님 매고 앉아서 언제 억조창생 살리는 천지공사를 보겠느냐!"

증산상제는 그렇게 나무랬다. (『도전』 3:129:1-10)

좋은 짚을 보면 짚신을 삼아 걸어 두었다가 짚신 한 켤레를 허리 뒤춤에 차고 나간다.

"맨발 벗은 사람 있으면 줄려고" 하는 것이다.

때로는 신고 있는 신마저 벗어 주고 맨발로 들어오는 일도 잦았다. 증산상제가 천하창생을 생각하는 마음이 얼마나 깊었는지를 알 수 있다.(『도전』 9:33:1-20)

증산상제의 측은지심만큼 조선시대의 일반백성들은 살기가 힘들었다. 먹는 게 만족치 못하는데 입을 거리와 사는 것이 여유 있을 리 만무하다.

조선시대는 입는 것도 상하 존비귀천에 따라 차이를 두었다. 일반 백성들의 입을 거리가 윤택했을 리 없다. 노비들은 한겨울에도 솜옷을 입을 수 있는 형편이 안되었다.

늙은 종이 추위에도 불구하고 여름옷을 입고 있는 것을 가엾게 여겨 이문건이 자신의 낡은 옷을 내줬다는 이야기나, 자신의 찢어진 옷을 내주고 꿰메입게 한 적도 있었다.[152] 1650년대 조선에 기착한 하멜의 기록(『하멜표류기』)을 보면, "가난한 사람들은 삼베로 짠 옷을 입거나 맨살로 겨울을 보낸다"[153]고 하였다.

1888년 3월 어느 날 조선 제물포항에 도착한 언더우드L. H. Underwood 여사의 소감을 보자.

---

152) 이문건(1494-1567), 『묵재일기』(한국고문서학회, 『조선시대 생활사 2』, 역사비평사, 2000, 139쪽.)
153) 신복룡 역주, 『하멜표류기』, 집문당, 1999, 54쪽.

"거칠고 검은 머리는 길고 헝클어져 있었으며 어떤 사람은 머리를 가늘게 꼬아서 땋았다. 그러나 대개의 경우 새의 볏을 서투르게 흉내내어 상투를 머리 꼭대기에서 묶었으며, 헝클어진 머리카락이 목 둘레에 흩어져 있었고, 얼굴은 굶주리고 더러운 인상을 주었다. .... 의복은 짧고 헐렁한 조끼와 길고 자루 같은 바지로 이루어진 듯이 보이는 더럽고 흰 토속 옷이다. 가난한 하층 국민의 경우 한 달에 두 번 이상 옷을 갈아입는 적이 없었다."154)

물론 이방인으로서 처음 마주친 조선인에 대한 기록이니만큼 부정적인 시선이 가득함을 알 수 있다. 그러나 제대로 입고, 먹고 살기가 어려웠던 것만큼은 사실이다.

1906년 조사를 보면,155) 소작농민의 피복은 겨우 추위를 막는 정도였으며 한번 지어 입으면 3, 4년 이상 지속하여 착용하였다. 여름에 착용하는 삼베 옷[麻衣]은 한 벌에 1원, 겨울에 착용하는 면 옷[綿服]은 한 벌에 2원 정도로 구입할 수 있었다. 이는 전국이 대체로 비슷한 실정이었다.

그러면서도 소작농민은 영농비뿐만 아니라 땅세[地稅], 가옥세, 연초세, 지방세[地方費] 등 각종 세금을 부담하지 않으면 안되었다. 먹고 입고 자는 것이 여의치 않은데, 각종 세금마저 짓누르고, 그야말로 백성들은 파산상태였다. 백성들이 극빈상태로 전락하는 것, 유랑민[流民]이 되는

154) 언더우드, 『상투의 나라』, 신복룡 역, 집문당, 1999, 25쪽.
155) 조선총독부, 『小作農民ニ關スル調査』, 1011, 4쪽. ; 신용하, 『한국근대사회사연구』, 일지사, 1987, 184쪽.

것, 한 가족이 뿔뿔이 흩어지는 것(일가이산) 등은 흔한 일이었다.

사는 것은 어땠을까?

좋을 리 없었다. 물론 양반 사대부의 주거형태야 나았겠지만, 농사짓는 백성들은 그렇지 못했다. 농가 살림집은 속칭 초가삼간 집에 부엌 겸 난방시설이 함께 있는 경우가 대부분이었다. 초가는 대체적으로 집의 구조가 간단하기 때문에 특별한 설계와 건축기술이 필요치 않고 농민의 손 기술 만으로 산에서 나무를 베어다가 도끼와 톱 등으로 다듬어 지은 허름한 집이었다. 초가지붕은 보통 볏짚으로 덮어 주었다.156) 해마다 가을 나락걷이가 끝나면 초가집의 지붕을 갈아주었다.

1930년대 경기도 오산의 민가

1871년 증산상제가 태어난 객망리 집은 사립문도 없이 작은방 하나에 부엌 하나였다. 부엌은 볏짚으로 두르고, 문은 대나무를 엮어 만들었다.(『도전』 1:18:1-2) 집이 너무 가난하여 지붕을 이

---

156) 그래도 초가의 지붕에 사용되는 볏짚은 속에 공간이 있어 그 안의 공기가 여름철에 뜨거운 햇볕을 막아주고 겨울에는 집안의 온기가 바깥으로 빠져나가는 것을 막아주는 방열, 난방효과를 가져왔다. 볏짚은 띠풀(샛집)에 비해 수명은 짧으나 비교적 매끄러워서 빗물이 잘 흘러내렸다. 그리고 지붕을 낮게 만들어 누구라도 손쉽게 지붕을 이을 수 있었다.

지 못해 하늘이 마주 보일 정도였고, 불을 때지 못할 정도였다.(『도전』 1:17:4).

그래서 증산상제는 태어난 후, 집안이 너무 가난하여 외가와 진외가 陳外家로 자주 옮겨 살았다. 두승산 기슭 장문리長文里에 있는 진외가는 '뗏장을 떠서 따북 따북 지은 뗏집'이었다.(『도전』 1:32:6-7)

먹고 입고 자는 것은 인간이 가진 가장 기본적인 생리적 욕구이다.

> "배고픈 사람에게 밥 잘 줘야 하고, 옷 없는 사람에게
> 옷 잘 줘야 한다."(『도전』 9:33:16).

증산상제는 겨울에도 솜을 넣지 않은 광목 겹저고리와 겹바지 한 벌로 추위를 견디었다. 여름에는 그것을 뜯어 홑저고리, 홑바지로 만들어 입고, 아무리 추운 날에도 춥다고 하지 않고, 아무리 더운 날에도 덥다고 불평하지 않았다.(『도전』 5:425:1-3)

가끔 수십 일씩 굶기도 하였다. 이는 '뒷날 박복한 중생들에게 식록食祿을 붙여 주기 위한 것'이었다. 또 여름에 솜옷을 입고, 겨울에 홑옷을 입는 것도 '뒷날 빈궁에 빠진 중생으로 하여금 옷을 얻게 함'이었다. (『도전』 5:413:1-3)

하루는 한 성도가 증산상제에게 물었다.

"며칠씩 굶으시고 엄동설한에 홑옷을 입고 지내심이 여러 번이니 무슨 까닭입니까?"

그러자 증산상제는 이렇게 대답하였다.

> "장차 큰 겁액이 밀어닥치면 천하의 불쌍한 백성들이 얼
> 어죽고 굶어죽는 자가 부지기수가 되리니.... 내가 하루

를 굶주리고 하루를 추위에 떨면 수많은 백성을 구하게
되나니 그 때에 희생되는 창생을 줄이고자 함이니라."
(『도전』 2:129:1-4)

또 겨울에 들어서면 "천하창생이 가난으로 인하여 추위에 고생할 것
이니 내가 그 추위를 대속하여 한가寒家에서 지내리라." 하였다.
그리고 그 해 삼동간三冬間에는 방에 불을 때지 않으시고 짚을 깔고
지냈다.(『도전』 2:128:1-5)

〈자료 1〉 화적과 활빈당

살기가 어려우면 도둑이나 강도가 설치게 마련이다. 하늘도 도와주지 않아 해마다 흉년이 들고, 더구나 아무리 열심히 농사지어 추수해도 모두 빼앗긴다 한다면 차라리 도둑질이나 강도가 베짱이 편하다.

19세기 말이나 20세기 초두에도 예외는 아니었다.

1904년 2월과 9월의 일이다.

> 김갑칠을 데리고 부안, 고부 등지를 두루 다니시다가 2월 보름날 저녁에 고부 검은 바위 주막에 들르시니라. 이 때에 화적火賊떼가 많이 일어나 대낮에도 횡행하므로 마침 순검 한 사람이 야순夜巡하려고 미복微服으로 주막에 들어오거늘(『도전』 3:76:1-2)
>
> 상제님께서 9월 10일에 함열 회선동會仙洞 김보경의 집에 가시니…. 이 때 보경의 집 근처에 화적떼가 출몰하여 동네를 다 쓸고 다니거늘 조만간 보경의 집에도 들이닥치리라는 풍문에 집안사람들이 걱정과 두려움으로 안절부절못하는지라. 보경이 상제님께 여쭈기를 "제 집이 비록 넉넉지 못하나 밖에서는 부자인 줄 알고 있으니 두려워 마음을 놓지 못하겠습니다. 청컨대 도난을 면케 하여 주옵소서." 하니
>
> (『도전』 3:106:1-6)

증산상제가 천지공사를 보며 여러 곳을 다녔던 1904년에 화적떼는 대낮에두 겁 없이 마을은 돈아다녔다. 그들은 단속해야 할 순검그치 죽이러 들었다 하니 그 상황은 익히 알만하다. 증산상제는 화적떼에 죽을 뻔했던 순

검과(『도전』 3:76:8-9), 부자로 오인 받아 약탈의 두려움에 떨던 사람을 구해주었다.

화적은 조선중기 이후에 자주 출현한 도적집단의 하나이다. 임진왜란과 병자호란을 겪은 뒤 국가 기강이 문란해지고 국토가 황폐하면서, 농민들이 유랑하거나 도적으로 변모하였다.

『조선왕조실록』을 보면, 임진왜란이 막 끝난 1600년 1월에 '전라도에 기근이 들자 굶주린 사람들이 화적이 되었다'고 했다. 이후 화적에 대한 이야기는 끊임없이 나타났다. 17세기 말인 1697년 2월에도 '기근으로 백성들이 굶주리자 명화적이 되어 곳곳에서 약탈을 자행'하였다.

흉년과 기근이 주 원인임을 알 수 있다. 밤에 횃불을 들고 부호의 집을 습격하기 때문에 화적 또는 명화적明火賊이라고 하였다. 대낮에 재물을 강탈하고 밤중에 민가에 불을 질러, 특히 산간마을의 백성들이 많은 피해를 입었다.

19세기에도 화적은 기승을 부렸다. 그만큼 살기 어려웠다. 『저상일월』에 의하면, 1834~37년에 화적이 도처에 출몰하였다. 1834년 1월, "장수원에 사는 이씨네 집에 화적 30명이 들어 밭을 판 돈 400냥을 고스란히 빼앗겼다."

1834년은 민생 최악의 해였다. 쌀값이 폭등하고 화적, 초적草賊, 수적水賊 등 떼강도에 좀도둑, 살인, 걸인, 전염병 등이 유난히 많았다. 『저상일월』 저자의 집에도 도둑이 들었다. 소 도둑, 쌀 도둑이 잇따르고 노상에서 옷을 벗겨가는 옷 강도까지 발생했다.

1838년 2월에는 "행인이 끊기고 화적들이 봉기했다. 경상하도에서는 걸인들이 서로 잡아먹었다."『저상일월』의 저자가 이듬해 8월에 서울 이진사李進士 집을 방문하였는데, "지난 3월부터 지금까지 하루에 한 끼만 밥을 먹었다"고 하였다. 기아선상에서 허덕이는 모습이 역력히 보인다.

화적은 보통 30~40명씩 떼를 지어 다니면서 민가를 습격하였다. 말을 타고 총포를 쏘기도 할 만큼 강력한 무장을 갖춘 집단들도 있었는데, 특히 철종과 고종 때에 많이 나타났다. 명화적을 비롯한 각종 도적집단은 기본적으로 국가와 지배층의 수탈과 기근 등으로 토지에서 이탈한 농민들로 구성되는 경우가 많았다.

화적은 개항 후인 1880년대에 극성을 부렸지만, 대한제국기에도 '없는 곳이 없고 없는 날이 없을' 정도였다. 동학혁명 이후에는 농촌을 떠난 유랑민들이 도시빈민으로 전락하거나 화적이나 동학여당으로 활동하는 비율이 더 많아졌다.

> "경상도 전라도 사이에는 화적이 크게 일어나 여행자들이 없
> 어졌다."[157)기호(경기,충청)로부터 양남(경상,전라)지방에
> 화적이 크게 성하였다."[158)
> "동비여당이 진주, 곤양 사이에 모였으며...상주지방에서도
> 수백 명이 모여 속리산으로 올라가 ...척양척왜의 기치를 들
> 었다."[159)
> "지리산에 유민들이 많이 모였다."[160)

이들의 이름도 다채롭다. 영학당, 명화당, 녹림당, 활빈당, 송악산 협무

---

157) 『속음청사』 1897년 10월.
158) 『매천야록』 1899년 11월.
159) 『매천야록』 1900년 1월.
160) 『매천야록』 1900년 11월.

당 등.

물론 이 모두를 화적이라는 이름으로 묶어 도둑의 무리로 다루는 건 논란이 있다. 그 중에는 의적이나 구국의 뜻을 품고 활동한 무리도 있었으니 말이다.

1890년대는 1894년 동학혁명이 일어나는 등 민족운명의 격변기였다.

> "화적이 크게 성하여 도로들이 막혔는데 이것은 모두 동학도
> 의 나머지 무리들 때문이다."[161]

이 때 화적은 농민들로 이루어진 동학의 무리였다.

독립운동가 김구 선생이 감옥에 수감되었을 때, 어떤 사람으로부터 무려 500년이나 되는 의적의 역사를 들었다고 술회한 바 있다(『백범일지』). 도둑의 무리라기 보단 의로운 뜻을 품고 활동하며 계보를 이어온 무리들을 말한다. 그러나 어떤 뜻을 품은 무리이든, 모두 백성의 삶에 득이 되진 않았다.

『저상일월』의 기록이다.

> "자칭 동학이라 하면서 자기들이 의병을 일으켜 왜인과 양인
> 을 축출하겠다고 한다. 그 말하는 태도가 당당하고 두려워하
> 는 기색이 없었다고 한다. 화적당이 일어난 것이다."
> (1900년 3월)

> "화적당이 사방에서 일어나자 길에 행인이 끊겼다."
> (1900년 4월)

---

161) 『속음청사』 고종 32년(1895) 3월. "오늘의 난리는 동학도들이 일으켰고, 그 것은 탐관오리들이 탐욕을 채우려 하기 때문이었다. … 농민봉기는 아직도 그 치지 않고 계속 퍼져가고 있으니 온 나라의 근심걱정이다."(『고종실록』 고종 32 년(1895) 2월).

"녹림당이 나타났다는 소식이 사방에서 들린다. 끔찍한 일이
다."(1900년 12월)

"활빈당의 극성이 또 다시 치열하다."(1901년 4월)

사람들은 화적당, 활빈당, 동학당, 녹림당을 구별하지 않았다. 곳곳에서
극성이었다. 모두 떼강도들이었다. 온 나라가 도적소굴로 변하고 있었던 것
이다.

활빈당은 1900년에 들어와서 본격적으로 나타나며, 주로 1905년까지 활
동하였다. 알다시피, 활빈당의 명칭은 17세기 허균의 『홍길동전』에서 나왔
다. 실제로 이 명칭은 1885년 봄, 호남지방의 농민 무장대가 사용한 흔적이
보인다.[162]

그러나 본격적인 사용은 1900년과 그 이후이다.

1900년 초, 충남의 강경포와 은진, 전북의 익산과 고산 등지에서 '활빈
당' 이름을 내건 무리들이 나타난다. 이후 각 지방에서 저마다 활빈당의 이
름을 내걸고, 저마다 열강의 침탈반대, 통치배의 가혹한 수탈 반대, 가난한
사람 구원 등을 주장하였다.

1900년에는 활빈당이 선언서까지 내걸었다.[163] 활빈당은 동학혁명의

---

162) 『고종실록』 고종22년(1885) 3월.
163) 활빈당이 내놓은 주요한 요구조항들은 보면 다음과 같다. ①외국에 농산물
수출이 너무 심하여 곡식값이 뛰어올라 가난한 사람들이 굶주리고 있다. 하루
빨리 곡식수출을 막고 백성들을 구원할 것. ②곡식값을 낮추고 백성구원대책을
세울 것. ③철도부설권, 금광채굴권 등을 우리가 가질 것. ④소작료가 국가 세
금보다 10배나 무거워서 백성들이 굶주림과 죽음을 면할 수 없는 형편에 이르
렀다. 지주 땅을 없애고 땅을 고루 부치게 하여 백성을 구원할 것. ⑤시장의 외
국상품 언급. ⑥이폐제도는 선왕의 예(고신의 예)를 따를 것. ⑦악형, 가렴잡세
등 봉건적 악법 폐지할 것 등.

연장선에서 활동하였다. 그들의 투쟁은 3남 지방 전역으로 확대되었다.

활빈당은 의적의 역할도 하였다.

1903년 3월, 충남의 비인 · 서천 · 임천 · 홍산 등지에서 활동하던 활빈당이 이 일대 부자들의 집을 공격하여 지주와 토호를 공포에 몰아넣었다. 그들은 이렇게 외쳤다.

> "너희들이 어째서 우리들을 화적이라 부르는가. 실로 오늘의 관찰이며 대대장이며 집포관緝捕官이며 위원이라는 명색을 가진 자들이 진짜 화적인즉 너희들 돈 있는 자는 재산을 아무리 모아도 필경 지켜내지 못할 것이니 … 차라리 우리 활빈당에 바쳐서 가난한 사람들을 구제하는 것이 상책이다."[164]

활빈당은 전북 영광일대에서 한 부자의 집을 습격하였다. 쌀 300섬을 빼앗아 부근의 가난한 사람들에게 나누어 주었다.[165] 또한 봉건통치배와 결탁하여 백성들의 재산을 긁어모은 큰 절들도 습격하였다. 전남 목포부근에서는 일본 쌀 장사꾼도 습격하였고, 전선도 끊어버렸다.

이런 활빈당의 활동이 백성들의 지지를 받았다. 부자에게서 뺏은 재물을 가난한 사람에 나누어 주니 고맙지 않을 리 없었다. 『속음청사』를 보면, "백성들이 그 덕을 칭송하여 나무로 비를 세운 것이 수림과 같았다"고 할 정도였으니.[166]

---

164) 『황성신문』 1903년 3월.
165) 『속음청사』 1904년 3월. 『황성신문』과 『속음청사』 『매천야록』 등에는 이와 유사한 기록들이 많이 보인다.
166) 『속음청사』 1904년 3월.

활빈당의 활동은 봉건 통치배와 일제, 그리고 토호들에게 불안과 공포를 주었다.

> "충청남북도에 도적이 일어나 스스로 활빈당이라 이름하고
> 대낮에 약탈하는 일이 내포로부터 관동의 부, 군까지 퍼져가
> 니 진압해 줄 것을 청하는 전보가 연달았다."[167]
> "지방에 활빈당이 크게 일어나 촌마다 노략해도 관리는 어찌
> 할 수 없었고 읍마다 성문을 지키고 도로를 차단하고 행인을
> 심문하여 길 다니기가 심히 곤란하다."[168]

『고종실록』을 보면, 고종 황제도 당황하여 정사를 잊고 밤잠을 제대로 못 잔다고 비명이었다. 당연지사로 활빈당은 탄압을 받았고, 1901년 5월 한 달 동안만 해도 각 도에서 100여명이 교수형으로 처형당했다.

증산상제는 이들이 표방하는 뜻에도 불구하고, 백성을 괴롭히는 행위를 눈감아 줄 수 없었다.

> "도적들이 남의 재물을 탐내어 공연히 사람을 해치고 필경 저
> 희들도 죽음을 당하게 되리니 내가 이제 저들로 하여금 농사
> 에 힘써 복을 지어 먹고살도록 하리라."(『도전』 3:106:7)

1904년 하루는 김형렬 성도를 데리고 전주 모악산을 넘다가 상봉 근처에 있는 활빈당의 소굴 금강대金剛臺 뜰 안으로 들어가 추상같이 호통을 쳤다.

---

167) 『매천야록』 1900년 2월.
168) 『속음청사』 1902년 8월.

"천하에 이 고약한 놈들아! 훌륭한 교리를 도적질하여 백주에
사기를 치고, 밤에는 약탈을 일삼으며 부녀자를 희롱하는 네
놈들의 소굴을 없애 버리리라. … 백성을 괴롭히고 인명을 해
하는 너희들은 죽어 마땅하다."(『도전』 9:42:5,8)

그리고는 하늘을 지휘하여 장대비를 퍼붓고 뇌성벽력이 치게 하였다. 활
빈당의 괴수와 그 무리들이 놀라 벌벌 떨며 백배사죄하니, 증산상제가 엄히
꾸짖어 이렇게 말씀하셨다.

"하늘의 힘은 이렇게 무서운 것이니라. 너희들의 죄는 마땅
히 목숨을 보전키 어려운 것이로되 인생이 불쌍하여 살려 주
는 것이니 이후로는 일체 패악을 금하라."
(『도전』 9:42:13-14)

괴수와 무리들이 상제님께 넙죽넙죽 절을 하며 각기 흩어졌고, 이후 도
적의 자취가 점차 사라졌다

〈자료 2〉 삼정의 문란

우리는 조선조 후기의 참담한 사회상황을 말할 때, '삼정三政의 문란'을 곧잘 이야기한다. 삼정은 조선조 국가재정의 3대 요소인 전정田政, 군정軍政, 환곡還穀이다. 19세기 들어와 삼정의 문란은 극에 달하였다.

있으나 마나 한 정부, 차라리 없는 것이 더 나은 정부였다. 삼정의 문란은 정부의 무능과 부패가 낳은 결과였다. 19세기 들어 초두부터 정권독점을 위한 추악한 싸움이 계속되었고, 국가의 통치질서는 극도로 문란하였다. 그러자, 감사나 하물며 아전 등 지방관들의 백성에 대한 횡포도 극에 달하였다. 쥐들에게 쌀을 맡긴 격이었다.

아전은 예로부터 악명이 높았다. 더구나 전주지역의 아전들은 대원군이 조선의 3대 폐단의 하나로 꼽을 만큼 횡포가 대단하였다.[169] 이와 관련된 속담도 있었다.

> "아전 술 한 잔이 환자[還穀] 석 섬이 된다."
> "촌년이 아전하고 서방질하면 갈지 자 걸음을 걷고 육개장 아
> 니면 안 먹는다."

아전이 백성을 얼마나 못살게 굴었는지 익히 알만하다. 19세기 실학자 정약용이 왜 서리망국론胥吏亡國論을 폈는지 이해가 된다. 그도 서리들을 곧잘 굶주린 이리와 승냥이로 묘사하고 있었으니. 결국 19세기 백성들은 이리와 승냥이 앞에 놓여진 가엾은 토끼인 셈이다.

감사가 부임되어 온다. 앞에는 큰 기를 세우고 큰 일산을 펼친 쌍교자를 타고 오는데, 북소리와 나팔소리에 그 행차가 요란하다. 수행자만 하여도

---

169) 『매천야록』, '갑오이전'.

관속이 수십 명이고 교군, 관노, 사령이 수백 명이다. 게다가 사람 태운 말이 100필, 마중 나온 관속, 아전들이 수백 명, 강제로 끌려나와 구경하는 사람이 수천 명이나 되었다. 진수성찬을 차려놓아도, 백가지 음식 중에 한 가지만 맞지 않으면 음식을 장만한 자를 곤장으로 쳤다. 영접하는 부녀들이 적다고 때리고 병풍이 곱지 않다거나 불이 밝지 않고 방이 덥지 않다느니 하면서 마구 때렸다.[170]

관청에 들어서자마자 돈벌이 궁리부터 한다. 마을 안의 어려운 형편과 해결해야 될 사안을 묻는 것이 아니라, 아전들을 불러 짧은 임기 안에 밑천을 뽑아내기 위한 방안을 짜낸다.

곡식 값을 터무니없이 올려 매기고, 상인들을 끼고 쌀장사를 한다. 온갖 횡포와 수탈을 한다. 여기에 이용된 것이 삼정이다. 마음에 들지 않으면, 곤장과 항쇄, 족쇄, 수쇄로 가난하고 파리한 백성을 괴롭혔다.

먼저 전정의 착취이다. 봉건국가는 백성들이 경작하는 토지에 전세 대동미 삼수미 결미 등 기본 세와 거기에 붙은 40여 가지 이상의 부가세를 수탈하였다.

오랫동안 경작하지 않은 묵은 땅도 계속 조세수탈대장에 등록해 놓고 농민들로부터 조세를 착취하였다. 또 묵은 땅 한 고랑만 개간하여도 거기에 잇닿아 있는 다른 묵은 땅까지 몽땅 개간지로 등록하여 엄청나게 많은 양의 조세를 수탈하였다. 농민들은 묵은 땅을 개간할 엄두조차 내지 못했다. 고향을 떠나 논밭을 묵이는 경우에도 눌러 살고 있는 사람들이 그 땅의 조세를 고스란히 물어야 했다.

---

170) 정약용, 『여유당전서』 1집 2권, '감사론'.

농민들은 아무리 큰 재해를 입어도 면세의 혜택을 받지 못하였다. 원래 재해를 입은 토지는 피해면적이 50% 이상일 때, 재해를 입은 비율에 따라 면세하기로 되었다. 그러나 이 규정은 처음부터 제대로 시행된 적이 없었다. 19세기에 들어와서는 완전히 빈문서였다.

완전재해를 입어 빈 쭉정이만 걷어들이는 경우에도 짚은 소나 말의 사료로 쓸 수 있다하여 조세를 냈고, 씨를 붙이지 못한 논밭도 조세가 면제되지 않았다.

기본세 외에 각종 부가세들이 관료들의 농간에 의해 엄청나게 늘어났다. 삯말 값, 새로 임명되어 오는 원들의 부임여비와 이전 원이 돌아갈 때 쓰는 여비, 관청수리비 등 이름도 듣도 보도 못한 각종 세들이 만들어졌다.

뿐만 아니었다. 고위급 관리들의 식사비, 서원의 제사비, 사신의 보조여비, 고을원의 어미가 타는 쌍가마 수리비, 감사의 생활비와 순찰비, 원들의 여비, 외국표류선 구제비, 고을 권문세가의 족보발간비 등 근 20여종에 달하는 간접세들도 있었다.

부가세의 종류와 량이 이렇게 많은 적은 역사에 일찍이 없었다. 어찌 백성(양인)이 살 수 있을까? 그야말로 무법천지의 세상이며 아비규환의 세상이었다.

군정의 착취는 더욱 심했다. 군정은 군포착취가 기본이었다. 19세기 들어와 군포수탈은 더욱 가혹하였다. 백골징포, 황구첨징, 인징, 족징 등은 군정착취의 대표적 존재였다.

'황구첨징'은 군에 갈 나이도 안된 어린아이에게서 군포를 징수하는 것이다. 그것은 그래도 나았다. 배안의 어린아이에게 이름을 붙여 군저에 등록하거나, 여자를 남자로 고쳐 등록하여 악착스레 군포를 징수하였다. 그야말로 도둑보다 더 무서운 날강도였다.

'백골징포' 역시 죽은 사람에게 군포를 징수하는 것도 기막힌 일이지만, 죽은 사람을 군적에서 지워버리려면 사망료, 사망감정료, 장부기입료 등 잡다한 수속비용이 들었다. 백성들은 오히려 백골징포의 군역을 지는 것이 차라리 낫다는 심정이다. 젖먹이 '기병'과 백수십 년 전에 죽은 '선무군관'이 군포징수대장에 계속 남아 있으니, 그야말로 사회는 무법천지였다.[171]

그렇다고 도망치기도 어려웠다. 제 고장을 떠난 사람들도 계속 군적에 남아 친척들과 마을 주민들이 계속 부담해야 했다. 소위 인징과 족징이다. 결국 한 사람이 2~3명의 몫을 군포로 착취당하고 있었으니, 당시 백성들은 군적을 '도깨비 장적'이라 부르며 저주했다.

더욱 기막힌 일은, 원래 백성들의 '진휼'과 '기민구제'로 제정된 환정의 착취가 삼정 중 가장 가혹하였다는 사실이다. 19세기에 이르러 환정은 날강도의 수탈방법을 동원하여 관료나 아전들의 가장 파렴치한 돈벌이 수단이 된다.

전라도 강진 땅에서 10년 동안 귀양살이 한 정약용(1762~1836) 마저 백성들이 환곡을 단 한 섬이라도 받아오는 것을 본 일이 없고, 다만 매해마다

---

171) 전라도 강진에, 난지 3일 되는 아이가 군적에 오르고 소를 빼앗긴 노래가 있다. "시아버지 삼년상은 끝난지 오래고 / 갓난아이는 물도 아니 가셨는데 / 3대의 이름이 군적에 실리다니 ... 이정놈의 호통바람에 / 외양간 단벌소가 끌려가누나 ... 부자들은 한평생 풍악이나 즐기며 / 한알 쌀, 한치 베도 바치는데 없다네 / 다같이 나라의 백성이어냐 / 어찌 이다지도 고르지 못하단 말인가...."(『정약용 작품선집』'애절양', 국립문학예술서적출판사, 1960, 146-148쪽 ; 『조선전사』12, 과학,백과출판사, 1980, 190-191쪽)

집에서 5~7섬의 알곡을 환자(환곡을 위한 쌀)로 바치러 가는 것만 보았다 하였다.[172]

『목민심서』에 적혀있는 다양한 환자곡 농간을 보면 참으로 어처구니없다. 농민들이 '썩은 쌀을 받고 옥백미를 무는' 일, '철에 따른 쌀값 차이나, 지방에 따른 쌀값 차이를 이용하여 폭리를 얻는 방법' (입본), '환자 쌀에 겨나 쭉정이 등을 섞어 늘이는 방법' (분석) 등등 그 방법도 다양하다. 그만큼 백성들은 고역이었다.

더구나 19세기 전반기에 환정을 더욱 가혹하게 한 것은 아전들이 환곡을 떼먹고 백성에게 이를 물리는 방법이다. 이를 '이포'라 하였다. 1810년 경상도 한 고을의 아전이나 관노들이 떼먹은 환자곡이 3,000여 섬에 달하였고 작은 경우에도 400~500섬 아래로 내려가지 않았다.[173]

특히 전주의 이포액은 엄청났다. 1851년 전주아전들 가운데 각각 2,000여 섬의 환곡을 떼어먹은 자가 4명이었고, 1,000여 섬씩 떼먹은 자도 4명이었으며, 떼먹고 도망간 자의 것까지 합친다면 이 한 고을에서만도 이포는 1만 7,000여 섬에 이르렀다.[174] 창고에 남아있는 쌀이 없었다. 다만 지방관과 아전들이 모두 떼먹고 많이 남아있다는 허위기록만 있을 뿐이었다.

진정, '하늘'이 있긴 있었을까?
하늘이 있다면, 이들은 하늘의 분노를 이다지도 몰랐을까?

---

172) 『목민심서』 권 6 '호전 곡부'.
173) 『비변사등록』 순조 10년 5월 26일.
174) 『비변사등록』 철종 2년 5월 7일.

19세기 들어, 백성을 위한 것이 되려 백성을 파산시키고 조선사회를 붕괴를 근본부터 뒤흔들었던 이 실정을 하늘은 정녕 몰랐을까?

관리들은 막대한 양의 재물을 약탈하려고 무고한 백성들에게 곤장을 가하고 주리를 틀며, 죄명을 주어 가두었다. 중앙이나 지방의 감옥은 죄 없는 죄수로 넘쳐났다.[175] 전국 변방과 깊은 산중, 바닷가와 섬들치고 억울하게 귀양살이를 하지 않는 곳이 없었다.

온 나라가 온통 유형지였고, 억울한 원한들이 천지를 헤매었다. 백성들은 '포정문(도관청 정문)밖에 시체가 널려 있는데, 선화당(도감사가 사무 보는 집)앞에서는 사또가 주리를 틀고 있대요' 라는 풍자시를 부르며 저주하였다.

19세기의 구전민담 중에 '솔개논 이야기' 가 있다. 자기 집 솔개가 날아앉는 밭이면 '하느님' 이 자기에게 주는 밭이라 하며 무작정 농민들의 토지를 빼앗는 지주와 고을원의 이야기이다. 응하지 않는 죄없는 백성들은 함부로 죽였다.

농민의 처치는 매우 처참하였다. 봉건국가의 각종 세외에도 수확의 50% 이상을 지주에게 지대로 수탈당하였다. 추수가 끝나자마자 농민은 빈손을 털고 나앉을 수밖에 없었다. 19세기 '굶주린 백성' 의 수가 그 어느 때보다도 많아진 것은 바로 이 때문이었다 [176]

---

175) "1826년 3월에 이른바 '죄수' 들을 재 심의한 결과 '죄과가 그다지 엄중하지 않은 자' 라 하여 형조에서 놓아준 것이 모두 889명이었고 1832년에 각 도에서 정배하고 있는 '죄인' 가운데서 석방하려고 한 것만도 855명에 달하였다."(『순조실록』 1826년 3월; 1832년 7월).

백성들의 '원한은 뼈에 사무쳤다.'

19세기 백성들은 밤낮 원망하며 난을 생각한 지 오래되었다[思亂已久].[177] 결국 임술 년에 농민들이 봉기하였다. 백성들의 쌓이고 쌓인 원한. 농민들은 '의관을 한 사람(양반)들을 보기만 하면 갓을 부수고 도포를 찢어버리거나 뭇매질을 해댔다.

분노의 '불빛은 하늘에 타 번지고 검은 연기는 온 천지를 뒤덮었다.' 진주안핵사 박규수는 그 원인이 "3정이 모두 문란해진" 때문이며, "그 가운데서도 환곡의 폐단이 으뜸을 차지"한다 하였다.[178] 경상우도 암행어사 이인명도 "환곡의 폐는 백성들의 뼈에 사무치는 원한"으로 "이번 민요는 전적으로 환자의 폐단 때문"이라 보았다.[179]

---

176) "관청에서 등록한 기민수를 보면 1810년에 경기 이남 지역에만도 연 838만 452명이었으며 1812년 7월에는 보리고개를 넘겼을 때임에도 불구하고 3남을 제외한 경기이북의 5개 도만 하여도 무려 208만 여명의 기민이 등록되었다." 1837년에는 경상도 한 개 도만 하여도 연 111만 4,900여명이 기민으로 되었는데, 이것은 그 도 인구의 69%가 굶주려 헤맨 것이 된다.(『순조실록』 1612년 7월; 『헌종실록』 1837년 7월).
177) 姜瑋 '論三政救弊策' 『姜瑋全集』상, 아세아문화사, 600-601쪽.
178) 『진주초군작변등록』 제4호.
179) 『진주초군작변등록』 제3호.

제5장. 조국의 땅을 떠나는 백성들

1. 생존을 위해서라면
2. 조상의 땅을 버리는 백성들

1. 생존을 위해서라면

월편에 나붓기는 갈대잎가지는
애타는 내 가슴을 불러야 보건만
이 몸이 건느면 월강죄란다

연변 용정의 선구촌 앞에 있는 '사이섬'이라는 표석 뒷면에 새겨진 노래이다. 이름하여 '월강곡'이다. 노랫말에는 간도 이주민들이 생존을 위해 목숨을 걸고 강을 건너는 애환이 담겨있다.

『세조실록』을 보면, 1468년(세조 14) '조선과 명나라 사이의 빈 땅에 백성들이 들어가 토지를 개간했다'는 내용이 나온다. 이렇듯 우리민족의 간도 이주는 조선 초부터 시작되었다. 하지만 본격적인 이주는 조선 후기에 이루어졌다.

조선 후기, 만주족이 세운 청나라는 간도를 '봉금封禁의 땅'으로 선언하였다. 출입을 엄격히 금지했다.[180] 왜냐하면, 만주족은 자신들의 발상지인 간도 지역을 성역으로 보존하려 했고, 만약 다시 중국 본토를 한족에게 빼앗겼을 경우 후퇴할 배후지로 생각했기 때문이다.

조선은 엄격하게 국경을 봉쇄하였다. 때문에 조선 북부에 살았던 빈곤한 농민들은 목숨을 걸고 강을 건너야 했다. 두만강을 건너 하루농사를 지어 살아야 했기 때문이다. 하루농사란 말 그대로 아침에 왔다가 저녁에 돌아가는 하루치기 농사를 말한다.

청나라도 1848년부터 해마다 변방순찰병들을 파견, 순회시켰다. 계속하여 강을 건너는 조선인의 집과 밭을 조사, 파괴하고 쫓아냈다. 하지만, 그 수는 줄어들지 않았다.[181] 생존을 위해서라면 봉금령을 어기더라도 강을 건너 먹을 것을 마련해야만 하는 형편 때문이었다.

적발되면, 목숨을 잃는 것은 물론이고 가족들까지 노비로 팔려 가는 벌을 받았다. 하지만, 주민들은 더 적극적으로 간도 이주를 감행했다. 월강은 더 조직적인 형태를 갖췄다. 하루농사나 채삼을 위해 일시적으

---

180) 조선 백성들의 잦은 월강, 채삼은 청나라의 심기를 건드렸고 국경분쟁이 발생하는 빌미가 된다. 숙종 29년(1703년)의 『숙종실록』에는 "월강 채삼을 금지한 이유가 국경 때문에 일어나는 시비를 조심하기 위해서다"라는 내용이 나온다.
181) 조선과 청나라의 외교 기록인 『동문휘고同文彙考』와 『숙종실록』에는 1639년부터 1704년까지 14건의 적발사례가 기록돼 있다. 이 기록들이 극히 일부의 내용임을 감안한다면 간도를 드나든 조선인은 훨씬 많았을 것이다.

로 강을 넘던 것이, 점차 경작을 위한 정착 이주 형태로 바뀌었다.

먹고 살기가 힘들었던 함경도 장진부와 같은 벽지를 보자.

원래 5,000호의 민가가 있었는데, "근년에 유랑하는 자가 속출하여 현재 남아있는 실호는 불과 800여 호밖에 안되었다"[182]고 했다. 80% 이상이 마을을 떠났다.

1860년대 북부지방을 휩쓴 큰 재해 이후에는 월강하는 사람이 더욱 많았다. 단속이 어려운 지경이 됐다. 1861년과 1863년, 1866년에 큰 홍수가 북부지방을 휩쓸었다. 1869년과 1870년에는 연속하여 큰 가뭄이 덮쳤다. 사람끼리 잡아먹었다는 1869(고종 6)년 기사년의 큰 흉년, 기록에도 그 해 말이 되자 북부 변경지역 주민들이 강을 넘어 도망하는 자가 많았다 한다.

생사의 기막힌 현실 앞에서, 조선 북부의 많은 빈곤 농민들이 살길을 찾아 고향 땅을 등졌다. 눈물을 뿌리며 남부여대男負女戴하고 강을 건넜다. 두만강 이북으로의 대 이주는 이렇게 시작되었다.

청나라의 봉금제도, 조선 정부의 월강죄도 목숨을 걸고 강을 건너는 사람들을 막을 수 없었다. 눈물에 젖은 이주사의 시작이다. 두만강의 선구船口 나루터는 살아야 한다는 절박함에 눈물로 강을 이루던 곳이었다.

간도로 넘어가 생활하는 백성들의 상태를 보자.

"다수의 이주자가 오기 시작한 것은 40년 전이었다. 즉 1869년
부터 3년(1870)에 걸쳐 북한에 큰 흉년이 들어서 육진六鎭[183]

182) 『일성록』 순조 12년(1812) 12월 3일.
183) 조선 초기에 개척한 함경도 두만강 하류 남안의 종성, 온성, 회령, 경원, 경흥, 부령을 일컫는 말.

의 사람들이 다투어 간도로 이주하였는데, 그 수가 이미 수천 명
에 달하였다."[184)

그들은 재산이 없으면 빈손으로 왔고, 토지 및 가옥이 있으면 이를 처
분해서 약간의 여비를 조달하였다. 처자를 데리고, 일용가구와 집기를
묶어 소가 끄는 마차에 싣고 왔다. 이주자들은 척박한 땅을 가시를 뽑고
수풀을 태우며 개척하였다. 그들은 탐욕만을 채울 줄 알았던 한국 관리
의 굴레를 벗어나 무릉도원의 경지를 꿈꾸었다.

그러나 얼마 되지도 않아 청인들이 간도에 와서 살게 되었다. 그들은
멋대로 세력을 휘둘렀다. 머리를 깎고 자신들의 풍속을 받드는 사람은
귀화인으로 간주하여 토지를 나누어 주었다. 하지만, 상투를 틀고 백의
白衣의 관습을 굳게 지키는 사람은 두만강 밖으로 쫓겨났다. 또 다시 설
움에 복받친 생활을 해야 했다. 강을 건너 조선으로 돌아온 사람도 있었
다.

조선 북부지역(함경도)의 실상이 어때 길래, 그들은 목숨을 걸고 도망
쳤던 것일까? 북부지역은 조선 정부의 차별 정책으로 항상 푸대접을 받
아왔다. 뿐만 아니라, 그곳에도 어김없이 타락한 벼슬아치와 양반이 있
었다. 백성들은 이중으로 정부와 지역 토호들에게 수탈당했다.

함경도는 산악지대로 경지 자체가 협소하였다. 그나마 토지의 대부분
을 양반들이 장악했기 때문에, 일반 농민들은 거의 노예 상태의 소작인

---

184) 조선총독부 중추원 조사자료, 『間島産業調査書』 '제1장 韓人의 移住 및 狀
態'.

들이었다. 소작인들은 제도적으로 아무런 권리도 없었다. 지배 계급을 위한 하나의 유용한 도구에 불과했다. 인격도 인정되지 않았으며, 그들에겐 오직 의무와 복종만 있었다. 지배 계층들은 자신들의 정치적 불우함을 농민들에게 분풀이하듯 했다. 거듭되는 수탈과 기술 부족으로 농민들은 늘 궁핍을 면치 못했다.

가뭄과 폭풍우 등 자연 재해에 대한 아무런 방비책도, 피해 복구책도 없었다. 특히 변경 지대 농민들은 정책적으로 어떤 배려도 받지 못했다. 그들은 극심한 소외감을 느꼈다. 변경 지대는 피폐해질 대로 피폐해졌고, 농민들의 생활은 늘 불안과 혼란의 연속이었다.

농민들은 버림받았다. 그들은 자구책을 찾지 않으면 안됐다. 비록 고향이었지만 기댈 곳 하나 없는 이 땅과 황폐해진 산천을 떠났다. 안주할 수 있다고 여겨지는 땅을 찾아 나선 것이다.

목숨을 부지하기 위해서.

주민들이 두만강 상류를 배타고 건너는 모습(1910년대)

2. 조상의 땅을 버리는 백성들

아, 가도다, 가도다, 쫓아가도다.
잊음속에 있는 간도와 요동벌로
주린 목숨 움켜쥐고, 쫓아가도다.
진흙을 밥으로, 햇채를 마셔도[185]

이상화 시인이 쓴 "가장 비통한 기념祈念–간도이민을 보고–"의 일부
이다. 주린 목숨 움켜쥐고 쫓겨가듯 도망치는 서글픈 이주자들의 참상
이 그려진다.

왜 그리도 힘들었던 것일까? 허리를 펴지 못할 정도로 죽도록 일해도
생활은 나아지지 않았다. 미래는 암담하기만 하였다.

1870년 9월, 큰 비와 우박이 내려 흉년과 기근이 들자 굶주려 죽은 자
가 많았고 시체가 길에 널렸다. 백성들은 무서운 금령禁令을 어기면서까
지 도문강圖們江을 건너기 시작했다. 훈춘 등 여러 곳으로 흘러 들어가
걸식乞食으로 목숨을 이어나갔다.[186]

1880년대가 되어도 상황은 변하지 않았다. 생활고로 인해 조상의 땅
을 등지는 백성들이 늘어났다. "변방의 백성들이 계속된 흉년[荒]으로

---

185) 『개벽』 55, 1925.1. 햇채는 미역국이다.
186) "是歲, 朝鮮大雨雹, 國內荒飢(『淸史』에는 '饑'로 되어 있다.), 餓莩載道, 民人
冒犯重禁, 渡圖們江至琿春諸處, 乞食求生, 是爲朝鮮流民越墾之始. 帝諭朝鮮國
王, 將民人悉數領回約束, 並自行法招徠, 嚴申禁令, 不可復蹈前轍."(『중국정
사조선전』 '청사고', 高宗 7年 9월)

인하여 강을 넘어 도망하여 훈춘·영고탑 등 길림지방에 이주하여 농사를 지었다."[187] 이주자들이 해마다 증가하였다. 간도로 넘어가는 각 지역에 도선장渡船場이 설치되었다.[188]

1883년에는 조선에서 월강죄가 없어졌다. 1885년에는 청나라 정부에 의해 봉금령도 정식으로 폐지되었다. 조선의 백성들은 신천지를 찾아 북으로북으로 얼어붙은 두만강을 건너기 시작했다.

간도 지방으로 홍수와 같은 이주의 물결이 일었다. 본격적인 간도 이주민의 개척시대가 열리고 정착촌이 자리 잡게 된 것이다. 두만강 이북의 넓은 지역이 조선 이주민에 의해 개간되었다.

굶주린 백성들이 넘어갔을 간도땅

187) 『고종시대사』 2집, 1882년 8월 11일.
188) 1910년대는 도선장의 숫자가 104개소에 달하였다. 조선총독부 중추원조사자료, 『琿春及間島事情』 '第3. 渡船場'.

가혹한 수탈과 기아를 피해 간도로 들어간 그들 가운데, 일부는 다시 우수리강을 건너 러시아 변방인 연해주로 흘러들어갔다. 1886년, 러시아령 해삼위에 많은 조선인들이 몰려들었다. 이 해 12월에는 러시아 공사가 조선궁민의 연해주 지방 유출을 금지해 달라는 요청을 보낼 정도였다.

기록에 의하면, 1867년(고종 4)에도 계속된 큰 흉년으로 기근을 참지 못하고 해삼위 등지에 떠돌던 한인들이 있었다. 이들은 러시아 정부에서 구휼求恤하여 생명을 보전하였다. 1891년에도 압록강 연안 백성들 십여 만 명이 노역과 학정을 못 이겨 강을 건넜다.[189] 해삼위에서는 이들을 위해 거주지를 마련해주고 일정한 조세를 받았다.

이처럼 국경을 넘는 주민들이 간도 뿐 아니라 연해주 만주일대까지 건너가 살았다. 19세기 말, 조선이 일본의 영향력 아래에 들어가면서 한층 더 피폐해진 생활이 유랑을 더욱 부추겼다.

러시아 극동지역으로의 최초 이주는 대개 1863년으로 보고 있다. 19세기 중엽 조선을 휩쓴 대기근과 흉작으로 조선왕조의 이주금지 명령에

---

189) "高宗 23年 12月 6日(甲子) 近來에 本國人의 俄領海蔘위 移住가 매우 많았는데 今年 7·8月에는 이들이 本國으로부터 霍亂을 流染시켜 該地에 있는 많은 本國人과 俄人이 死亡하게 되었다. 이에 該國海蔘葳 武巡撫는 이를 治絕하기 위하여 本國人을 城外로 撤移分居시키고 이들 가운데서 無錢·無業者 296名을 査出하여 日本火輪船便에 元山港으로 送還하다."(『고종시대사』 2집, 1886년 12월 6일). "平安道觀察使 閔丙奭을 召見하다. 丙奭은 鴨綠江沿邊 9邑의 人民으로 徭役과 侵虐을 못이겨 越亡아는 者가 10餘萬이라 하고 ...."(『고종시대사』 3집, 1891년 5월 15일). 『고종시대사』 5집, 1902년 7월 10일.

도 불구하고 농민들이 새로운 보금자리를 찾아 고향을 떠난 것이다. 그들이 중국 북동지역과 러시아의 연해주 등의 지역으로 이주하게 되었다.[190)]

1863년, 한인들이 연해주 이주가 시작된다. 1867년에는 185가구 999명이 이주하였고, 1869년 한반도 북부지방의 대기근으로 이주가 급증하여 1만 명에 이르렀다. 20세기 초두인 1902년에는 한인 이민자 수가 32,380명으로 급증하였다.[191)]

1910년대 간도 이주민 일가족의 모습

20세기 들어서, 조선의 백성들은 멀리 멕시코, 하와이까지 새로운 삶을 찾아 나갔다. "한발이 너무 심해 농작이 무망無望하므로 급하지 않은 토목공사는 일체 정지하고 모든 항구에서 미곡 반출을 금한다".[192)] 방

---

190) 러시아 고려인의 역사 기록을 보면, 1860년 연해주 포세트 지역 한인 13가구가 최초의 기록이다(까레이스끼, 『또 하나의 민족사』, 36, 37쪽.)

191) 한인 이민자들이 몰려들게 되면서 연해주는 을사보호조약 이후에는 의병활동, 한일합병 후는 독립기지가 된다. 1905년 을사보호조약 이후, 의병 기지화가 되어, 1908년에는 의병 건수 1,451건에 참가 인원 6만 9천 8백여 명에 달한다. 이후 연해주 총독의 방해로 의병 활동이 만주로 이동하였으나, 1910년 경술국치 후 한인 이민자가 급증하였다.

192) 『고종실록』 1901년 10월 16일조

곡령이 내려지고 안남미 30만 석을 들여왔지만 백성들은 주린 배를 채울 수 없었다. 그러나 봉건정부는 이들을 구원해 줄 능력이 부족했다. 이 땅의 백성들은 주린 배를 움켜쥐고 하와이행 배에 올랐던 것이다.[193] "가렴주구와 탐학에 시달리고 춥고 배고픔을 이기

하와이 호놀루루 부둣가에 새로 오는 이민자들을 반기는 모습

지 못하여 북쪽 러시아로 유랑하고 남쪽 하와이 방면으로 이주하고 있다. 그러나 각 정파는 이권을 쫓아 여러 당파로 갈려 분쟁만 일삼고 있다".[194] 이 당시의 디아스포라diaspora를 부추긴 것은 '호랑이보다 더 무서운 가혹한 정치[苛政猛於虎]'였다.

이권利權에 눈먼 일본인들은 대륙식민회사를 세워 역부를 모집했다. 1902년 11월, 최초의 이민선 겔릭호가 생활이 막막한 농민 8,400명을 역부로 모집하여 뱃고동을 울리며 제물포를 떠났다. 호놀룰루에 닻을 내린 날은 다음 해 1월 13일이었다.

---

193) 1902년 주한 미국 공사 앨런은 미국령 하와이로의 이민을 설득해 고종황제의 마음을 움직였다. 이미 1882년 맺어진 조미수호조약 제 6조에 의해 미국 이민 길은 열려 있었다. "조선국 상민(常民)으로서 미국에 가는 자는 미국 전 지역에서 대지를 임차할 수 있으며 토지를 매수하여 주택이나 창고를 건축할 수 있다."
194) 황성신문 1902년 12월 29일

1904년에도 세 번에 걸쳐 수백 명이 떠났고, 1905년 4월초에 다시 1,100여 명이 맥시코로 나갔다.

말이 좋아 역부이지 노예나 다름없었다. 일제가 감행한 씻을 수 없는 노예매매행위의 죄악이었다. 일제의 비인륜적 죄악은 위안부 모집만이 아니었다. 역부모집을 반대하는 투쟁도 곳곳에서 전개되었다.[195]

1905년 8월, "미국령인 '하와이'에 이주한 한국인이 7,000여 명으로, 영사領事를 파견하여 이주한 한인을 보호하라고 누차 요청"하였다. 이 해 11월 15일부터 17일까지는 『황성신문』에 멕시코 이주 한국인의 비참한 상황을 전하는 기사가 게재되었다.[196]

물론 간도지역으로의 이주는 20세기에도 끊임없이 이어졌다. 일제에 의한 조선강점이 이루어지기 직전인 1909년 9월부터 1910년 4월까지만도 1,304호가 북간도로 이주하였다. 그 이유가 1909년에 가뭄과 수해가 매우 심하여 생계의 길이 막막하였기 때문이었다.[197]

---

195) 대표적인 곳이 경기도 시흥군이다. 시흥군은 일제와 친일관료들의 노예매매 행위가 성행한 곳 중 하나로, 시흥군수 박우양은 매인 당 20원씩 받고 역부로 넘겼다. 이에 격분한 군민들이 항의규탄을 시발로 역부모집 반대는 전국적으로 확대되었다.(『황성신문』 1904.9.17 ;1904.10.3) 1905년 4월 말에 '대륙식민회사'가 철수하였다.

196) 『고종시대사』 6집, 1905년 8월 8일 ; 11월 15일.

197) 『梅泉野錄』 1910년. 『고종시대사』 1910년 4월 30일. 이주 이유 중 또 하나 특이한 것은 청국관리들이 이주를 장려하여 토지를 허락하여 준 것이다. 그 이유는 이렇다. "청인이 토지를 개간하려면 한인의 힘에 많이 의지해야 했던 것 같다. 특히 산간의 경사지를 개간하는 것은 한인의 독특한 능력에 의지하지 않을 수 없었다. 그들은 심하게는 30도 이상 40도의 경사지라고 하더라도, 능숙하게 소를 사역해서 이를 개간하는 데 매우 능란한 솜씨가 있었다."(조선총독부 중추원조사자료, 『間島産業調査書』).

제6장. 천인을 후대하라

1. 발 개고 앉아서 고개만 끄덕이는 시대

증산상제는 조선시대의 양반, 상놈에 대해 말씀하셨다.

"양반을 찾는 것은 그 선령의 뼈를 오려 내는 것과 같아
서 망하는 기운이 따라드나니 양반의 행습을 버리고 천
한 사람을 우대하여야 속히 좋은 시대가 이르리라. 발
개고 앉아서 고개만 끄덕이는 시대는 다 갔으니 그런 행
습을 버리라. 내 세상은 상놈이 운수니라."(『도전』
2:56:4-7)

아직도 양반, 상놈을 찾고 양반 행세깨나 하려고 껄떡대던 시절이었다. 이 때, 증산상제는 '양반을 찾지 마라' 그리고 '발 개고 앉아서 고개만 끄덕이는 시대는 다 갔다' 는 놀라운 선언을 하였다.

신분제도는 조선사회를 떠받치고 있던 밑돌이었다. 조선사회를 지탱한 핵심적인 사회적 틀이었다. 때문에, 조선사회를 제대로 이해하기 위해서는 신분제도를 알아야 한다.

그리고 19세기는 이러한 틀, 곧 신분제도가 요동치기 시작한 시대이다.

양반과 상놈의 제도, 곧 반상班常제도는 양반과 상민 간에 차별을 둔 제도를 말한다. 양반은 지배계층이었고, 상민은 피지배 계층이다.

조선 시대 모든 백성은 양천제도良賤制度로 규정되었다. 양천제도는 모든 백성을 법제적으로 양인과 천인으로 구분하는 신분제도였다. 여기서 양인은 상민이었다. 곧 상민은 천민과 함께 백성의 신분을 둘로 나눈 법제적 규범이다.

조선 초기에 편찬된 『경국대전』에 의하면, 전형적인 신분형태는 양반, 양인, 천인의 3분류였다. 좀 더 세부적으로 살펴본다면, 중간계층인 중인中人도 있었다. 이는 조선사회를 지탱한 사회질서이자 윤리였다.

양반은 조선 사회를 통치한 상급지배신분의 통칭이다. 『경국대전』의 편찬 시에는 문반文班과 무반武班, 즉 관료를 통칭하였다. 그러나 조선후기에 편찬된 『속대전』 이후에는 문·무반文武班 이외에 생원生員, 진사進士, 유학幼學까지를 말하였다.

모든 법전들에서는 지배적 신분으로서 동반東班, 서반西班, 사족士族, 사대부士大夫라는 개념이 자주 사용되었다. 이를 본다면, 조선 후기에 양반은 반드시 문·무반이라기보다는, 문·무반에 임용될 수 있는 자격

있는 가문家門이라 할 수 있다. 이러한 뜻에서, 양반은 관직 및 혈연과 불가분의 관계를 맺었다.

　조선은 양반의 나라였다.

　양반은 경제적으로 지주이며, 정치적으로 관료 또는 관료예비군이었다. 사회적으로는 지방사회의 지배자였다. 양반은 전횡적인 특권을 가졌다.

　양반은 지주로서 농민층과 지주-전호佃戶 관계를 통해 수확물의 절반 이상을 수탈하였고, 국가에 대한 각종 조세 및 군역에서도 특권적인 혜택을 받았다.

　양반은 법제적으로도 특권을 누렸다. 모든 백성에게 교육과 과거의 기회를 부여해 놓았지만, 실제로는 갖은 수단으로 양인의 과거 응시기회가 규제되었다. 중인은 잡과의 과거 정도에만 응시할 수 있었다. 양반

노비들이 김매기를 감독하는 상전

이 교육과 과거를 철저하게 독점한 것이다. 관직에 있어서도 종 9품에서 정 1품까지 오를 수 있는 신분은 오직 양반뿐이었다.

양반은 형벌에서도 특권이 있었다. 양반의 구속은 매우 신중하였고, 되도록이면 돈을 바쳐 풀려났다. 심지어 가노家奴가 대신 처벌받기도 하였다. 일반 범죄는 형조·한성부·포도청에서 다스렸지만, 양반의 범죄는 의금부義禁府에서 다스렸다. 양반은, 죽을죄라도 반역죄·패륜범이 아닌 이상 참형에 처하지 않고 사약으로 처리하였다.

중인은 양반과 양인 사이에 있는 중간신분층이었다. 대체로 기술관, 서얼, 중앙과 지방의 서리, 군교軍校, 토관 등이 그들이다. 중인층은 17세기 이후 자주 부각되었다.[198] 이들은 조선왕조를 이끌어간 각종 행정의 실무 담당자들이었다.

비록 양반으로부터 사회적 차별대우를 받아 관직 승급에 한계가 있었으나, 일반 백성에 대하여는 일종의 지배계층으로서의 특권을 가졌다. 차별의 서러움과 특권을 동시에 가졌던 때문일까? 조선 후기에는, 백성들에 대한 서리들의 횡포가 문제되었다.

양인은 백성, 서민, 평민, 민인民人, 보인保人, 군정軍丁 등으로도 불리었다. 그들은 신분계급에서 천인보다는 윗자리에 있었다. 주로 상공업, 농업, 어업, 공장工匠 등에 종사하였다. 조선사회의 실질적인 생산자 계층이었다. 조선사회가 농업국가인만큼, 양인의 대부분은 농민임을 짐작

---

198) 사료에서도 '중인'이라는 명칭이 17세기 이후 본격적으로 등장하게 된다(『비변사등록』 영조18년 10월 11일 條 ; 『정조실록』 정조 15년 11월 壬午條 ; 『홍재전서』권 49, 策問 名分條).

할 수 있다.

　그들은 국가의 각종 의무, 곧 조세나 군역의 의무를 떠안은 자들이었다. 법제적으로는 양인도 과거를 통하여 관직에 나아가거나 양반으로 신분이 승격될 수 있었다. 실제로 그러한 예도 있었지만, 일반적으로는 사회경제적 여건상 극히 제한되었다.

　천인은 제도상으로 지체가 낮고 천한 백성이다. 사회에서 가장 천대를 받던 신분이다. 천인 중 압도적으로 많은 비율이 공사노비公私奴婢였다. 노비의 사회적 신분은 주인에 의하여 하나의 재산으로 취급되어 매매·양도될 수 있었다. 특히 이들은 세전世傳되었는데 세전법은 매우 엄격하였다.

　그 밖에 재인才人·백정白丁·무격巫覡·점복인占卜人을 비롯하여 천업에 종사하는 자가 많았다. 천인은 법률상의 권리가 크게 제한을 받아 독립된 인격이 거의 인정되지 않았다. 형벌, 지위, 결혼에 있어서 양민과 구별되었다. 국가는 이들에게 특수한 노동을 부과하였다. 신라 때는 향鄕, 소所, 부곡部曲 등 천민의 거주지역을 설정하여 양민이 사는 군郡, 현縣과 구별했다.

양반과 상민이 섞여 택견을 구경하는 모습
(신윤복의 「대쾌도」 일부)

2. 양반, 상놈이 따로 있으랴!

1894년 갑오년, 지배자와 피지배자의 신분을 타고난 숙명으로 여기던 조선의 상놈과 천민들. 양반계급의 착취에 허리 한 번 펴보지 못하던, 그런 그들이 동학 접주 전명숙을 중심으로 분연히 일어섰다. 이른바 동학혁명이다. 그것은 조선사회의 받침돌이었던 신분제도에 대한 저항이었다. 수백 년 동안 짓눌려온 상놈들의 절규였다.

어디, 양반 상놈이 따로 있으랴!

동학혁명은 전라도 일대 농민들이 근대를 향한 목숨을 건 몸부림이었다.

증산상제는 "전명숙全明淑이 거사할 때에 상놈을 양반 만들어 주려는 마음을 두었으므로 죽어서 잘되"(『도전』2:29:1-2)었다고 했다.

19세기는 신분제도의 혼란기였다. 임진란과 병자호란을 거친 이후, 신분구조의 변화는 두드러졌다.

국왕을 비롯한 지배층이 두 번 모두 죄다 피난하여 버리고, 근 10여년의 난리 통에 죽어난 건 백성들이었다. 피지배층이 양란을 거치면서 겪었던 설움은 비록 껍데기일망정 양반신분에 대한 열망을 간직하기에 충분하였다.

'양반이 되자!'

조선 후기, 상민과 천민들은 권력이 없는 양반이라 할지라도 신분적 상승이동을 꿈꾸었다. 종래 신분을 결정하는 주요 요인이었던 관직의 영향력이 약해졌다. 대신 재산이 중요한 요인으로 나타났다. '양반개념'은 이전에 비해 확대되었고, 종래의 관료=지주라는 법제적 개념도 희미

해졌다.'199)

조선조 후기에는 농업생산성이 점차 증대되기 시작한 시대이다. 이는 직접 생산자인 농민과 천민들이 재산을 형성할 수 있도록 했다. 나아가 그들의 열망인 신분상승의 꿈도 가능했다. 비록 그것이 불법적인 상승이긴 하지만.

조선조 신분의 실체를 구체적으로 밝힐 수 있는 정확한 자료는 없다. 다만, 호적대장戶籍臺帳을 통해 그 흐름을 살필 수 있다. 현재 이용 가능한 장적[호적]은 '산음장적' '울산장적' '대구장적' 정도이다.200)

다음 〈도표〉는 이들 장적을 통해 조선 후기 신분구조의 변화추이를 살펴본 것이다.

도표에서 우리는 몇 가지의 뚜렷한 변화를 감지할 수 있다.

먼저, 17세기 초(1606)만 하더라도 소수의 양반층과 다수의 상민층 및 천민 층이 사회의 기본 골격을 이루었다. 18세기로 들어서면, 이러한

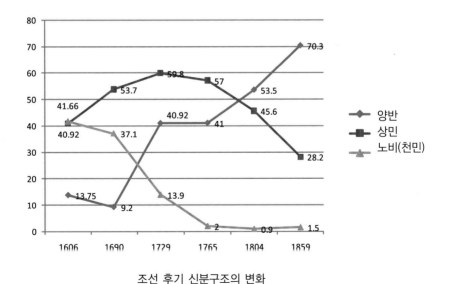

조선 후기 신분구조의 변화

1606년   1729년   1859년

조선 후기 신분구조의 변화

형태에 변화가 나타난다.

우선 천민 층이 감소하였다. 18세기 중반(1765)에는 천민의 수가 현격히 감소함으로써, 이미 상당한 신분적 동요가 일어났다. 그리고 천민 층의 감소가 영향을 미친 탓인지 모르지만, 상민은 조금 증가한 모습이 보인다.

19세기에는 신분동요 현상이 극에 달하였다. 19세기 중엽에 이르면, 양반층이 무려 70%에 육박하였다. 반면, 천민층은 1%대로 거의 소멸상태가 되었다. 국가의 각종 역을 져야 하는 상민층도 감소하였다.[201]

---

199) 김영모, "조선후기 신분개념과 신분구조의 변화", 『현상과 인식』2-1, 1978, 34-35쪽.

200) 이들 장적에 대한 연구들은 노진영, "17세기초 산음현의 사회신분구조와 그 변동", 『역사교육』25집 ; 정석종, 『조선후기 사회변동 연구』, 일조각, 1990 ; 四方博, 『朝鮮社會經濟史研究』, 東京, 1938/1976 ; 四方博, "李朝人口に關する 身分階級別の觀察"『朝鮮經濟の研究』, 岩波書店, 1938 등이 있다.

상민층의 감소는 체인 효과를 가져왔을 것이다. 그들의 감소는 세금 군역 등 각종 조세의 부담을 다른 상민들에게 가중시켰다. 이로 인해 생활이 더욱 힘들어진 백성들이 화적이 되거나 유랑하게 되었다. 이는 다시 상민층의 감소 요인으로 작용하였을 터이니 말이다.

3. 양반이 집안 망친다

증산상제는 반상의 차별을 없애고자 하였다.

'최수운이 서자庶子로 태어난 것이 한이 되어 한평생 서자와 상놈의 차별을 없애고자 하였다.'는 말을 듣고, 이렇게 선언하였다.

> "묵은하늘이 그릇 지어 서자와 상놈의 원한이 세상을 병들게 하였느니라. 이제 내가 적서嫡庶의 차별을 없이하였노라."(『도전』2:56:1-3)

상놈의 원한에 찌든 선천의 묵은 하늘!

19세기는 그러한 원한이 백성들의 폐부와 사회 구석구석에 화살처럼 박힌 시대였다. 증산상제는, 우리가 묵은 하늘 아래서 '그릇된 양반의 체면에 조금이라도 얽매여 살아가는 것을 경계'(『도전』9:131:1)하였다.

---

201) 정석종은 조선후기 신분구조 변화의 특징을 ①양반호의 격증과 ②상민호의 감소, 그리고 ③노비호의 실질적 소멸이라 하였다(정석종, 앞책, 248쪽). 四方博은 이러한 신분구조 변화의 원인으로 상민신분의 冒稱, 良籍의 假託, 免賤, 노비의 贖良, 도망 등을 지적하였다(四方博, 앞책, 388-389쪽)

조선 후기 경제적으로 몰락한 양반층을 잔반殘班이라 부른다. 그들은 자영농으로 변모하거나, 상업, 수공업에 종사하였다. 심지어 술장사, 돗자리 장사, 망건장사까지 하였다. 잔반은 농민 및 상민층과 생활면에서 분간하기 어려웠다.

> "사대부가의 가난함이 점차 극에 이르러 굶어 집을 나서지도 못한다."[202]

양반이라 하더라도, 품위를 유지할 수 있을 만큼의 경제력을 확보하지 못하면 천민과 다를 바 없는 생활을 해야 했다.

> "...상민과 천민이 양반을 욕하고 노비가 상전을 배반하는 일이 상습화되었으며 외방에서는 향품천류鄕品賤類들이 모두 사족에 대한 예를 거절한다."[203]

이제, 양반이란 신분이 경제적 능력에 따라 결정되었다. 경제능력이 없는 양반은 양반이 아니었다. 피지배층도 그들을 웃음거리로 여겼다.

19세기 후반이 되면서, 양반과 상민간의 신분적 모순과 갈등은 더욱 극심해졌다. 과거를 돈주고 사는 등 부정한 방법을 총동원한 대량의 과거합격자들, 매관매직, 모칭冒稱한 양반들이 양반비율의 다수를 차지하

---

202) 『일성록』 정조 10년(1786) 1월 22일. 잔반들은 신분상실로 인해 불만에 찬 집단이었다. 때문에 조선조 후기 각종 민란에 주도적으로 참여한 모습이 보인다. 홍경래란(1811)이나, 진주(1862), 영월, 문경 등지의 민란에는 이처럼 경제적으로 몰락한 殘班계층이 참여하고 있었다.

203) 『일성록』 정조 7년(1783) 6월 20일.

였다. 조선정부가 이러한 혼란에 앞장선 것이다. 백성들의 입장에서 봤을 땐 고통만 주는, 없는 것보다 못한 정부였다.

정부가 재정적 곤란에 빠질 때마다 강제적으로 공명첩空名帖과 납속첩納粟帖이 발매되었다. 향리(경제적으로 여유가 있는 자들), 서리 등 중인은 물론 양인, 천민까지도 공명첩으로 양반신분을 얻을 수 있었다. 이른바 공명첩과 납속첩을 통한 매관매직이다.

> "...민호民戶 가운데 좀 부유한 무리들이 관리들과 연줄을 대어 흔히 모피謀避하는 경우가 열이면 두 셋은 되며, 유학幼學을 모록冒錄하여 양역良役을 면하려는 경우가 그 반수나 된다... 근자에 세상의 도道가 점점 썩어가서 부유한 모든 백성들이 군역을 피하여 간리奸吏와 임장任掌과 부동하여 뇌물을 쓰고 호적을 환롱幻弄하여 유학을 모록하니 반드시 면역하거나 또는 타읍으로 옮겨 스스로 양반행세를 한다. 호적이 불명하여 명분이 문란하니 이것보다 더 심한 것은 없을 것이다."[204]

혼란은 불에 기름을 붓듯 가중되었다. 평민이나 천민들 중에서도 양반을 모방하여 사대부의 복장을 차리고 나섰고, 시정 상인들도 양반을 호칭할 정도로 신분질서는 혼란스러웠다.

양역의 고통을 피하기 위해 '환부역조換父易祖하여 명문가[양반]의 족보에 투탁投託하여 군역을 벗어나는' 자들도 많았다.[205] 환부역조는 성

---

204) 『일성록』 정조 10년(1786) 10월 1일.
205) 『정조실록』 정조 11년(1787) 4월. 이 외에도 19세기 늘어 '환부역조'의 족보 위조 사례는 여러 곳에 보인다.

姓과 본本을 바꾸고 족보를 위조하는, 곧 혈통줄을 바꾸는 것이다. 그만큼 백성들의 고통이 컸다. 경제력이 부족하여 각종 역을 벗어나지 못한 상민들의 부담이 혼란에 비례하여 늘어났기 때문이다.

늘어난 가짜 양반들도 양반이라고 목에 힘을 주고 다녔다. 여하튼 경제력이 있으니, 오히려 그들이 더 상전노릇을 하였다. 한 때 상놈이나 천민이었던 자가 양반신분을 얻으니 더 거들먹거린다. 그럴수록 피지배층의 고통은 이중, 삼중으로 가중되었다. 탐관오리, 사대부, 토호의 가렴주구는 더욱 심해지고, 여기에 매관매직한 양반까지 가세하였으니 말이다.

백성들이 할 수 있는 건 민란을 일으키거나, 도망하여 유랑하거나 화적이 되는 일이었다. 서서히 위기가 닥쳐왔다.

말을 탄 양반앞에 허리굽혀 예의를 표하는 상민 부부(김득신의 「노상알현」

증산상제는 명료하고 단호한 경구의 말씀을 하였다.

> "양반이 집안 망친다."(『도전』3:94:9 ; 11:110)

그럼에도 새 세상이 열리는 이 때에, 아직도 묵은 습성에 찌들려 살아가는 모습이 보였다.

> "함열 사람 김광찬金光贊이 상제님을 처음 찾아뵐 때 종을 앞세워 말을 타고 와서 인사를 하는데 그 품새가 거만하기 그지없거늘."(『도전』3:135:5)

거들먹거리는 양반의 행습을 보인다. 이 모습을 보는 증산상제의 마음은 얼마나 애처로웠을까?

> "이 뒤로는 적서嫡庶의 명분과 반상班常의 구별이 없어지나니 양반을 찾는 자는 선령의 뼈를 갈아 먹음과 같으니라."(『도전』3:21:5)

그 때나 지금이나 양반을 찾는 자들이 마음속에 담아두어야 할 경책의 말씀이다. 양반 타령이 '조상의 뼈를 갈아먹는' 무서운 행위라는 사실을 알아야 한다.

4. 천인을 후대하라. 가축보다 못한 노비

봉건적 신분구조로 얽혀진 사회에서 '사람답게 사는 것'이 힘들었던 집단은 노비와 여성이었다. 물론 그 정도와 이유가 서로 다르지만, 그들은 종속적인 존재로 삶을 살았다.

증산 상제는 이를 가볍게 보아 넘기지 않았다. '비록 미천한 사람을 대할지라도 반드시 공대하'고(『도전』3:21:1) '천인賤人에게 후대할 것'(『도전』3:21:4)을 누누이 당부하였다.

'근대'는 바로 이들을 신분속박에서 풀어주고, 주체적인 존재로 자리매김한 시대이다.

노비는 고조선古朝鮮의 8조 금법禁法에도 나올 만큼 그 기원이 오래되었다.[206] 역사적으로, 노비는 형벌, 전쟁포로, 채무, 인신매매, 귀화민歸化民, 압량위천壓良爲賤, 출생 등에 의해 만들어졌다.

조선시대는 다수의 노비가 압량위천과 출생으로 재생산되었다. 조선 정부는 종부법從父法, 종모법從母法 등을 사정에 따라 시행하였다. 이는 노비가 많아지면 조세수입이 줄기 때문에, 이를 방지하기 위함이었다.

일반 사대부의 입장은 달랐다. 노비는 사유재산이었다. 그들은 노비의 수를 늘리기 위해서 일천즉천一賤則賤의 원칙을 고수하려 들었다. 악법이었다. 이 때문에 한번 노비가 되면, 자손은 노비신분을 벗어나기 어려웠다. 노비의 자식은 성장하면서 고통스러운 정신적 갈등을 겪었다. 이에 비하면, 그들이 한평생을 메고 가야 하는 육체적 고통은 아무 것도 아니었다.

노비는 하나의 재산으로 상속 및 매매의 대상이었다. 가축이나 전답

---

[206] "남의 물건을 도둑질한 남녀는 그 집의 노비로 삼는다[相盜, 男沒入爲其家奴, 女子爲婢]."(『漢書』「地理志」).

과 마찬가지였다. 오히려 가축보다 못한 존재로 다루어지는 경우가 많았다. 고려시대는 말 1필의 값이 노비 2~3구에 해당하였다. 노비의 가격은 가축의 매매가에도 미치지 못했다.

조선시대도 상황은 바뀌지 않았다. 『경국대전』 '형조'에는, 16~50세의 노비가격을 저화 4천장으로 규정하였다. 이는 상등마의 가격과 거의 비슷하다. 그 밖의 노비는 저화 3천장이었다. 당시 저화 3천장이라면, 소 한 마리 값의 1/3도 안된 것이다. 더욱이 노비는 매매한 뒤 15일 이내에 다시 물릴 수도 있었으니, '사람다운 취급'은 애초부터 생각지도 못할 일이었다.

노비들의 비참한 상황은 조선 중기 기록인 오희문의 『쇄미록』에 잘 나타난다. 어떤 집에서는 평상시에 비婢가 음식을 훔쳐 먹을까봐 안채에서 다 내다볼 수 있도록 부엌문을 달지 않았다 한다.

평상시가 그러하니, 주인집이 어렵거나 일이 없을 때는 오죽했겠는가?

농한기에 노비를 굶기고, 춘궁기에는 곡식이 아까워 노비에게 송피를 벗겨 먹이는 경우도 비일비재 하였다. 노비가 병이 들어도 난방을 하거나 의복, 음식을 거의 제공하지 않았다. 흉년 전란 등 극단적인 상황에서는 노비의 생계는 커녕 생명마저도 보호받지 못했다.[207]

이러한 '가축보다도 못

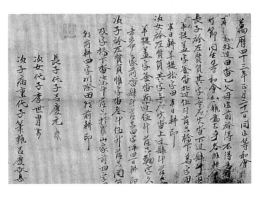

노비안(奴婢案)

한' 노비들이 있었기에 조선의 양반문화가 가능하였다. 양반 집안에 초상이 나면, 초상기간 내내 쉴새없이 곡을 하는 것은 노비였다. 그것은 소위 곡비哭婢들의 소임이었다.

조상에 대한 예禮, 곧 효는 조선사회를 지탱한 윤리였다. 노비는 시묘살이도 대신하였다. 그 중요한 조상의 묘 관리도 노비가 하였던 것이다.

양반들이 잘살고 못사는 기준은 전답과 함께 노비를 얼마나 가졌느냐에 있었다. 간단한 문장 이해력을 지닌 노비들은 마름의 역할도 했다.

베짜는 여자노비(왼쪽)와 초상이 났을 때 대신 곡을 해주는 여자노비인 곡비(오른쪽)

207) 한국고문서학회, 『조선시대 생활사』, 역사비평사, 1996, 331-332쪽. 그래서 그런가? 『조선왕조실록』에는 16-19세기에 노비가 주인을 살해한 43건이 기록되어 있다. 그리고 조선 후기 실학파인 磻溪 柳馨遠, 星湖 李瀷, 茶山 丁若鏞, 燕巖 朴趾源 등도 노비제도를 비판하고 있었다. 반계 유형원은 "지금 우리나라는 노비를 재물로 삼고 있으나 대개 사람은 同類인데 어찌 사람이 사람을 재물로 하는 이치가 있을 것인가"(『반계수록』, 권 26 '奴隸' 8) 하였고, 성호 이익은 사람이 "금수가 아닌데 비록 혹시 습속에 따라 일을 시킬지라도 어찌 牛馬와 같이 사고팔고 하는 것이 합당한 것인가"(『성호사설』, 권3 '人事門' 〈禁民賣奴〉條)라고 하여, 노비제도를 비판하고 그 철폐를 주장하고 있다

소작을 관리하고, 세를 거두며, 주인의 세납부나 민원소송을 대신하였다. 이른바 수노首奴들이다.

일반 노비의 1년 생활이 조선의 1년 살림살이였다. 노비는 음력 정월 하순 전답을 갈고, 2월 마늘과 보리 파종, 3~4월 누에치기와 병아리 부화시키기, 7~8월 퇴비 만들고, 9월에 추수한다. 겨울이면 여자 노비들이 베를 짜고 남자 노비들은 전국을 돌며 장사를 한다.

노비의 일은 대개 농사, 소먹이기, 나무하기, 방아찧기 등 끊임이 없었다. 일거리는 끝없이 이어졌다. 아침 일찍부터 저녁까지 노비들은 쉼이 없었다.

증산상제는 '이 때는 해원解冤시대'라 선언하셨다. 미천한 사람을 대할 때도, 증산상제는 반드시 공대하였다.

수석성도였던 김형렬의 집에 사는 종이었던 지남식과 으렁이에게도 항상 그러하였다. 이에 김형렬이 민망하여 말하였다.

"이 사람은 저의 종이오니 공대치 마소서."

그러나 증산 상제는 '하루 속히 천인賤人에게 후대'할 것을 말씀하였다. 덧붙여 이렇게 당부하였다.

> "이 마을에서는 어려서부터 숙습熟習이 되어 쉬이 말을 고치기 어려울지나 다른 곳에 가면 어떤 사람을 대하든지 다 존경하라."(『도전』 3:21:1-4)

이제 사람을 구분하고 차별 짓는 '묵은' 습성이 떨어져 나가야만 '좋은 세상'이 올 것이라 선언하였던 것이다.

5. 이 사람이 저의 종이오니

수석성도 김형렬의 집에 사는 지남식과 으렁이라는 종은 누구일까?

종은 노비를 부르는 말이었다. 노비는 소유주에 따라 구분되었다. 크게 나누면 공노비와 사노비가 있었다.

공노비는 국가기관에 예속된 노비이다. 소속된 기관에 따라 내노비(=궁노비), 관노비[各司奴婢와 各官奴婢], 역노비 등 다양하게 불려졌다. 공노비는 일반적으로 16~60세까지 국가에 대해 일정한 의무를 졌다.

그 의무내용이 노역勞役인가 현물인가에 따라 선상노비選上奴婢와 납공노비納貢奴婢로 구분하였다. 서울에 거주하는 노비는 모두 선상노비이다. 지방에는 납공노비와 선상노비 모두 있었다. 선상노비는 지방 또는 중앙의 관서에서 일정기간 노역에 종사해야 했고, 납공노비는 1년에 정해진 양의 포布를 바쳐야 했다.

사노비는 거주형태에 따라 다시 솔거노비率居奴婢와 외거노비外居奴婢로 구분되었다.

솔거노비는 주인집의 행랑채에 살면서[208] 주인의 전답을 경작하거나 주인집의 각종 일을 도맡았다. 일의 종류는 농사와 길쌈은 물론 주인집의 상업활동에도 참여하였다. 잡일로는 땔나무나 식수의 조달은 물론이고 식사, 손님접대, 길흉사 준비, 가마꾼[교꾼], 편지전달, 농기구 제작, 청소 등 주인집의 거의 모든 일들을 도맡았다.

이 외에도 유모나 상전이 관료로서 임무를 수행할 때 따라다니는 시

---

208) 같은 마을에 사는 경우도 있다.

종노비, 집안의 대소사와 외지의 토지관리를 맡는 마름노[舍音奴]도 있었다. 소위 주인집이 양반 신분의 체면을 지키는데 필요한 모든 일을 하였다.

외거노비는 주인집과 떨어져 살며 일정한 몸값[身貢]을 내는 노비이다. 이들은 주로 각지에 흩어진 주인의 전답을 경작하였다. 몸값은 직접 노동력을 제공하는 것이 아니라, 국가에 의해 정해진 일정한 양의 물품을 주인에게 바치는 것이다.[209]

때문에 외거노비는 주인으로부터 비교적 자유로운 존재였다. 다른 사람의 전답을 빌려 경작할 수도 있었다. 그러나 외거노비도 주인에 매인 몸이어서, 주인의 의지에 의해 언제든지 뒤바뀌었다. 안정적인 생활은 어려웠다.

'지남식과 으렁이'는 김형렬의 집에 같이 사는 솔거노비이다. 증산상제는 김형렬의 종에게도 공대하고 애틋한 마음을 보냈다.

하루는 으렁이에게 이렇게 이야기한다.

> "하늘 끝간데가 있더냐? 만리타국을 다녀도 하늘은 그
> 하늘이요 끝간데가 없느니라. 그렇듯이 천지에 내 새끼

---

209) 몸값은 실제로 철저히 지켜지기 어려웠던 것으로 보인다. 1745-1770년 의성 김씨 가문의 신공관계 자료를 보면, 몸값은 개인별로 차이도 많았고 등재된 노비 40명 중 20명 내외만이 몸값을 납부하고 있다. 18세기 중반이 되면 미납자가 속출하였고, 감면 혹은 전액 면제 조치들이 이루어지고 있다. 그러나 미납은 보편화되었고 노비도망이 격화되고 있었다(한국고문서학회, 『조선시대 생활사』, 역사비평사, 1996, 327-328쪽.

네 새끼 없이 다 같이 화목하게 살자고, 내가 천지를 뒤
집으려고 지금 이러느니라. 너도 머슴 산다고 서러워 말
고 꼭 진심으로만 마음먹으면 이제 괜찮아지느니라."
(『도전』2:63:2-4)

곧 내가 차별 없이 화목하게 사는 세상을 만들기 위해 천지를 바꾸려
하니, 노비들도 마음을 고쳐야 한다고.

노비의 수가 줄어들기 시작하였다.[210]

노비제도는 16세기 이후부터 해이해졌다. 임진란과 병자호란 때 공을
세운 노비들을 면천免賤시켜 주었고, 16세기 이후 극심한 흉년을 맞아
일정량의 곡식을 납부해도 노비신분을 면천하여 주었다.

양란 이후 이러한 납속책은 더욱 자주 실시되었다. 어느 정도 경제력

---

210) 그 이유는 ①양반대토지 소유자들이 토지를 집적하면서 노비농민이 토지로
부터 급속히 流離하였고, 농업기술이 발달하고 상품화폐경제가 발달하면서 양
반지주들의 致富欲이 발달하였다. 그 결과 그들에 의한 廣作이 유행한다. 따라
서 가난과 부채로 토지 빼앗긴 良, 賤농민들은 토지로부터 쫓겨나 유랑생활 혹
은 雇工, 奴婢, 婢夫 등이 된 것이다. ②宮房 등에 의한 토지의 折受, 광범한 賜
牌地의 除授, 양반지주들의 불법적 탈세로 양, 천농민의 부담이 증가하고, 농민
이 도망하였다. 도망하면 族徵, 隣徵을 행하고 있었다. ③軍功, 納粟, 僞籍, 空
名帖 등으로 노비의 양인, 양반화가 촉진되었다. 원래 노비는 軍役을 지지 않았
으나 임진란 때 奴婢充軍이 불가피하여, 노비만으로 편성된 束伍軍이 생길 정
도였다. 군에서 공을 세운 노비들에게는 免賤 특혜가 제공되었다. 그리고 부유
한 노비들은 쌀을 바치고 官爵을 사거나 양반의 家牒을 사서 족보를 위조하고,
양반을 冒稱하기도 하였다.(한우근, 이성무 편저, 『한국문화사-조선후기편-』,
일지사, 1989, 256-257쪽.

을 가진 노비들이 노비신분에서 벗어나는 경우가 많아졌다. 그 결과, 솔거노비보다는 외거노비의 수가 급격히 줄어들기 시작하였다.[211]

본격적으로 노비제도를 혁파하는 움직임이 19세기에 시작되었다. 19세기에 들어서자마자, 1801년 공노비가 해방되었다. 이미 다수의 공노비들이 도망하거나 양반과 양인을 모칭하여 그 수가 급격히 줄어들어 유명무실해진 상태였다. 제도적으로 공노비가 모두 해방된 것이다.

철종조에는 숙종조에 비해 노비가 1/26로 감소하였다.[212] 1886년(고종23년)에는 노비세습제[奴婢世傳法]가 공식적으로 폐지되기에 이르렀다. 노비의 매매도 금지되었다. 이는 19세기 진행되던 신분제의 해이와 계속되는 농민반란의 과정에서 나왔다. 태어날 때부터 엄격한 신분을 타고나는 사회, 봉건사회의 폐막을 알린 것이다.

노비신분의 세습은 없어졌지만, 부모들은 여전히 노비였다. 완전한 노비제도의 혁파가 이루어진 것은 아니었다. 노비제도가 역사 속으로

---

211) 양란 후 납전면천으로 외거노비 수가 급속히 감소한다. 이는 조선사회가 지주전호제에서 지주소작제로의 이행을 뒷받침해주는 자료들이다. 울산장적 분석한 정석종은 외거노비 소멸시기를 18세기 중엽으로 보았다(정석종, 『조선후기 사회변동 연구』, 일조각, 1984, 216쪽. [자료]의 '울산부의 호적 조사자료에 의한 신분 인구별 분포' 참조). John N. Somerville의 연구도 같다(『Success and Failure in Eighteenth Century Ulsan』, Harvard Univ. ph.D. Thesis, 1974, 97쪽). 그러나 솔거노비는 감소하지만 계속 존속하고 있다. 그리고 면천방법은 錢文百兩을 상전에 바치는 납전면천방법과 노비가 자기자리에 다른 노비를 대신 밀어넣고 자기가 빠져나오는 代口贖身방법이 있었다. 정부도 양인의 수가 늘수록 조세수익이 많았으므로 노비를 양인화하는데 적극적으로 개입하였다. 그 결과로서 노비의 숫적인 감소도 분명하게 나타나고 있었다.
212) 한우근, 이성무 편저, 『한국문화사-조선후기편-』, 일지사, 1989, 257쪽.

완전히 사라진 것은 그로부터 8년이 지난 1894년의 일이었다. 그 해에 일어난 동학농민혁명이 신분제의 궁극적 붕괴를 이끌어냈다.

갑오개혁에서 신분제도 자체가 폐지되기에 이른다. 고종은 군국기무처의 건의에 따라 문벌과 반상의 등급을 폐지할 것과 공사노비를 일체 폐지할 것을 명하였다. 공식적으로 신분제의 폐지와 함께 노비제도가 완전히 사라졌다.

그러면 1894년 갑오개혁 이후, 이 땅에서 노비가 완전히 사라졌을까?[213]

노비제의 역사가 오래었던 만큼, 하루 아침에 노비들이 완전히 사라질 리가 없었다. 물론 이 시기에 기록에 남아있는 노비는 없다. 일상에서는 노비가 사라지지 않았다. 노비가 머슴으로 바뀌어 여전히 주인집의 일을 돕는 경우가 흔했다.

구한말이나 일제시대 초기까지, 유명한 종가에는 대체로 세전노비 후예 수 명과 머슴 3~4명이 있었다. 이들 외에도 다수의 소작인을 둔 경우가 보인다. 당시 노비들의 거주공간이나 아침부터 저녁까지 하는 일은 예전의 솔거노비와 하등 다름이 없었다.

1905년, 증산상제가 '임피의 강장한과 더불어 관청노비의 집으로 갔

---

213) 노비제도와 노예제도는 동서양을 막론하고 봉건주의 사회에서 존속하다 18, 19세기 자유와 평등에 대한 사상이 보편화되면서 사라진 제도이다. 영국은 19세기 초반 노예제도를 폐지하였고, 미국은 1861-1865년의 남북전쟁을 통해 폐지하였다. 그러나 노예제도는 사라졌지만, 흑인, 여성 등과 같은 신분차별의 역사는 그 후에도 계속되어 20세기에도 계속 문제시된다.

다.’(『도전』9:86:11) 아마, 과거의 관청노비 집이었을 것이다.

> “상놈의 운수니 반상班常의 구별과 직업의 귀천貴賤을
> 가리지 아니하여야 속히 좋은 세상이 되리니 이 뒤로는
> 그런 언습言習을 버릴지어다.”(『도전』3:251:3-4)

증산상제는 노비들도 마음을 고쳐야 한다고 하셨다. 김형렬의 집에 노비로 사는 으렁이에게도 단단히 이르며 용기를 복돋워 주었다.

으렁이가 물가에 앉아 ‘마음을 고치려면 어찌해야 할꼬.’ 하며 날이 저물도록 생각하였다. 마땅히 답이 생각나지 않자, 증산상제를 찾아 여쭌다.

증산상제는 이렇게 답하셨다.

> “허허, 물을 들여다본들 네 마음이 닦이겠느냐? 네 그리
> 도 멍청하니 머슴밖에 더 살겠느냐! 마음을 진정 한 가
> 지로 먹어라. 마음이 이랬다저랬다 하루에도 천백번 뒤
> 집어지는 것은 세상이 그렇게 뒤집었다 엎었다 하는 것
> 이니, 한길로 나가야 쉽단 말이다. 네가 멍청하니 이렇
> 게 말해 주는 것이지, 그렇지 않으면 네 뺨이 벌써 서쪽
> 으로 달아났다!”(『도전』2:63:1-11)

〈자료 1〉 조선후기 신분구조 변화

산음장적에 나타난 조선시대 신분구조의 변화추이

년도	양반	상민	노비(천민)	무직역자	계(戶)
1606	13.75	40.92	41.66	3.67	100.0(1498)
1630	15.85	43.01	34.53	6.61	100.0(1811)

자료 : 노진영, "17세기 초 산음현의 사회신분구조와 그 변동," 『역사교육』25집,1979

울산장적에 나타난 조선시대 신분구조의 변화추이

년도	양반	상민	노비(천민)	계(戶)
1729	26.3	59.8	13.9	100.0(369)
1765	41.0	57.0	2.0	100.0(59)
1804	53.5	45.6	0.9	100.0(649)
1867	65.5	34.0	0.6	100.0(533)

자료 : 정석종, 『조선후기 사회변동 연구』, 일조각, 1990.

대구장적에 나타난 조선시대 신분구조의 변화추이

년도	양반	상민	노비(천민)	계(戶)
1690	9.2	53.7	37.1	100.0(3156)
1729,1732	18.7	54.6	26.6	100.0(3092)
1783,1789	37.5	57.5	5.0	100.0(2810)
1859	70.3	28.2	1.5	100.0(2985)

자료 : 四方 博,『朝鮮社會經濟史研究』, 東京, 1938/1976.

〈자료 2〉 "교지와 공명첩을 불사르다."

증산 상제님께서 객망리로 돌아오신 후, 집안 대대로 전하여
오던 진천군 교지敎旨와 공명첩空名帖, 족보, 문집 등 일체의
문서와 서책을 가져다 불사르시며(『도전』 2:13:1)

임금이 전하는 공문서를 교지라 한다. 교지는 4품 이상의 관원에게 내리
던 직첩職牒 곧 사령장辭令狀이다. 이에 비해 첩지牒紙는 5품 이하의 관원에
게 내리던 직첩이다.

진천군은 무엇일까? 진천군은 일반적으로 국가를 위해 업적이 있는 공
신에게 내리던 관작의 하나였다. 예를 들면, 중종 1년(1506) 9월, 중종반정
이 성공한 후에도 일등공신들에게 관작官爵을 제수하였다.

"유자광을 무령부원군武靈府院君으로, … 강혼姜渾을 진천군
晉川君으로 삼았다."(『중종실록』)

『진주강씨진천군파보晉州姜氏晉川君派譜』에 나타난 증산상제의 14대조
강이온姜利溫은 연산군 시절 왕의 잘못을 지적하다 참형되었고, 사후에 진

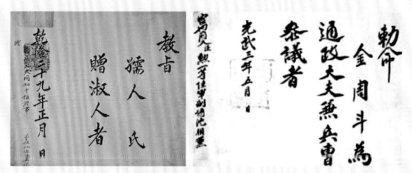

광무3년(1899년) 작성된 위조 공명첩

천군에 추증되었다. '진천군 교지'는 진천군이라는 관직을 제수한 사령장이다. 증산상제는 가문에 종가였던 것으로 보인다.

공명첩空名帖은 무엇인가? 그것은 받는 자의 이름이 기재되지 않은 백지 사령장이었다. 이런 공명첩에는 관직이나 관작의 임명장[空名告身帖]도 있었고, 양역을 면제하는 것[空名免役帖], 천민에서 양인이 됨을 인정한 것[空名免賤帖], 그리고 향리에게 역을 면제해 주는 것[空名免鄕帖] 등이 있었다.

조선시대 중·후반기에 양반이 되는 길이 여럿 있었다. 그 중 하나가 공명첩으로 양반(관직)을 사거나, 납속책納粟策으로 신분이나 족보를 사는 방법이었다. 임진란과 병자호란을 겪고 난 후, 정부는 재정이 쪼들리자 임시방편으로 양반 신분을 돈을 받고 팔았다. 이 때 판 것이 공명첩이다.

공명첩 판매는 19세기 전반기에 가장 심각하였다. 단번에 수천 장씩 공명첩을 판 경우도 드물지 않았다.

> "1809년 11월에만도 전라도에 1,000장, 충청도에 700장, 경
> 기에 900장, 수원에 200장의 공명첩을 팔았다."[214]

공명첩은 누구든 살 수 있었다. 19세기 중엽에는, 공명첩을 사지 않은 동네가 없었다. 이러한 풍조는 나날이 심해져, 쌀 몇 섬만 바쳐도 통정대부[정3품 당상관의 품계]나 통훈대부의 벼슬등급까지 얻고 족보를 고쳐 양반행세를 하는 자들이 있었다.

공명첩은 양인뿐만 아니라 돈 많은 천인 층도 살 수 있었다. 조선 후기 늘어난 양반들은 보통 이런 방법을 통해 양반신분을 획득하였다. 조선 후기

---

214) 『순조실록』 1809년 11월.

에는 위조 공명첩도 많이 나돌았다.

> "이 때(임진왜란) 적을 목벤 자, 납속을 한 자, 작은 공이 있는
> 자에게는 모두 관리 임명장이나 면천, 면역의 첩帖을 주었다.
> 병사를 모집하고 납속을 모집하는 담당 관리가 이 첩을 가지
> 고 지방에 내려갈 때 이름 쓰는 데만 비워두었다가 응모자가
> 있으면 그 때마다 이름을 써서 주었다."([선조실록] 권 32, 선
> 조 25년 11월)

납속하거나 공명첩을 사면 실제로 양반이 될 수 있었을까? 백성들이 공
명첩을 사지 않으려 했음을 눈여겨 볼 필요가 있다. 왜 그랬을까? 공명첩을
사도 별 이익이 없음을 알았기 때문이다.

『비변사등록』(영조 원년 5월)을 보면, '공명첩을 팔려 해도 사려는 사람
이 없고, 강제로 배정하고 감옥에 가두어야 팔 수 있을 정도였다.' 만약 공
명첩을 사서 양반이 되어 특권을 누릴 수 있었다 해도 그랬을까?

공명첩이 조선 후기 신분제 동요에 크게 영향을 주었음은 주지의 사실이
다. 그렇다면, 그것은 역설적으로 조선왕조의 신분제를 부정하는 단서가 된
것은 아니었을까?

증산상제는 1901년 대원사 칠성각에서 수도하여 조화권능을 회복하신
후, 집안 대대로 전하여 온 진천군 교지와 공명첩을 불살라버렸다. 봉건제
적 신분구조의 상징물이자 선천 묵은 하늘의 먼지와 티끌들을 깨끗이 청소
하고, 이제 새로운 시대의 열림을 선언하였다.

부모님과 문중 어른들의 만류에 증산상제는 단호하게 말하였다.

> "앞세상에는 이런 것에 의지해서는 아니 됩니다."

그리고는 이렇게 선언하였다.

"내 세상에는 천하의 모든 성씨姓氏의 족보를 다시 시작하리라.
.... 모든 것이 나로부터 다시 새롭게 된다."(『도전』2:13:2,5)

〈자료 3〉 차라리 노비가 낫다.

너도 나도 돈을 주고 양반이 되려 했던 시대에, 스스로 노비가 되려는 사람들이 있었다면 이상한 일일까? 조선시대 스스로 노비가 되려는 자들이 있었다.

왜 그랬을까?

조선시대 사문서 중에 자매문서自買文書가 있다. 곧 자기 몸을 스스로 파는 계약 문서이다. 사진은 여주의 한얼테마 박물관에 소장된 문서이다. 순조 32년(1832), 생활이 어려워 스스로 처와 자식을 판다는 내용이 적혀있다. 물론 노비로 팔았다.

1832년이라면, 6월에 전국적으로 큰 물난리를 치른 후, 7월이 되어서는 경기지방에 극심한 가뭄으로 고생했던 해이다. 경주 용산서원에도 자매문서들이 소장되어 있다.[215] 1784년 문서를 보면, 살아나갈 방도가 없어서 서원에 8냥을 받고 자신을 판다는 내용도 있다.

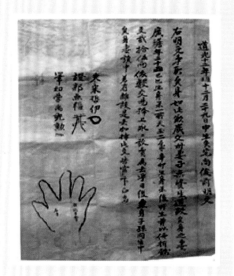

왜 살아갈 방도가 없었을까? 왜 자신을 팔고, 처와 자식을 팔아야 했을까?

하늘이나 조선사회가 백성들을 살 수 없도록 하였기 때문이다. 거듭되는 흉년, 해마다 늘어나는 빚, 게

215) KBS, 「KBS다큐멘터리 이야기속으로」

다가 인정사정없는 관료 및 양반의 수탈과 각종 부역이 백성들을 괴롭혔다.

흉년이 되면 어김없이 하늘이 저버린 인생들이 생겨난다. 흉년으로 인심이 각박해지고 생활은 점점 더 쪼들린다. 고향을 떠나 유리걸식하는 자도 많아진다. "을해년 대기근으로 아버지가 집을 나가 떠돌았다."고 하였다.

살아야 하기 때문에, 백성들은 스스로를 노비로 팔았다. 문서에는 세 모녀가 남편이 죽자 굶어죽지 않기 위해 양반가에 노비로 가는 모습이 나온다. 심지어는 한 푼의 돈도 받지 않고 자진해서 노비로 들어간 사례도 있다.

왜 자진해서 노비가 됐을까?

이는 앞서 말한 '전정田政, 군정軍政, 환곡還穀, 곧 삼정三政의 문란'을 알아야 한다. 삼정은 양민에게 지워진 부담이었다. 땅을 가진 자들이 물어야만 하는 조세였고, 나라를 지키는데 필요한 군포를 내야만 하는 의무였다. 지방관리들은 말도 안되는 이유로 백성들의 고혈을 짜내었다. 그들의 착취에, 백성들은 고통을 견디기 어려웠던 것이다.

스스로를 노비로 파는 이유 중 하나가 군역을 피하기 위해서였다. 군역은 양인(농민)들이 평생 짊어져야 했던 짐이었다. 군역을 안 지려면 군포를 납부해야 했다. 피할 수 있는 길은 양반이 되거나 천인이 되는 것이었다. 양반이 되면 군역, 세금이 면제된다. 자자손손이 아니라 당대만 해당되지만, 당시는 국가재정을 위해 벼슬(품계)을 팔고 샀기 때문에, 돈 있으면 사볼 만하였다.

당장 먹고 사는 것이 큰 문제인 그들에게 그런 돈이 있을 리 만무했다. 그들은 군역을 피하려는 서글픈 고육지책을 생각해냈다. 자유를 팔아버린 것이다. 노비가 되면 경제적으로는 평민보다 나은 경우도 있다. 신체적으로 속박되고 결혼 등도 마음대로 못하지만, 양반에게 붙어 먹거리가 해결될 뿐만 아니라 국가에 내는 세금도 면제받는다.

노비는 말이나 소와 같다. 인간이 아니기 때문에 의무도 없고 권리도 없다. 역사의 비극이었다.

더욱 한심한 것이 환곡이다. 환곡은 흉년이 들 때, 정부가 백성을 돕기 위해 마련되었다. 그러나 그것은 지방관리들이 사리사욕을 채우는데 악용되었다. 차라리 없느니만 못했다.

국가가 어떤 도움도 못주는 이런 상황에서, 서원이나 양반들도 백성들에게 고액의 이자로 대출을 해줬다. 도움이 아니라 덫이었다. 덫에 걸린 백성들은 막중한 이자를 감당할 능력이 애초부터 없었다. 설상가상으로, 국가의 세금도 큰 무게로 생활을 짓눌렀다.

백성들은 고액의 빚을 지고 막중한 이자와 국가세금을 피하기 위해 자포자기 심정으로 노비가 되었다. 서원에 진 빚으로 10살, 7살 두 딸을 17냥 받고 서원의 종으로 팔아넘긴 사례도 있다. 그 딸들은 평생 아버지를 원망하며 살았을 것이다.

자매문서를 보면, 1815년(순조15) 높은 이자로 서원에서 빌린 아비의 빚 때문에 자녀를 팔아버린 경우가 나온다. 나중에 어머니도 노비로 팔았다. 아버지가 죽자, 장례식 비용이 없어 자신을 30냥에 노비로 팔아 비용을 마련한 경우도 있다.

노비로 파는 것도 쉬운 일은 아니었다. 문서는 수결을 해서 관청에 보관하였다. 노비를 사고 팔 때는 반드시 관에 신고하여 관인官印을 받았다. 또 계약할 때는 반드시 보증인을 두었다.

보증 잘못 선 인생들은 요즘뿐만 아니라 그 당시도 있었다. 확실한 보증 없인 노비도 안된다. 보증자는 노비가 도망가거나 하면 물어내야 했다. 그것도 안되면 대신 노비생활을 해야 한다. 정조 13년, 노비가 되는데 보증을 섰다 인생이 잘못된 사례들이 보인다

제7장. 가을의 일꾼. 머슴

1. 머슴으로 일하며 보리를 거두니

증산상제의 어린 시절은 어땠을까?

선후천이 바뀌는 어려운 시절, 증산상제는 이 땅에 사는 하층 백성들의 삶과 그 모든 고통을 함께 체험하였다.

1885년의 일이다.

> "학봉께서 집이 워낙 가난하여 열다섯 살 무렵에 글 읽기를 중단하시고 짚신을 삼아 팔기도 하시며 사방으로 유랑하시니 정읍 남이면南二面 접지리接芝里 거슬막에서 머슴으로 일하며 보리를 거두기도 하시고 정읍 내장산 아래 부여곡夫余谷에서 산판 꾼이 되어 나무를 베기도 하시니라."(1:31:1-3)

증산상제가 거슬막에서 몸소 체험한 머슴 생활은 어떤 것일까? 조선시대 최하층이었던 노비들의 생활과는 어떤 차이가 있는 것일까?

머슴은 농가에서 고용살이하는 사내를 말한다. 고려시대에는 용작傭作, 조선시대에는 고공雇工이라 불렸다. 지역에 따라 머슴 외에 머섬 머슴 머심 머음 담사리 도사리 작남作男 몸꾼 쌈꾼 등으로 다양하게 불렀다.

머슴은 언제부터 있었을까?

김병태에 의하면, 신라시대에는 분명히 없었고, 신라말·고려초에 나타나 조선초기에는 성행하였다고 한다.[216] 조선시대 호적항목에는 '머슴'[雇工]이 들어있었고, 조선 후기인 1785년(정조 9)에는 '머슴에 관한 법'도 제정되었다.[217]

머슴을 '노예제의 파편破片'으로 보기도 한다.[218] 머슴은 농가農家 곧 고용주의 집에 들어가 농사뿐만이 아니라 가사 전반에 종사하고 아침부터 밤늦게까지 일하였다. 주인 가족과 함께 기거하고 식사 및 의복, 술, 담배까지 제공받았다. 물론 그 대가로 일정한 보수[새경私耕이라 한다]를 받는다.

---

216) 김병태, "머슴에 관한 연구(1)"『경제학연구』 4-1, 1956, 43-44쪽.

217) "....奴·婢·雇工·某某年印"(『경국대전』卷之三 禮典 戶口式). "京外倩工之人 受値十兩 議限五年以上 而立文券者 許入帳籍 以雇工論...."(『大典通編』卷之五 刑典 推斷條). 물론 1785년『大典通編』에 나타난 '고공에 관한 법'은 법제상 고공 신분의 수를 제한하려는 조항이었다.(박용숙, "18, 19세기의 고공,"『부대사학』 7, 129쪽).

218) 印貞植(『朝鮮 農業機構의 分析』)의 주장이다. 김병태, "머슴에 관한 연구(1)"『경제학연구』 4-1, 1956, 42쪽.

이렇게 보면, 머슴이 임금의 형식으로 고용관계를 맺는 정기定期의 노예(실질적인 관계에서)와 다를 바 없었다. 보통, 머슴은 몇 해를 계속하여 같은 주인에게 고용되는 예가 흔했다.

머슴은 노비나 소작농과는 어떻게 다른가?

노비나 머슴의 하는 일은 큰 차이가 없었다. 주인집의 농사일을 도맡음은 물론, 비나 머슴의 아내는 평소 식사준비 등 집안일, 봄 가을에는 누에치기, 여름에는 삼베, 가을에는 목면 등 옷감을 얻기 위한 노역을 담당하였다.

다만 머슴은 집주인과 기간 및 보수에 대해 민법적인 고용관계를 맺었다. 이런 점에서, 사적 예속성이 강한 노비와는 달랐다. 1785년의 '머슴에 관한 법'에서도, 머슴은 '임금 10냥과 5년 이상의 기한을 약정하여 장적에 올린 자'로 하였다.

머슴은 스스로 토지 소유권을 갖지 못한 점에서 소작농과 같았다. 소작농은 경지를 빌려 자활적으로 경작했다. 경제력에 있어서 큰 차이가 있었다. 머슴은 주인의 토지에서 일하고 새경의 형태로 일정기간 보수를 받을 뿐이었다. 때문에 '전적典籍없는 노예'라 하였다.

2. 머슴이 안타깝고 불쌍해서

남의 집살이를 하는 머슴생활이 좋았을 리가 없다.

어릴 적 머슴살이의 고통과 서러움을 체험한 증산상제는 항상 머슴들의 수고를 안쓰럽게 생각하였다.

가을은 충직한 일꾼인 머슴이 눈코 뜰 새 없이 바쁜 계절이다.

1906년 가을의 일이다.

추수기가 되어 한창 곡식을 거둬들이는데, 하루는 어떤 사람이 지게에 나락을 한가득 싣고 힘겨워하며 오고 있었다. 증산상제가 손가락을 한번 튕기자 그 사람이 지게를 진 채로 벌러덩 넘어졌다. 증산상제는 나락을 대신 져다가 그 사람의 집에 쌓아 주었다.(『도전』 3:160:1-3)

참으로 재미있는 이야기면서도 세상을 살리는 깊은 기국이 담겨있는 일화이다. 나락을 졌던 사람의 체면도 살리고 도움도 주고.

또 증산상제가 밤에 어디를 갔다가 아침이 되서 돌아와 말하였다.

"밤새 나락을 싹 베어서 깔아 놓고 왔다."

이에 호기심 많은 호연이 물었다.

"왜 남의 일을 그렇게 해 줘요?"

증산상제의 대답은 간단명료하였다.

"머슴이 안타깝고 불쌍해서"(『도전』 3:160:6)

간단한 답변에, 호연이 다시 되물었다.

"그런 쓸데없는 것을 뭣하러 해요?"

그러자 증산상제는 이렇게 답하며 말끝을 흐린다.

> "너는 나 몰라. 내 속 몰라. 내가 천지를 주름잡고 다니는 사람인데…."(『도전』 3:160:8)

농가에 고용된 머슴이 치러야 할 고역은 이루 말하기 어려웠다. 농번기에는, 해가 뜨는 시간이 이른 여름철이라 해도, 해뜨기 전인 5시경에 일어나 농사일을 시작한다. 저녁에는 해가 지고 어두워져서 농장의 일 서리가 잘 보이지 않을 때까지 일손을 멈추지 못했다.

참으로 앉을 짬이 없는 머슴 생활이었다. 저녁식사를 마치는 시간이

9시 내지 10시가 되어야 했고, 잠자는 시간이 여름철에는 불과 5시간을 갖기 어려웠다. 사실 머슴들은 잠자는 시간 이외에는 쉴 시간을 거의 갖지 못했다.

밤이라 해서 그들을 잠자게 두지 않고, 비오는 날이라고 해서 그들을 놀게 두지 않았다. 농한기라고 해서 쉬게 해주지 않았다. 저녁식사를 마치고 잠들기 전까지는 다음날의 작업을 준비하고, 비오는 날이면 새끼를 꼬아도 꼬아야만 하였다.

농한기인 겨울철에는 주로 인근도시에 나가 거름[주로 人糞尿]을 수집하거나, 갈퀴를 들고 연료를 수집하러 산에 갔다. 밤이면 새끼 꼬기, 가마니 짜기, 곡식을 보관하는 섬짜기, 쇠신삼기 등을 했다.

더욱이 노동능력이 많은 머슴보다, 노동력이 떨어지는 어린이나 노인 머슴(깔담사리라 한다)이 더 혹사당했다. 그들은 일하는 다른 머슴들의 뒤치닥거리를 하였고, 집안의 잡다한 일은 물론 부엌일까지도 도와야

마님나들이의 가마꾼들(1907)

했다.

그들의 이런 노동은 능력에 비해 가혹한 일이었다. 어린 머슴은 과로와 영양실조로 고통을 겪어 발육상태가 아주 불량하였다. 노인 머슴들은 병원체에 대한 저항력이 떨어져 여러 가지 질병으로 수명이 단축되었다.

노동에 대한 보수였던 새경도 만족할 만한 정도가 아니었다. 새경은 1년 단위로 정하며, 벼나 화폐로 지불된다. 고용살이로 들어갈 때 미리 지불하는 들새경[선새경]과 나갈 때 지불하는 날새경이 있었다. 보통은 농사가 끝나는 가을(10, 11월)에 지불하였다. 선새경은 2할 정도 적게 주었다. 새경 외에 머슴의 의복·담배·신발 등은 주인집에서 지급하였다. 경우에 따라서 머슴이 스스로 부담해야 하는 지역도 있었다.

19세기 말에 접어들면서 대흉작이 빈발하였다. 곤궁한 생활을 벗어나기 위해 머슴살이하는 사람들이 증가하였다. 이런 상황에서, 새경도 별도로 받지 못하고, 단지 주인집으로부터 생계만을 이어나가는 사람들도 많았다.

머슴 생활은 불평과 한으로 가득 채워졌다. 주인집으로부터 인격적인 멸시는 말할 것도 없이, 일년 내내 허리를 펼 수가 없었다. 새경은 물론 식사를 비롯한 간식이나 담배 등에서도 불평이 많았다. 머슴살이를 벗어나는 것, 아니 자식들만이라도 머슴살이를 면하는 것이 가장 큰 소원이었다.

> "뼈가 부러지도록 일을 해도 잔소리를 들으니, 언제 머슴살이 면할고…"
> "부처님께 비옵니다. 부디 머슴살이만을 면해 주십시오."

한 맺힌 소리는 이 땅에 안들리는 곳이 없었다. 그들의 즐거움이란 그저 여가시간이 있으면, 동네의 사랑방에서 머슴끼리 모여 이야기나 도박 등으로 시간을 보내는 것이었다. 아니면, 머슴들의 날인 백중날을 기다려 씨름으로 한을 풀거나, 병신춤을 추면서 주인집 혹은 양반들에 대한 마음속에 품은 한을 풀었다.

증산상제는 1885년, 열다섯의 나이로 그들의 한을 체험하였다.

천지를 주름잡고 다니는 증산상제의 '마음 속'은 과연 무엇일까? 어쨌거나, 머슴을 생각하는 증산상제의 마음은 따뜻하였다.

구릿골 앞 동네에 어려서부터 남의 집 머슴을 사는 노병권이라는 사람이 있었다. 그러다 보니 마흔이 다 되도록 장가를 못 갔다. 허연 머리를 길게 땋고 다녔다. 증산상제는 노병권에게 짝을 지어주고 복을 누리게 해주었다(『도전』 9:96:1)

길을 가다가도 쓰러져 가는 누추한 집을 보면 어김없이 지붕을 이어주고, 벼 베는 머슴들의 수고를 안쓰럽게 여기어 손수 나락을 베어 주었다. 때문에 증산상제가 들어가는 곳에서는 저마다 '횡재 만났다'며 좋아하였다.(『도전』 9:131:1-4)

3. 머슴 산다고 서러워 말고

증산상제는 김형렬의 종 으렁이에게 머슴살이를 서러워하지 말라고 당부하였다. 굳고 진실된 마음을 가지면, 증산상제가 '뒤집는' 이 천지에서 화목하게 함께 살 수 있다고, 용기를 복돋워 주었다.

"하늘 끝간데가 있더냐? 만리타국을 다녀도 하늘은 그 하늘이요 끝간데가 없느니라. 그렇듯이 천지에 내 새끼 네 새끼 없이 다 같이 화목하게 살자고, 내가 천지를 뒤집으려고 지금 이러느니라. 너도 머슴 산다고 서러워 말고 꼭 진심으로만 마음먹으면 이제 괜찮아지느니라."

(『도전』 2:63:2-4)

조선시대에 머슴은 경제적 곤궁에서 발생하였고, 머슴의 수요층은 중농, 부농, 대농이었다. 조선 후기에 들어서면서 대흉작이 빈발하였다. 농민들은 당장의 생계나 부채를 갚기 위해 농토를 팔아버렸다. 이전에 머슴을 부리던 다수의 농민, 특히 중농들이 이제는 빈털털이가 되어버렸다. 자연히 머슴의 수요는 감소되었다.

게다가 지배층의 가렴주구는 농민을 더욱 빈곤상태로 몰아넣었다. 농민의 빈곤이 격화되면서, 머슴의 공급이 증가하였다. 몰락한 농민들 다수가 필연적으로 머슴이 될 수밖에 없었기 때문이다.

소작농에서 전락한 빈민층은 머슴이 되었다. 이는 머슴살이를 더욱 어렵게 하였다. 새경의 결정에서, 고용주는 최저한도의 의식주 정도만 지급할 뿐이었다. 조선말기의 폐정과 대흉작 아래에서는 이러한 경향이 더욱 현저히 드러났다.

조선 말기에는 상민·천민뿐만 아니라 양반도 몰락하여 머슴이 되었다. 매관매직의 성행으로 양반의 위신은 땅에 떨어졌고, 점차 궁핍일로에 들어섰다. 경제력을 상실한 몰락 양반의 집안에서는 머슴을 공급하는 실정에 이르렀다.[219]

---

219) 김병태, "머슴에 관한 연구(1)", 『경제학연구』 4-1, 1956, 47쪽.

양반의 힘의 원천이었던 토지와 관직이 무시되자, 생활고를 겪는 양반 집안에서는 머슴도 마다하지 않았다. 먹고 사는 문제는 체면도 내팽개칠 정도로 심각하였다. 이러한 경향이 해방 후까지 이어졌다.

1894년 갑오개혁도 또 하나의 계기였다. 이전에 몇 차례에 걸친 노비해방에 이어, 갑오개혁은 제도적으로 봉건적인 신분적 종속관계를 완전히 폐지하였다.

이 때 노비전적典籍이 폐기된 노비들 다수가 머슴의 형태로 꼴바꿈을 하였다. 노비들은 비록 해방이 되었지만, 토지의 점유는 물론 소작마저 어려웠기 때문이다. 다시 말해, 노비해방을 계기로 머슴의 공급도 증가하였다.

뿐만 아니라, 조선후기에 상업이 발달하고 대규모 광산과 목장이 들어서면서, 새로운 일자리를 찾아 도망간 노비들도 머슴살이를 하는 경우가 많아졌다. 이러한 사정이 당시의 새경에서도 나타난다.

동학란(수취관계가 완화된 때) 때는 노동력이 풍부한 상머슴에게 들새경으로 1석, 날새경으로 1석, 모두 2석을 주었을 뿐이다. 이런 현상은 머슴의 공급이 수요를 능가함으로써 나타난 실례이다.[220]

19세기 말부터 노비와 머슴이 구분되지 않았다. 하는 일에서도 구분되지 않을뿐더러 사람들도 그들을 뚜렷이 구별하지 않았다. 어떤 경우에는 소작농도 머슴과 구분되지 않을 정도였다.

증산상제가 김형렬 집안의 종인 으렁이게게 '머슴살이'를 말한 것이나, 1907년 순천 농바우의 박장근의 머슴 등도 모두 노비와 머슴이 구분

---

220) 김병태, 앞글, 48쪽.

되지 않았던 예들이다.

충직한 가을의 일꾼, 머슴!

증산상제가 '구도자의 길'을 머슴살이와 연결지어 말한 것은 매우 깊은 뜻이 있지 않을까?

옛적에 어떤 사람이 선술仙術을 배우기 위하여 스승을 찾아 다녔다. 스승을 만났지만, '십 년 동안의 성의를 보이라'는 말에 머슴살이로 진심갈력盡心竭力하여 그 집안의 농사에 힘썼다.

10년이 다 되었다. 주인, 곧 스승은 그 부근에 있는 연못에 데리고 가서 '물 위로 뻗은 버들가지에 올라가서 물로 뛰어내리면 선술을 통하게 되리라'고 하였다.

머슴이 그 말을 믿었다. 나뭇가지에 올라가 물로 뛰어내렸다. 미처 떨어지기 전에 뜻밖에도 오색구름이 모여들고 선악 소리가 들리며, 찬란한 보련寶輦이 나타나서 그 몸을 태우고 천상으로 올라갔다.(『도전』 8:106:1-7)

4. 상머슴, 중머슴, 깔담사리

머슴은 일꾼의 대명사이다. 요즘도 정치판에는 '머슴' 이야기가 빠지지 않는다. 정치인들은 선거철만 되면 '머슴이 되겠다'는 말로 사람들의 마음을 끈다. 머슴은 주인을 위해 봉사하는 일꾼이다. 그 대신 주인으로부터 새경을 받는다.

머슴들도 능력에 따라 여러 종류가 있다.

증산상제는 한반도를 둘러싼 열강들의 역할을 머슴이야기로 정리하
였다.

> "일본은 깔담살이 머슴이요, 미국은 중머슴이요, 중국은
> 상머슴이니라."(『도전』 5:22:8)

1903년, 당시 일본은 청일전쟁(1894)에서 승리하여 패권을 장악하였
다. 일본은 혈기왕성한 기운으로 동양의 먹이감을 서양 제국들에게 빼
앗기지 않기 위해 동분서주하였다.

조선이 그 첫 번째 대상이었다. 이를 위해 일본은 외부적으로 러시아
와 일전을 준비하였고, 내부적으로는 조선의 농업, 재정, 산업 등 전반
을 조사하였다. 조선정부로 하여금 관련제도를 바꾸도록 압박하였
다.[221]

증산상제는 어떤 성도의 물음에, '일본 사람이 녹祿줄을 띠고 왔으니
생계生計의 모든 일에 그들을 본받으면 녹줄이 따라온다'고 알려주었다.
그래서 '일해 주러 온 사람들을 험하게 말하지 말라'고 하였다.

> "일인日人은 일꾼이라. 나의 일을 하나니 큰 머슴이 될
> 것이니라."(『도전』 5:22:6)

---

[221] 예를 들어, 加藤末郎 商務기사는 1902년 관명을 받고 한국을 조사한 후
1904년 『韓國農業論』(東京)을 간행하였다. 여기엔 한국의 화폐, 경지, 교통, 운
수 등 제반 사항들이 조사되어 있다. 일본의 토지정리사업을 주도했던 目賀田
種太郎가 조선의 재정고문관이 되어 화폐정리사업을 한 것이나 조선의 철도부
설, 통신시설 및 금광개발에 관심을 집중한 것 등도 모두 같은 이유이다.

중요한 것은 '머슴은 주인을 위해 일하고 새경을 받는 일꾼'이라는 점이다. 주인은 '나' 증산상제이자 조선이다. 주인은 '나의 일'을 하라고 머슴에게 땅 중에서도 가장 아끼는 혈자리의 땅 한반도에서 일하도록 하였다.

머슴은 분수를 알아야 한다.

머슴은 주인이 아니고 일꾼일 뿐이다. 하물며 부족한 능력에도 불구하고 일자리를 주는 깔담사리는 더욱 그러하다. 그런 머슴이 주인의 땅을 빼앗으려 하면 크게 패망함은 당연지사이다. 새경도 받지 못하고 쫓겨날 수밖에 없다.

일본도 똑같은 과오를 저질렀다.

> "일본 사람은 나한테 품삯도 못 받는 일꾼이니라."(『도전』 5:22:7)

머슴은 받는 새경에 따라 상上머슴과 중中머슴으로 나뉜다. 상머슴은 보통 25~26세 이상 42~43세 미만의 농사경험이 풍부한 장년층이다. 중머슴은 보통 20에서 23, 4세의 청년층과 45, 6세에서 52, 3세의 중, 노년층이었다.

이 외에 깔담사리가 있다. 대개 18~19세 미만의 나이 어린 사람과 55~56세 이상 되는 노년층이었다. 안운산 증산도 종도사는 이들을 '언머슴'이라 하였다.[222]

물론 이것은 엄격한 구분이 아니다. 머슴의 노동력은 마을 사람들에

---

222) 『개벽』 2006. 4, 35쪽

의해 평가되었다. 깔담사리라 해도 그 능력에 따라 중머슴 혹은 상머슴의 대우를 받는 예도 있었다.

머슴들은 주인과 상호 협정에 의하여 새경이 결정되었다. 지방에 따라 차이가 있지만, 상머슴은 들새경과 날새경으로 두 번 나누어 나락[粗穀. 籾] 5~9석石을 받았다. 상머슴과 중머슴 사이에는 2~4석의 차이가 있었다. 깔담사리는 식사와 의류를 제공할 뿐, 그 밖의 보수는 거의 받지 못하였다.

이외에도 반半머슴과 달[月]머슴도 있었다. 반머슴은 일년 고용의 절반을 보수로 받거나, 일정한 농토와 가옥을 대여 받았다. 격일 혹은 격 5일로 자기일과 고용주의 일을 반반씩 해주었다. 농토를 대여 받았을 때에는 실질적으로 주인에게 속박되었다. 달머슴은 계절고용인데, 보통 농번기에 1~2개월 고용되었다.

일본은 '증산상제의 일'을 하는 깔담살이었다.

일꾼은 깔담살이만 있는 것이 아니다. 증산상제가 '천지를 뒤집는' 일을 하는 데는 더 큰 일꾼들이 순차적으로 나온다.

> "깔담살이가 들어가면 중머슴이 나와서 일하고, 중머슴
> 이 들어가면 상머슴이 나오리라."(『도전』 5:22:9)

〈자료 1〉1910년 이후의 머슴살이

1928년, 고판례 수부는 마포麻布로 여름살이 30벌을 지었다. 그리고는 동네 머슴사는 사람들에게 고루 입혀주었다.(『도전』 11:215:4)

1934년, 어떤 사람이 아우를 찾고 있었다. 고판례 수부는 그에게 아우가 충청도 부여 무량사無量寺에서 머슴살이를 한다고 알려주었다.(『도전』 11:381:1)

머슴은 가까운 1970년대 까지만 해도 우리 주변에서 듣고 보았던 존재였다. 설령 본 적이 없다 하더라도, 혼인문제 등 집안간의 문제가 있을 때는 어김없이 등장하던 메뉴였다. 20세기에도 노비가 공식적으로 사라졌지만, 종들과 머슴들이 여전히 주인집의 농사일과 대소사를 챙겼다.

20세기 초반만 해도, 주인집의 가마꾼은 여전히 세전노나 소작인이었다. 교전비轎前婢라는 여종 한 두 명이 가마 옆을 따라갔다. 인력거가 들어오자, 교전비들이 빠른 인력거꾼을 따라가기 위해 숨이 턱에 닿는 중노동을 해야 했다. 그 대가는 밥 얻어먹고 잘해야 월급 2~3원이었다. 1910년대는 나락 한 섬이 대체로 20원 정도였으니, 그리 충분한 돈이 아니었다.

안방마님에게 소속된 종들도 있었다. 하녀들 중 수석은 차집差執이다. 대우는 식사와 월급 15원 정도였다. 또 식모, 찬모, 침모도 있었고 마님신변에서 방소제, 세수, 화장, 자리 챙기는 일을 하는 안잠지기도 있었다. 안잠지기라야 겨우 10원 정도의 월급을 받았다. 행랑아범의 아내 행랑어멈들이 담당하기도 했다.[223]

223) 민족문제연구소, 『한국인의 생활과 풍속』(상), 아세아문화사, 1995, 212-213쪽.

주인에 대한 호칭도 갑오개혁 이전과 동일하였다. 도련님, 서방님, 새서방님, 나으리, 애기씨, 새악시 등이었다. 노비는 연령에 관계없이 낮추어 불렀다.

일제시대에는 농업 경영이 집약화 되면서 경지조차 빌리지 못한 소작농들이 많았다. 이들은 열악한 계약조건을 무릅쓰고 생계를 위해 하루고용[日雇] 형태의 품팔이가 되거나 머슴이 되었다.

1930년의 기록을 보면, 머슴의 노동량이 대략 하루 10시간씩 연평균 225일에 달하였다. 농사일의 특성상 4~6월과 9, 10월의 월별 노동량이 급증했다. 특히 모내기와 보리의 수확, 콩 및 기타 작물을 파종하거나, 양잠 등 각종 농사가 폭주하는 5월에는 노역일수가 많았다.

1930년, 머슴의 수는 53만 7,432명이었다. 고용주는 지주 외에 순수 소작인도 있었다. 머슴의 새경이 낮아, 영농비에 크게 부담을 주지 않았다. 곧 머슴들의 생활이 형편없었음을 뜻한다.

해방 이후에도 머슴이 남아 있었다. 1955년에는 그 수가 30여 만 명에 달했다. 1960년의 경우, 머슴 고용농가가 21만 9,157호로 전체 농가 호수의 10%에 이르렀다. 머슴은 양반 혹은 지주와의 주종관계나 신분적 예속관계에서도 많이 변하였다. 주인과 계약으로 맺어진 주종관계는 민법상의 고용관계 뿐만 아니라, 인습적이고 신분적인 관계도 있었다. 그러나 아직 사회문제가 되지는 않았다.

1956년 조사 발표한 머슴의 노임을 보면, 상머슴, 중머슴, 깔담사리가 각각 123,424환~172,556환, 92,984~121,776환, 45,596~70,836환이었다. 이를 월 평균으로 환산하면 상머슴, 중머슴, 깔담사리가 각각 11,220~15,687환, 8,453~11,070환, 4,323~618환이 된다.

다시 하루 평균으로 환산해 보면, 상머슴이 374~523환(식사비 146환

포함), 중머슴이 282~369환(식사비 146환 포함), 깔담사리가 144~221환
(식사비 129환 포함)이었다.[224]

224) 김병태, "머슴에 관한 연구(1)", 『경제학연구』 4-1, 1956.

제 3 부
절망과 감동의 땅.

제8장. 찢기는 대한의 산하

1. 동양이 서양으로 넘어간다.

2. 찢기는 '대한' 의 산하

1. 동양이 서양으로 넘어간다.

19세기는 제국주의의 시대이다.

제국주의는 총칼로 무장한 강력한 군대를 대동하고, 종교라는 온화한 얼굴로 위장하였다.[225] 조선의 19세기 첫 아침은 이런 서구 제국주의의 얼굴과의 만남으로 시작되었다. 그것도 결코 유쾌하지 않는, 앞으로 조선의 운명을 예고하는 만남이었다.

그 첫 만남이 이른바 이 땅에 들어온 서구의 종교, 천주교도들을 박해한 신유사옥(1801)이다. 이 옥사로 1년 동안 살해당한 교인수가 300명이 넘었다.

조선정부는 천주교도들을 철저히 소탕할 것을 계획하였다. 서·남·동해안에 출몰하는 외국 군함들과 무장한 상선들, 곧 이양선의 침입에 적극적으로 대응하였다.

그럼에도 불구하고, 19세기 초 중엽에 천주교의 침입과 빈번한 이양선의 출현은 노골화되었다. 그들이 조선의 문호개방과 자유통상을 무력으로 요구하면서, 조선사회의 위기의식이 한층 심각해졌다.

이양선이 얼마나 조선정부의 신경을 건드리고 있었는지를 보자. 1801~1860까지『순조실록』『헌종실록』『철종실록』『비변사등록』『승정원일기』『일성록』에 나타난 이양선 침입현황을 정리하였다.

검은 철선에 대포를 장착한 이양선의 모습

---

225) 일찍이 자본주의 단계로 이행한 영국 프랑스 미국 등 서구 제국주의 열강들은 아시아를 저들의 상품시장으로, 원료원천지로 만들기 위해 침략을 강화하였다. 그들은 해외침략에서 종교침투를 앞세웠으며 천주교 선교사와 신자들은 침략의 안내자, 길잡이로 이용되기도 하였다. 중국에 대한 서방의 종교적 침투는 이미 16세기 시작되었지만, 제국주의 침략의 무기로 본격적으로 이용하기 시작한 것은 19세기에 들어와서이다. 영국 프랑스 미국 등 서구세력은 천진조약(1858) 등 예속적인 불평등 조약에 의거하여 선교사들을 대대적으로 들여보냈다. 그래서 구미 선교사들의 중국 진출은 1858년 81명이던 것이 1864년 189명, 1874년 436명으로 늘어났다.

연대	이양선 국가	성격, 출몰지, 행위 등
1801	?	제주도 대정현
1816.7	영국	군함. 황해도 대청군도 측량, 충청도 비인현 등에 침입
1832.6	영국	무장상선. 충청도, 황해도 침입. 무역 요구, 종교서적 배포
1840.12	영국	제주 가파도. 가축 약탈
1845.5-6	영국	군함. 제주, 전라도 해안 측량
1846.6	프랑스	군함. 충청도 홍주 침입. 선교사 처형에 대한 위협과 자유포교 요구
1847.6	프랑스	군함. 전라도 고군산 침입. 선교사 문제 답변 강요
1848.5	?	단천, 북청에 출몰
1848.8	?	영흥 등지에 출몰. *이 해 이양선 출몰은 헤아릴 수 없이 많았음
1849.4	?	북청에 출몰
1850.3	?	강원도 울진현. 주민 살해
1851.4	프랑스	상선. 제주 대정현. 식량 요구
1852.7	프랑스	고군산도 침입
1852.12	미국	포경선. 동래부. 일본인도 함께 타고 옴.
1854.4	러시아	영흥, 덕원에 출몰. 주민 살해
1855	영국	독도 측량
1855	영국	부산
1855	프랑스	동해안 측량
1855.6	미국	포경선. 통천 앞바다 출몰.
1855.6	?	안변에 출몰하여 가축 약탈
1856.7	프랑스	군함. 충청도 홍주 침입. 주민 살해와 가축약탈
1856.7	?	충청도 안흥진 출몰
1859.5	영국	상선. 동래부 침입하여 식료품 등 교역 요구
1859.11	영국	상선. 동래부 신초량에 침입 식량 약탈.
1860.3	영국	상선. 동래부 신초량에 침입 말무역 요구.
1860.4	영국	상선. 전라도 추자도 침입

19세기 중반기를 넘어선 1860~1870년대는 서구 제국주의의 침략의
예봉이 조선으로 집중되었다.

왜 조선인가?

당시 조선은 문을 닫아 건 채, 동북아시아에서 유일하게 제국주의 열강에 의해 분할되지 않은 채 남아 있었다.[226) 중국은 1840년 영국과의 아편전쟁으로 만신창이가 되고, 1844년 7월에는 미국 그리고 같은 해 10월에는 프랑스에 문을 열었다.

물리고 찢기고, 동양이 이리저리 뜯기기 시작한 것이다. 일본도 마찬가지였다. 열강은 물밀 듯이 일본으로 몰려들었고, 일본은 1853년 미국 페리제독의 함포외교에 놀라 굴복하였다.

이제 조선은 동양에서 분열되지 않고 남은 유일한 지역이었다. 약육강식의 법칙으로 무장한 제국주의 열강들이 그런 조선을 가만 둘리 없었다. 조선을 둘러싼 싸움이 본격화되었다. 조선은 풍부한 경제자원 및 군사전략적으로 중요한 지리적 위치에 있었다. 뿐만 아니라, 세계에 금은보화가 많은 나라로 알려졌다.

> "하늘의 정사가 동방에 있다"(『도전』 5:125:4)
> 증산상제의 말씀이다. 증산상제는 "어디를 가실 때는 항상 머리를 동쪽으로 먼저 두르시고, 동쪽으로 한 발을 먼저 내딛으신 뒤에야 비로소 다른 곳으로 향하였다."
> (『도전』 5:420:1)

---

226) 19세기 서구열강의 침탈 목적은 통상조약을 강요하여 자본주의의 상품시장, 원료원천지를 마련하는 것이었다. 소위 식민지 정책이다. 이로 말미암아 19세기 중엽에 이르면 이미 북미주의 북부와 남부, 남미주와 대양주, 아프리카 대륙의 대부분 그리고 동남아시아 대부분의 나라들이 식민지 혹은 반식민지로 되어 버렸다. 남은 지역은 아프리카 일부 지역과 아시아 동북부였다. 조선과 일본 그리고 중국이었고, 거기서도 마지막은 조선이었다.

영국의 시인 러드야드 키플링도 노래하였다.

"오, 동양은 동양, 그리고 서양은 서양이니 땅과 하늘이 신의 위대한 심판대에 서게 될 때까지 두 세계는 결코 만날 수 없을 것이다."[227]

아널드 토인비에 따르면, 서양과 동양의 조우는 우리시대의 가장 의미심장한 세계사적 사건 가운데 하나였다. 부끄럽게도 그 첫 대면에서 서구는 "총과 성경책으로 무장하여" 아시아에 접근하였다.

증산상제가 이 땅에 강세한 1871년도 예외가 아니었다. 이 해 4월, 미국함대가 강화도를 점령하고 한강을 가로막았다.[228] 이른바 신미양요이다.

느닷없이 들어오는 서구와의 접촉은 백성들에게 커다란 위협이었다. 농산물 가격이 폭등하고 민심이 흉흉하였다. 두려움에 움추린 백성들의 곡성과 원성이 하늘을 찌르고 있었다. 그럼에도 이 나라 위정자들은 한심하기 짝이 없었다.

이 해 말에 태어난 민중전의 아기는 '쇄항鎖肛'이라는 희귀 선천성 병으로 사흘 만에 불귀의 객이 되었다.

---

227) J.J.클라크, 『동양은 어떻게 서양을 계몽했는가』, 장세룡 역, 우물이 있는 집, 2004, 11쪽. 서구의 동양관의 일단을 보면 다음과 같다. "동양은 영감의 원천이자 고대 지혜의 샘이며 문화적으로 훨씬 우월하고 풍요로운 문명이었고, 동양은 서양이 근대화의 충격으로 잠에서 깨어날 때까지 정체된 과거 속에 오랫동안 봉쇄되어 왔던 희미한 위협이었고 꿰뚫어 볼 수 없는 낯선 지역이었다. 그곳은 온갖 상상과 과장을 불러일으키는 장소였다. 볼테르에 따르면 동양은 '서양의 모든 것이 기인하는' 문명이었다."
228) 당시 위정자들이 얼마나 외국에 대해 무지했는가를 보자. 1871년 4월 21일, 국왕의 물음에 대한 영의정 김병학의 대답이다. "미국은 작은 부락으로 華盛頓(조지 워싱턴)이라는 사람이 성을 쌓아 개척한 바다의 오랑캐 무리입니다."

226 격동의시대_ 19세기 조선의 생활모습

왕비는 국사당에 굿을 부탁하고 지리산 금강산 일만 이천 봉에 큰돈을 시주하여 승려들로 하여금 명복을 빌도록 하였다. 그동안 잔인하게 처형한 천주교인들의 원령 때문이었을까?

1870년대 이후의 조선 상황은 더욱 복잡하였다. 대원군이 각지에 척화비를 세우고 쇄국양이鎖國攘夷 정책을 더욱 강화했다. 개항의 압력은 예상치도 못한 일본으로부터 왔다. 일본이 동양의 유일한 제국주의 국가로 성장하면서 서구 열강과 더불어 조선사회의 모든 문제에 개입하였기 때문이다. 조선의 앞날에 암운이 드리운 것이다.

지난 임진란 이후, 일본이라면 이가 갈리고 갈아먹어도 시원찮을 존재였다. 동학의 최수운이 '개같은 왜적놈' 운운도 이러한 백성들의 감정을 대변하였다. 이러한 일본이 1875년 9월 운양호 사건을 일으켜 불평등한 강화도 조약을 맺고 억지로 조선의 문을 열었다.

물론 일본의 군사행동은 영국과 미국의 지지를 받았다. 이후 일본, 미국, 영국, 프랑스, 러시아 등 제국주의 열강들의 발걸음은 들락날락하면서 이 땅 곳곳을 짓밟고 다녔다.

2. 찢기는 '대한' 의 산하

천주교 선교사에 이어, 1885년에는 개신교 선교사도 들어왔다. 조선에는 기독교의 모든 세력들이 몰려들었다. 더불어, 이들을 앞세운 서구 제국주의 세력들이 이권利權을 위해 앞다투어 한반도로 몰려들었다.

한반도는 '세계 열강들의 올스타전' 의 최후 무대가 되고 있었다. 일본은 점점 더 조선의 정치경제에 깊숙이 개입하였다. 아니 개입한 정도가 아니고, 자기 집 안방마냥 드나들며 침략의 본성을 드러내었다.

　일본이 1876년 강제로 조선의 문을 연 후, 매년 수백만석의 쌀을 쓸어
가는 바람에 쌀은 부족하고 쌀값은 폭등하였다. 해마다 조선농가의 보
릿고개는 극심했다.
　늙은 호랑이 중국(청)도 마지막 기력을 쏟으며 기득이권을 놓지 않
으려 했다. 이런 가운데 조선 백성의 최후의 몸부림이 1894년 동학혁명
으로 나타났다.

　조선의 백성들은 흉년에, 괴질에, 치솟는 물가, 그리고 전쟁, 이제는
서구 제국주의 열강의 이권 침탈까지 본격적으로 시작되었으니 하루인
들 편할 날이 없었다. 영국, 프랑스, 일본, 미국인 회사들이 앞을 다투어
철도부설, 채광권 등 조선의 자원을 약탈하였다.
　1894년 동학혁명 이후는 제국주의 세력들에 의한, 말 그대로 '브레이
크 없는 약탈'로 혈안이 된 시대였다. 유통분야, 광산 산림의 자원분야,
해운 철도 전차 전기 전
신과 같은 교통 통신 등
모든 분야에서 '대한'
의 산야는 찢겨 나갔다.
　심지어 바다까지 강
탈당하였다. 1894년 당
시 부산세관에 면허받
은 일본어선수는 1,677
척이고 경상도와 전라

1900년 제물포항의 모습

도 해역에서 조업하는 일본어부들이 만여 명이었다. 거제도나 추자도 등 남·서해안에는 당시 표현을 빌면 '마치 일본 어촌 같은 풍경'이었다.

일본은 최신 어구와 어선으로 고기떼를 싹쓸이했다.

"일본어부들은 이리떼 같고, 조선어부들은 새끼 양 같았다."

당시 조선 어부들의 이야기이다.

1896년에서 1901년 사이에 제국주의 열강들이 강탈한 이권을 보자.

일본 제국주의 : 서울~부산 철도부설권(1898).

　　　　　충북 직산금광 채굴권(1900.8).

　　　　　경기도 연해 어업권(1900).

　　　　　인삼에 대한 독점 수출권(1901)

　　　　　충청도·황해도·평안도 연해 어업권(1904)

미국 : 서울~인천 철도부설권

　　　(1896년 3월 이후 일본에게 이권 팔아넘김).

　　　평북 운산금광 채굴권(1896.4).

1895년 운산금광(좌)과 1900년 경인철도 개통식 광경(우)

서울 전차, 전등 및 수도경영권(1898.2)

서울~개성 철도부설권(1899.9)

러시아 : 함북 경원(새별) 및 종성 금광채굴권(1896.4).

함북 경성 석탄채굴권(1896.7).

두만강, 압록강 상류지역 및

울릉도 산림 채벌권(1896.9).

해관관리권(1897.10).

한로은행 설치권(1898.2). 동해안 포경권(1899.3)

영국 : 해관관리권(1896.4. 1897년 10월 러시아에 빼앗김).

평남 은산금광 채굴권(1898.9)

프랑스 : 서울~의주 철도부설권

(1896년 7월 이후 일본에 이권 넘김).

평북 창성금광 채굴권(1901.6)

독일 : 강원도 금성금광채굴권(1897.4)

예를 들어, 조선에서 당시 최대의 '노다지' 금광으로 알려진 운산금광을 보자.

1902년, 미국은 운산금광에서 당시 값으로 125만 5,700원에 해당하는 251관(941Kg)의 금을 채광하여 일본에 팔아먹었다. 이후도 해마다 200~500만원어치 금을 파내었다.

1906년 이후에도 조선의 주요 광산들은 열강들에 계속 빼앗겼다. 광산소유권은 1906년 조선인 1광구, 일본인 16광구, 그 외 나라가 4광구였다. 1909년이 되면, 조선인 109광구 일본인이 297광구, 그 외 열강이 27광구가 되었다.[229] 이렇게 이권이 빼앗김으로써, 조선은 세계 제국주의 열강의 원료 원천지, 자본 수출지로 바뀌었다. 당연히 조선의 사회경제는 급속한 파탄의 길을 걸었다.

1897년, 고종 황제가 국명으로 정한 '대한'의 성스러운 땅은 이제 갈기갈기 걸레처럼 찢겨 나갔다. 어찌 통탄하지 않을 수 있으리오!

증산상제는 이런 절박한 조선의 운명을 몸부림치며 외쳤다.

> "너희들 이것 봐라. 동양이 서양으로 넘어간다. 아이고~ 아이고~ 목구녕까지 다 넘어갔다. 저 목구녕에 다 넘어가!"(『도전』 3:300:4)
> "이제 동양이 서양으로 떠 넘어가는데 공부하는 자들 중에 이 일을 바로잡으려는 자가 없으니 어찌 한심치 않으리오."(『도전』 2:120:5)

그리고는 위기의 조선을 구하고, 세계의 대세를 당신의 뜻대로 돌려놓았다.

> "이제 동양의 형세가 누란累卵과 같이 위급하므로 내가 붙들지 않으면 영원히 서양으로 넘어가게 되리라."(『도전』 5:4:6)
> "이제 만일 서양 사람의 세력을 물리치지 않으면 동양은 영원히 서양에 짓밟히게 되리라."(『도전』 5:50:4)

---

229) 조선총독부, 『조선산업지』(상), 보문관, 1910, 921쪽.

〈자료 1〉 지도로 본 열강의 조선침탈

◇ 사금채굴권
● 일본인 거류지
↑ 삼림 벌채권
■ 금광 채굴권
▬ 광산 채굴권
╍ 철도 부설권

경원
중성
1896 (러)
경성 1896 (러)
1896 두만강
산림 벌채권(러)
갑산 1896(미)
성진
1896 압록강 산림 벌채권(러)
강계
이원
북청
운산 1896(미)
신의주
영변
안주
함흥
용암포
1896(프)→1904(일)
경의선부설권
은산 1900(영)
평양
원산
1896(미)→1897(일)
경의선부설권
수안
1905(영)
1904 경원선 부설권(일)
1897(독)
1896 울릉도
산림 벌채권(러)
남포
금성
강릉 1870(미)
1897(일) 송화 해주
개성
한성 1896 전등 · 전화 · 전차부설권(미)
제물포
수원
진위 직산 충주
1900(영)
1898 경부선 부설권(일)
공주
대전
홍산
대구 경주
군산
전주
창원
1904 마산선 부설권(일)
광주
진주 마산 부산
1900 밤구미 조차 사건(러)
목포
1896 고하도
매수사건(러)
1885 거문도
점령사건(영)

제 9 장. 돈은 순환지리로 쓰는 것

1. 돈은 순환지리로 생겨 쓰는 것이요.

오늘날은 신자유주의 경제가 세계를 지배한다. 신자유주의 경제에서 가장 큰 힘은 생산도 소비도 아닌 국제통화의 흐름, 곧 돈줄을 장악하는 능력이다. 사람들이 모여 살고 필요한 물건을 사거나 교환하면서 돈이 생겨났지만, 오늘날처럼 위력을 갖지는 않았다.

돈이 체계적인 계산수단이 되고 인생의 목표처럼 되어 버린 것은 바로 자본주의라는 시장경제 때문이다.

자본주의는 신자유주의 경제를 가능케 한 근대의 산물이다. 돈은 그런 자본주의 사회의 주요 상징물이며, 근대의 사회관계를 결정짓는 주요 매개물이었다.

돈에 대해 증산상제는 단순명쾌하게 그 성격과 의표를 찔러 말씀하셨다.

"돈 전錢 자에는 쇠끝 창이 두 개니라. 돈이란 것은 순환
지리循環之理로 생겨 쓰는 것이요."(『도전』 9:19:5-6).

돈은 순환지리로 돌려쓴다. 돌고 돌아서 돈이라 했던가.

세익스피어가 말했듯이, 돈은 창녀를 귀부인으로 만들고 노파를 젊은 여자로 만드는 힘을 가졌다. 경우에 따라선, 귀신도 부리고 죽은 사람도 살린다. 자본주의 사회에서는 더욱 그렇다. 돈은 모든 일을 이루는데 필요한 것이다.

증산상제도 "무물無物이면 불성不成"이라 하였다(『도전』 8:39:1). 일을 이루기 위해선 돈을 쓰는 것이 중요하다.

그렇다고 무작정 돈을 뿌린다고 되는 게 아니다. '돈에는 쇠끝 창이 두개니라.' 돈은 쓰기에 따라 사람을 살리기도 하지만, 사람을 아프게 하고 사회를 병들게 할 수 있다. 돈은 활기 있게 써야 한다.

"돈을 활기 있게 쓰면 천지 천황에서 생기는 복이 있나
니 그 돈이 미처 떨어지기도 전에 자연히 도로 생겨 주
머니로 들어가나 속이 좁은 놈은 돈을 주머니에 넣어 두
고도 '지금 이 돈을 다 쓰면 나중에 어디서 나리.' 하고
뒷셈하다가 꼭 쓸 곳에 못쓰나니 돈줄이 안도느니라. 고
기도 먹어본 놈이 먹고 돈도 써본 놈이 쓰느니라."(『도
전』8:40:1-5)

한걸음 더 나아가, 돈 씀씀이를 보면 그 사람을 알 수 있다.

> "마음을 알아보려면 돈을 불러 보아야 하느니라. 주머니
> 에 한 냥이 있든지 닷 돈이 있든지 서 돈이 있든지 어디
> 를 가다가 맛 좋은 음식을 보고 사 먹지 않고 집에 가 살
> 일만 생각하는 자는 천하사를 못 하느니라."(『도전』
> 8:39:2-4)

그래서 돈은 쓰는 방법이 중요하다. 돈을 쓰는 데는 겸손해야 한다.
사람을 살리는 마음으로 써야 한다.

19세기 조선은 돈의 위력이 서서히 나타난 시기이다. 소위 상품화폐
경제가 발전하고 자본주의 경제가 서서히 자리를 잡기 시작한 때이다.
당연히 돈도 활기를 띠고 사용되기 시작하였다.

우리나라 돈의 역사를 확인하는 작업이 무슨 필요가 있을까마는 말이
나온 김에 다음 표를 통해 소략히 보고 넘어가자.[230]

시기	연대	내용
고대	기원전 957년	자모전子母錢 사용설 : 기자조선 흥평왕
	169년	동전銅錢 주조설 : 마한 안왕 21년
고려	996년(성종15)	건원중보 배 동국전[乾元重寶 背 東國錢] 주조
	1097년(숙종2)	최초의 조폐기관인 주전관鑄錢官 설치
	1101년(숙종6)	은병銀瓶 주조
	1102년(숙종7)	해동통보海東通寶 주조
	1287년(충렬왕13)	칭량화폐인 쇄은碎銀 주조
	1331년(충혜왕1)	소은병小銀瓶 주조

---

230) 한국은행, 『대한민국 화폐연대표』, 2001 ; 한국은행, 『한 눈으로 보는 우리
의 화폐, 세계의 화폐』, 2001 를 참조.

시기	연대	내용
조선	1402년(태종2)	최초의 지폐 저화楮貨 발행
	1423년(세종5)	조선통보朝鮮通寶 주조
	1464년(세조9)	전폐箭幣 주조(화살촉 모양의 화폐)
	1678년(숙종4)	상평통보常平通寶 주조
	1866년(고종3)	당백전當百錢 주조
	1882년(고종19)	대동은전大東銀錢 3종 주조
	1883년(고종20)	당오전當五錢 주조
	1887년(고종24)	상설 조폐기관인 경성전환국京城典圜局 설치
	1888년(고종25)	경성전환국에서 1元 銀貨, 十文, 五文 赤銅貨 발행
	1892년(고종29)	인천전환국 설치
	1894년(고종31)	'신식화폐발행장정' 공포하고 은본위제 채택
대한제국	1897년(광무1)	은銀자 각인 일본 일엔[圓] 은화의 국내 유통
	1900년(광무4)	용산전환국 설치
	1901년(광무5)	'화폐조례' 공포하고 금본위제 채택
	1902년(광무6)	일본제일은행의 제일은행권 3종(일원, 오원, 십원) 발행1904년
	1904년(광무8)	용산전환국 폐지, 모든 조폐시설 오사카조폐국으로 이전1905년
	1905년(광무9)	'화폐조례' 실시에 관한 칙령 공포, 금본위제 실시
	1909년(융희2)	최초의 중앙은행인 (구)한국은행 설립

〈비고 : 『문헌비고』 등 자료에 따라서 연대가 다소 상이하다.〉

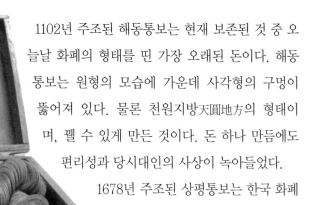

1102년 주조된 해동통보는 현재 보존된 것 중 오늘날 화폐의 형태를 띤 가장 오래된 돈이다. 해동통보는 원형의 모습에 가운데 사각형의 구멍이 뚫어져 있다. 물론 천원지방天圓地方의 형태이며, 꿸 수 있게 만든 것이다. 돈 하나 만듦에도 편리성과 당시대인의 사상이 녹아들었다.

1678년 주조된 상평통보는 한국 화폐 역사의 전환점이 되었다. 화폐가 쌀과 옷감이 해왔던 기능을 되찾았다.

이 돈은 화폐의 명칭에서도 성공하여, 이후의 주화는 모두 상평통보로 불리었다. 특히 엽전이라고도 불리었다.

고종 때 당백전과 당오전이 발행되었다. 화폐의 액면 가치를 100배와 5배로 불려 통용시키려 하였으나 실패하였다. 유통에서 당오전과 보통의 엽전은 거의 1대 1로 사용되었다.

조선조 말에는 상당량의 백동화가 주조되었다. 개인들도 사적으로 백동화를 주조하면서 인플레이션이 일어났다. 신용은 떨어지고 물가는 치솟았다. 백동화의 가치는 액면가치의 반으로 줄어들었다. 화폐발행은 시작부터 그 대가를 톡톡히 치르고 있었던 것이다.

1894년 갑오개혁 때는 「신식화폐 발행장정」이 의결되었다. 이로써 우리나라에서도 근대 은본위 화폐제도가 시행되었다. 전문 7개조로 된 「장정」에서, 본위 화폐는 5냥 은화이고 보조 화폐로서 1냥 은화(엽전 100문), 2전 5푼 백동화(엽전 25문), 5푼 적동화(엽전 5문)와 1푼 황동화(엽전 1문) 등이 사용되었다. 이때 기본적인 화폐 단위는 냥이었고 1냥=10전=100문의 화폐 산식이 적용되었다.[231]

일본이 조선을 침략할 무렵에는 엽전과 백동화가 유통되었다. 백동화는 주로 북서부에서 사용되었고, 엽전은 남부와 북동부에서 유통되었

231) 화폐의 단위로는 냥兩·전錢·푼分이 사용되었으며, 당시 엽전이라 칭했던 상평통보 1문[文. 개]이 1푼이었다. 냥·전·푼은 원래 돈 무게의 단위를 뜻한다. 1푼은 주조에 사용된 구리[銅] 1푼의 중량이다. 냥은 37.5g, 전(돈)은 3.75g, 푼은 0.375g이다. 상평통보 1문의 무게는 원래 2전 5푼이었으나, 화폐 원료 공급난 등의 이유로 1전 7푼으로, 다시 1전 2푼으로 줄어들었다.

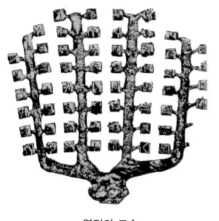

엽전의 모습

다. 멕시코 은화와 일본의 은화 등 외국화폐도 들어왔다.

그러다가 1905년, 통화개혁이 단행되었다. 이 개혁으로 일본제일은행권이 한국에서의 화폐가 되었다. 백동화와 엽전의 유통이 금지되었다.

1909년, 한국은행이 설립되었다. 물론 이 모든 것은 일본이 의도를 갖고 벌인 일이었다.

'만물대선록萬物大善祿'이라.(『도전』9:10:5)

큰 선善을 쌓으면 천지의 커다란 녹이 붙게 된다. 돈줄을 장악하는 힘은 사람을 해치는 이기적 능력에 있는 것이 아니라 사람을 살리는 선에 있다.

복은 스스로 만드는 것이고, 돈을 활기 있게 쓰려는 진취적 기상이 있을 때 녹이 내 몸에 붙게 됨을 명심해야 한다. 증산상제도 종종 돈을 갖고 주막에 가 길 가는 사람들에게 술을 받아 주곤 하였다.

2. 백년동안 탐해 온 물건, 하루아침 티끌이라

'百年貪物이 一朝塵이라!'.
백년동안 탐해 온 물건, 하루아침 티끌이라!

모든 게 허무하다. 악착같이 돈을 벌고 써도, 돈으로 쌓아올린 사회는 아무리 좋다 해도 모래성이 무너지듯 하루아침에 티끌처럼 사라진다. 결

해동통보
1102년(숙종7년) 최초 주조

쇄은
1287년(충렬왕 13년)
최초 주조

전폐(모조품)

조선통보
1423년(세종5년) 최초 주조

상평통보 단자전
1678년(숙종4년) 최초 주조

당오전
1883년(고종20년) 최초 주조

당백전
1866년(고종3년) 최초 주조

코 오래 가지 않는다는 뜻이다.

자본주의 사회의 운명이 내밀하게 담겨있는 구절이다. 돈은 일을 이루는 '더러운' 수단일 뿐이다. 우리는 돈이 목적이 되고 중시되는 사회를 바라지 않는다.

> "돈이 더러운 것이다. 뭇 사람들의 손에 뒹굴고 사방 천지 놈들이 다 주무르고 난 것이니, 돈같이 더러운 것이 없느니라."(『도전』 9:138:3-4)

성도들은 증산상제께 돈을 드릴 때마다 깨끗이 물에 씻어서 드렸다. 증산상제 역시 '돈은 구하여 쓸 것이 못된다'고 하였다. 그래서 끊임없이 경고하였다.

> "돈 많다고 뽐내지 말라. … 돈 욕심 내지 말아라. 가난한 사람이 나의 제자니라."(『도전』 8:81:1-5)

돈이 소중한 건 그 돈이 지닌 가치에 있다. 요즘 유통되는 돈은 한 장의 종이나 쇠 조각에 불과하지만, 거기엔 자본주의 논리가 담겨있고 경제운용 논리가 담겨있다. 돈은 녹줄의 대명사이다. 우리의 먹고사는 문제가 일차적으로 돈에 달렸음을 뜻한다.

이러한 돈이 액면 가치가 올곧게 인정받게 된 것은 그리 오래되지 않았다. 조선시대, 돈이란 것이 본격적으로 만들어지고 난 후에도, 이 돈이 제 액면 가치를 발휘하면서 널리 쓰였던 흔적을 찾기란 쉽지 않다.

우리는 돈이 갖는 위력은 잘 알았다. 최근 「형사」나 「다모」처럼 조선조 후기를 다룬 영화나 드라마를 보면, 화폐주조 위조범들이 나온다. 개인적으로 화폐 주조틀을 만들거나 훔쳐 대량의 위조화폐를 발행하여 사회를 교란시켰다. 물품화폐 시대에서 화폐주조시대로 오면서 볼 수 있는 돈의 위조 현상이다.

상품화폐경제가 발전한 19세기 초·중엽에는 화폐에 대한 사회적 수요가 급증하였다. 도시에서 채소 땔나무 잡다한 일상 생활품목들까지 모두 돈을 주고 사야하는 형편이었다. 품삯도 화폐로 계산되었다. 금속화폐에 대한 사회적 수요가 부쩍 늘었다.

그래서 화폐의 주조 및 유통이 증가하였다. 새로운 사회경제적 변화에 따라 상품생산도 늘어났고 금속화폐, 곧 엽전의 유통량이 급격히 늘어났다. 유통범위도 더욱 넓어졌다.

19세기 초부터 1860년대까지 조선정부가 공식적으로 만들어낸 엽전은 적어도 수백만량에 달하였다. 여기에 개인이 만들어낸 엽전까지 합치면 막대한 량에 이르렀다.

이 시기 활동한 김삿갓(1807~1863)의 작품 중에도 '돈'에 대한 내용이 있다. 돈은 "나라를 일으키고 집을 일으키는 세력"을 가지고 있을

구한말 전주시장의 모습

뿐만 아니라, 산 사람을 죽이고 죽은 사람을 능히 살리며, 바보라도 이것만 가지고 있으면 이름을 떨친다고 노래하였다.

그러면 당시 사용되었던 돈의 실제 가치를 알아보자.

물론 당시 돈의 정확한 사용 가치를 확인하는 작업은 쉽지 않다. 작다면 작은 한반도이지만 조선 전역에서 동시에 쓰이지도 않았고, 때와 장소에 따라 큰 차이를 보이며 사용되었기 때문이다.

KBS의 「이야기 속으로」란 프로그램을 보면, 정조시대 500냥이 현재 2,000만원 정도라고 추계한 적이 있다. 정조시대면 19세기 직전 (1777~1800) 시기이다. 어떻게 계산한 것인지는 모르지만, 1냥이 현재 4만원의 가치를 지닌 셈이다.

그보다 좀 앞 시기이지만 『승총명록』[232]을 보면, "평년에는 미가가 한 냥[一兩] 약 5두斗"(1727.8.6)이며, 풍년에는 한 냥에 6두, 흉년에는 한 냥에 약 4두 정도라 하였다. 그리고 "역병과 가뭄, 병충해까지 겹쳐 미가는 한 냥에 약 1.8두였다"(1732.4.11)고 한다. 농사의 작황에 따라 미가가 큰 차이를 보였다.

쌀 1두(말)가 대략 20kg이고,[233] 요즘 대략 4~5만원으로 잡으면 평

---

232) 『勝聰明錄』(월봉 구상덕. 1706-1761. 한국정신문화연구원, '한국학자료총서 7')은 37년간(1725-1761)의 생활일기로, 물가의 변동을 가장 규칙적이고 빈번하게 기록하고 있다.

233) 쌀의 단위는 '섬'[石], '말'[斗], '되'[升]이 있다. 1섬은 벼 2가마니 분량이다. 1섬=10말=100되이다. 안 찧은 벼 1 섬은 200kg, 찧은 쌀 1 섬은 144kg이다. 10섬은 1.44t이며, 1 말=10 되=20kg이다. 쌀 1 포대가 20kg이며, 1되는 2kg이다. 원래 섬·말·되는 부피(용량)의 단위이다. 1섬은 180.39l, 1말은 18.039l, 1되는 1.8039l이다.

년 1냥이 약 20~25만원 정도이다. 18세기 전반기에 1냥이 20만원에서 후반기에 5만원으로 변한 것을 보면, 돈의 사용가치가 급격히 하락하였거나 계산이 잘못 되었거나 아니면 다른 사정이 있을 것이다.

쌀값의 절대적 비교보다는 시대별 변화를 통해 상대적 추이를 살펴볼 수도 있다.

『승총명록』 등의 자료를 사용하여 18세기에서 19세기 중반까지 물가의 장기(1725~1875) 추세를 분석한 글을 보자.[234] 18세기 미가米價가 약 1냥 3전 2푼 대에서 출발하여, 1799년에 약 2냥 5전 2푼의 수준에 이르렀다. 약 90% 정도가 상승하였다.

19세기는 1800년에 약 2냥 대에서 1870년대에 약 5냥대로 상승하였다. 가파른 상승을 보였다. 특히 1850년대부터 '가파른 상승'을 보여준다.

1840년, 흉년소식을 접한 대왕대비가 물었다.

> "올봄의 보리농사는 과연 어떠하다 하며, 충재蟲災가 있다고 들었는데 과연 그러한가? 관서關西의 쌀값이 1석石에 50냥兩이 이르도록 많다 하는데, 과연 그러한가?"

예나 지금이나 신하들은 서둘러 부인한다.

> "접때 과연 그런 말이 있었으니 그러한 것은 6, 7일 뿐이었습니다. 근일에 들은 바는 27냥이라 하는데, 27냥도 전에 없던 일입니다."[235]

---

234) 한국고문서학회, 『조선시대 생활사 2』, 역사비평사, 2000, 234-239쪽.

대왕대비가 들은 쌀값에 비해 절반 정도로 낮추어 보고하였다. 흉년과 함께, 쌀값이 상승한 이유가 충분히 있었다. 이 기간 중에는 크고 작은 사회적 혼란들이 많았다. 1833~34년 서울에서 일어난 쌀 폭동이나 1862년 진주민란으로 시작된 삼남지방의 민란들이 그 대표적인 예였다.

사회가 혼란한 만큼 물가도 치솟아 경제불안과 사회위기가 이어졌다. 이렇게 진행된 19세기의 화폐가치는 불안 그 자체였다. 화폐의 사용가치는 날이 갈수록 추락하였다.

19세기 말인 1890년대의 돈 가치를 살펴보자.

1891년 서울의 생활상을 생생하게 보여주는 일기가 있다. 『하재일기』이다.[236] 여기에는 당시 장국밥이 5~6전, 쌀 한 섬이 215냥, 냉면이 1냥이다.

동전 한 닢이 1푼이고, 그 10배가 1전, 1전의 10배가 1냥이다. 요즘 장국밥이 대략 4천 원 가량 하니, 1 냥은 요즘 시세로 대략 8천 원 쯤 되는 셈이다. 쌀 1 섬은 172만원 정도이고, 쌀 1말(20kg)은 23만원 정도이다. 요즘 시세에 비해 5배 이상 높은 가격이다.[237]

---

235) "今春麥農果何如云, 而聞有蟲災, 果然否? 聞關西米價一石, 多至五十兩云, 果然否? 向果有是說, 而如是者六七日而已. 近日所聞則爲二十七兩云, 二十七兩, 亦是曾所未有之事矣"(『헌종실록』 1840년 4월 20일)

236) 『荷齋日記』(서울시사편찬위 간)는 궁궐 등이 요구한 그릇을 만들던 공인貢人 지池씨가 1891-1911년의 일들을 꼼꼼히 기록한 책이다. 그중 1891년 편이 번역되었다.

237) 이러한 화폐가치를 그대로 신뢰할 수만은 없다. 박기주 낙성대경제연구소 연구위원은 "경북 경주의 서원 기록 등에 따르면 1890년대 쌀 한 섬은 6냥, 닭 한 마리는 1냥이 채 안 됐는데, 『하재일기』에는 이보다 각각 35배, 4배 가까이 높게 기록돼 있다"고 하였다.

1892년, 또 다시 흉년이 찾아왔다. 설상가상으로 정부는 악화[238]를 발행했고, 양식을 비롯한 생활필수품 가격이 폭등하였다. 도시와 농촌의 빈민들은 생존위기에 직면하였다. 그런 가운데도 많은 사람들이 토지매입에 나섰고, 토지가격은 급상승하였다.

전라도 나주지방의 경우, 1876년에 3,700냥짜리 토지가 1893년에는 1만 8천 냥으로 치솟았다. 물론 그 사이 극심한 인플레이션과 물가상승이 있었겠지만, 대폭적으로 가격이 상승했음도 분명하다.[239] 이런 상태로 조선사회는 새로운 20세기를 맞

1891년 한양물가 (환산가격, 원)

도미 10마리	51냥 40만 8000
술값(탁주 한두 잔 걸치는 것으로 추정)	4~5전 3200~4000
냉면	1냥 8000
장국밥	5~6전 4000~4800
부조	10냥 8만
가마꾼 (요즘의 콜택시)	2냥4전~9냥 1만9200~7만2000
두루마기 세탁 다듬이질	6냥 4만8000
쌀 한 섬(180kg) 172만 80kg한가마로 치면 76만4000	215냥
밭을 간 품삯	2냥 1만6000
이자	월 3푼 선이자 연리36%에 해당
관상보는 것	5냥 4만

＊환산가격은 5전짜리 장국밥을 4000원으로 환산해서 계산한 것

238) 조선왕조는 1860년대에 악화惡貨 당백전을 남발하여 전근대적 화폐제도인 상평통보 유통체제를 혼란시켰고, 뒤이어 1880년대 후반부터는 역시 악화인 싸구려 중국 동전[淸錢]과 당오전을 주조 유통시킴으로써 화폐유통질서의 혼란상은 심각한 상태에 이른다.

239) 한국근현대사연구회, 『한국근대사 강의』, 한울, 1997, 134, 142-143쪽. 그리고 이 때는 조선왕조 건국된지 500년이 되는 해였다. 간지로는 임진년으로 임진왜란과 연결되면서 이씨가 멸망하고 전란이 발생한다는 참언으로 민심이 흉흉했고, 미국공사 허드A. Heard이 지적처럼 기도가만 비오면 혁명이 발발할 수 있는 심각한 위기상황이었다.

았다.

상평통보는 그동안 조선화폐 체계에서 중심적인 자리를 차지하여 왔다. 각종 근대화폐가 발행되어도, 상평통보는 함께 사용되었다. 그러나 1894년에 상평통보의 주조발행사업이 중단되었다. 20세기 초부터는 화폐정리사업이 추진되기 시작하고 상평통보도 회수, 폐기되었다.

이러한 혼돈과정에서, 당시 이방인의 눈에 비친 조선의 화폐유통은 혼란 그 자체였다. 헐버트도 "조선에서는 이 때보다 더 심각한 화폐위기를 겪은 적이 없다"고 생각할 정도였으니 말이다.[240]

이러한 화폐제도의 혼란은 20세기 초두에도 여전하였다.

1908년 당시의 화폐유통과 관련된 증산상제의 말씀을 보자.

이 때 당국에서는 엽전을 모아 없애려 하자, 증산상제가 엽전 일흔 냥을 약방에 간수해 두며 말하였다.

> "아직 다 없애는 것은 옳지 않다. … 엽전과 되말[카斗]
> 은 원평이 근본이니 오래도록 쓰게 하리라."(『도전』
> 5:265:2,7)

그 뒤에 전국에서 엽전이 쓰이지 않게 되었으나, 원평 부근에서만은 수십 년이 지난 경오, 신미년까지 사용되었다. 경오년과 신미년이면 1930년과 1931년이다. 이 때는 1909년 설립된 (구)한국은행이 1911년 조선은행으로 바뀌고, 비록 일제의 영향아래이지만 화폐통화제도가 어느 정도 안정된 시기였다.

---

240) H.B.헐버트, 『대한제국 멸망사』, 신복룡 역, 집문당, 1999, 212쪽.

3. 돈 천 냥을 열 사람이 나누어지고

엽전은 부피가 크고 무거워 운반에도 불편하였다. 19세기 중엽 당시 엽전 1개의 가치는 1문, 엽전 100문(개)이 1량, 10량이 1관에 해당하였다. 엽전 200량이면 엽전이 2만 개이다. 운반에 적지 않은 어려움이 있었음을 짐작할 수 있다.[241]

1907년, 최창조 성도가 고폐금告幣金 천 냥을 마련하였다. 이를 인부 열 사람에게 각기 백 냥씩 지우고, 증산상제를 찾아가 따르기를 청하였다.(『도전』3:176:11-14) 같은 해에 문공신 성도 역시 돈 천 냥을 마련하였다. 인부 열 사람으로 하여금 나누어지고 증산상제를 뵈었다(『도전』3:205:4-5).

19세기 말 화폐기준을 적용한다 해도, 백 냥이면 엽전이 1만 개이다. 실제로는 엽전 가치가 계속 하락함으로써 수량은 그보다 더 많으면 많았지 적지는 않았을 것이다. 수량만 많았지 사용가치는 그리 크지 않았다.

1892년, 서울을 향해 여행하던 새비지 랜도어는 길거리에서 무거운 돈 짐을 나르던 8명의 일꾼들을 보고 놀란다. 그리 액수가 많지도 않을 돈을 옮기기 위해서 황소나 일꾼들이 엽전이 가득 든 무거운 짐들을 옮기고 있었다.[242]

---

241) 18세기 후반부터 19세기 초의 재정과 군정에 관한 기록인 『만기요람』 '재용 편 3 결전'에도 이러한 어려움이 적혀 있다.

242) 새비지 랜도어, 『고요한 아침의 나라 조선』, 신복룡 역, 집문당, 1999, 46쪽.

헐버트 역시 이 시기에 위폐발행이 심각하며, 말 한필에 잔뜩 실어도 금화 15달러만 못하다고 하였다.[243]

비숍 여사도 "당시 서울과 개항장에서 유통되는 것은 일본의 엔화였고, 은행이나 환전상이 없었으므로 현금이라고는 조선사람들 사이에 통용되는 동전뿐이었다. 당시 1달러는 3,200냥에 해당되었는데 이 동전들을 새끼줄로 몇 개식 묶어 그것을 계산하고 운반하는 것도 귀찮았을 뿐 아니라 그나마 없는 것은 고통스러웠다.

100엔이나 10파운드를 현금으로 운반하는데 6명의 인부와 한 필의 조랑말이 필요했던 것이다!"고 하였다.[244] 배보다 배꼽이 더 큰 격이었다. 여행을 다니려 해도 여비운반이 큰 걱정이었으니.

20세기 초에도 마찬가지였다. 1909년, 캐나다 출신의 선교사였던 J. S. 게일(1863~1937 : 한국 이름은 奇一)이 쓴『전환기의 조선』을 보면, "구멍 뚫린 엽전으로 1백 달러에 해당하는 양을 운반하는 데에 6마리의 말이 필요하였다."고 했으니 말이다. 또한 이처럼 구멍이 없는 돈을 맹전(눈먼 돈)이라고 불렀다고도 하였다.

4. 쌀 팔러 장에 가다.

조선시대에 화폐(경화)를 주조하여 유통을 적극 장려했음에도 불구하고, 이들 화폐가 광범위하게 유통되지 못했다. 화폐 유통이 잘 안된 이

---

243) H.B.헐버트,『대한제국 멸망사』, 신복룡 역, 집문당, 1999, 281쪽.
244) 비숍,『조선과 그 이웃 나라들』, 74쪽.

유는 여럿 있었다.[245]

그 중 하나가 여전히 일반백성들의 생활에서 쌀과 옷감이 주요 교환수단으로 사용되었기 때문이다. 한국의 시장에서는 장에 가지고 오는 모든 물건들이 쌀과 옷감으로 그 가치가 결정되었다.

증산상제와 김형렬 성도가 만나는 장면을 보자.

김형렬 성도가 임인년(1902) 4월 4일 원평 장날에 양식이 떨어져 돈 한 냥을 주선하여 시장에 갔다. 그는 시장에서 마침 꿈에 그리던 증산상제를 만났다.

일제시대 쌀과 잡곡을 팔던 장터 미두전

245) 이유들 중에는 한국에서 꽤 오래 전부터 발달한 어음제도와 시장제도가 있다. 어음은 신용수단으로 상인들이 많이 사용하였다. 어음의 사용은 한국에서는 화폐제도보다 신용제도가 먼저 발달했다는 점을 시사한다. 돈이 잘 유통되던 장소가 한 군데 있었다. 이곳은 주막집이었다. 이 때문에 새 돈을 유통시키기 위해 주막집을 설립했다는 이야기도 있다.

김형렬이 "반가운 마음을 이기지 못하여 쌀을 팔아서 가족들을 살릴 마음은 간데없고"(『도전』 3:8:4) 갖고 있던 돈 한 냥을 증산상제께 노자 돈으로 드렸다.

집으로 돌아오자, 아내가 '쌀 팔아 오느냐' 며 반가이 쫓아 나왔다. 김형렬은 안쓰러운 마음으로 "돈을 잃어버려 쌀을 못 팔아 왔소" 하고 응답하였다. (『도전』 3:9:1-2)

쌀을 판다? 지금 말로 하면, '쌀을 산다' 는 뜻이다. 쌀을 사러 가면서 쌀 팔러 간다고 말한다. 거꾸로 된 재미있는 표현법이다.

이를 좀 더 들여다 보자. 우리 조상들이 사용했지만, 조금만 잘못하면 혼돈하기 쉬운 표현이다. 먼저, 물건을 돈 주고 산다는 것은 돈을 팔아서 물건을 산다는 뜻이다. 일반적으로 쌀을 판다는 것도 쌀을 팔아 물건을 산다는 뜻이다. 쌀을 돈으로 사용했다는 증거이다.

어느 정도 나이를 먹은 사람이면 어릴 적 닭이나 계란, 농산물을 갖고 시장에 가 팔고 필요한 물품을 사온 기억이 있다. 필자 역시 종종 계란을 들고 가 물건을 사온 적이 있다. 물론 화폐제도가 탄탄히 정착된 시대였는데도 말이다.

『조선천주교회사』를 쓴 달레 신부도 이 점을 흥미 있게 보았다. 조선의 생활풍습을 서술하면서, 쌀을 가지고 장에 가서 교환하는 행위를 '쌀 사러간다' 고 함이 매우 흥미롭다고 하였다. 이런 거꾸로 된 표현은 자본주의로 나아가지 않는 단순 소상품사회의 관습이 아닐까?

우리 조상들은 물가 표현도 거꾸로 했다. 18세기 조선 사람들은 쌀값이 오른 것을 '내렸다' 하고, 내린 것을 '올랐다' 하는 경우가 있었다.

"올 봄의 시세는 (錢文 1냥당) 조 6두이다. 작년 가을시세는 조 전석(20두)을 넘었다. 지금 시세가 내려간 것이 이와 같으니 놀라지 않을 수 없다."[246]

오늘날 표현[247]으로 바꾼다면,

"올봄의 쌀값 시세는 벼 한 가마에 3냥 3전 3푼 한다. 작년 가을에는 벼 한 가마에 1냥이 채 안되었다. 올 봄 쌀값이 이렇게 오른 것을 보니 놀라지 않을 수 없다."

결국 올 봄의 시세가 '내려갔다'는 표현은 쌀값이 상승한 경우이며, 물가가 상승하여 화폐가치가 하락했다는 뜻이다.

다른 예를 보자.

1726년 풍년이 들었다. "들으니 올해 시세가 뛰어서 전문 1냥에 조 25두라 한다."라고 기록하고 있다.[248]

오늘날 표현으로는 "들으니 지금 쌀값이 폭락하여 벼 한 가마에 8전 한다고 한다."고 할 수 있다. 쌀값이 폭락한 경우이다.

이러한 표현은 화폐를 사용하기 보다는, 당시 쌀을 화폐의 대용으로 사용한 사람들의 표현방식이었다.

---

246) 『승총명록』1727. 3. 14.(한국고문서학회, 『조선시대 생활사 2』, 역사비평사, 2000 재인용. 이하 『승총명록』 인용은 모두 같다.)
247) 한국고문서학회, 『조선시대 생활사 2』, 역사비평사, 2000, 231-232쪽 표현이다. 이하 현대적 표현은 모두 같다.
248) 『승총명록』 1726. 8. 29.

충청도 부여지방의 어느 일기는 "날이 가물어 흉년이 되어버렸다. 시세는 점차 하락하여 1냥 전에 미 4두쯤 한다."[249]고 하였다. 쌀이 화폐의 위치에 있다.

경상도 예천지방의 기록은, "시세는 1승에 초두에 1전 5푼이었는데 다시 내려서 1전 5리 혹은 1전 2푼 한다."[250]고 하였다. 오늘날과 같은 표현이다.

19세기 말과 20세기 초두에도 엇갈린 표현이 서로 사용되었다. 화폐가 완전하게 제 기능을 다하고 가치척도의 일반적 수단이 된 것은 그리 오래 되지 않았다.

5. 별 모양의 누런 별전

1884년, 증산상제가 태인 매당 불출암에서 김형렬을 처음 만나는 과정을 보자.

일찍부터 도에 뜻을 품었던 김형렬이, 하루는 소문으로만 들었던 '고부의 신동'을 만나려 고부를 향해 발걸음을 옮겼다. 날이 저물고, 그는 우연히 불출암으로 발길이 이끌려 들어갔다.

암자에 이르자, 부엉이가 요란하게 울었다. 불출암 스님과 대화를 나누던 중, "별 모양의 누런 별전別錢 여섯 닢과 바둑알 같은 검은 돌을 가지고 돈치기놀이"(『도전』1:30:9)를 하는 증산상제를 보게 되었다.

---

249) 『閑中日月』 1787. 5. 3.
250) 『저상일월』 1838. 1. 21.

별전은 상평통보를 만들기 전에 시험 삼아 만들어보는 '시주화'에서 비롯되었다. 그러나 옛 사람들은 시주화에 머물지 않았다. 여기에 기하학적인 문양이나 동식물, 소망하는 글귀 등을 넣어 갖가지 멋을 부렸다.

기념품이 된 것이다. 말하자면 기념화폐이다. 그러다 보니, 별전은 화폐의 꽃이 되었다. 우리나라의 별전은 대략 400여 종에 달한다.

자, 여기 당시의 다양한 별전들이 있다. 증산상제가 돈치기 놀이를 한 '별 모양의 누런 별전'은 어떤 것이었을까? 맞춰보자.

조선시대 주조된 다양한 별전들

〈자료 1〉 COREA와 KOREA

1876년, 조선의 닫혔던 문이 일본에 의해 억지로나마 열렸다. 그러자 개
항장마다 우리 돈과 외국돈이 뒤엉켜 경제를 혼란스러웠다.

정부는 전환국을 설립하여 근대적 화폐제도를 채택코자 하였다. 그러나
화폐경제에 대해서 능력도 아는 것도 많지 않았다. 외국인의 자문과 자본에

일본 제일은행권 1902년 발행

최초의 (구)한국은행권1901년 발행

최초의 조선은행권 1914년 발행

의지할 수밖에 없었다.

그렇게 찍어내는 돈이고 보니, 강대국들의 입김이 작용하지 않을 리 없었다. 인천에 전환국을 세우고 돈을 찍어낼 때, 국호를 '대조선大朝鮮'으로 하려 했다.

그러나 청나라 원세개가 '대大' 자를 삭제하라 해서 '조선'으로 찍혀 나갔다. 3년 뒤 청일전쟁에서 청나라가 패하자, 다시 '대' 자가 들어가 '대조선'이라 하였다.

20세기 초두, 일본이 발행하여 유통시킨 최초의 제일 은행권에는 우리나라를 COREA라 하였다. 당시 서구에서 가장 많이 사용된 우리나라에 대한 표현이 Corea였다. 그러나 1909년 (구)한국은행이 설립되고 한국은행권을 발행하면서, 일본은 한국의 영문표기를 KOREA로 교체하였다.

요즘 들리는 말처럼, 일본이 자신들(Japan) 보다 알파벳 순서상 앞에 있는 것이 싫어서 그랬는지, 그 정확한 이유는 아직 모르겠다. 분명한 것은 일본이 COREA를 사용하다가, 일본이 KOREA로 바꾸었다는 사실이다.

물론 (구)한국은행이 얼마 안되어 1911년 8월 조선은행으로 명칭을 바꾸면서, 화폐의 글자도 '조선'(Chosen)으로 바뀌어 버렸지만. 돈 주조에도 민족의 애환이 담겨있었다.

〈자료 2〉 『도전』에 나타난 돈의 가치

『도전』속에 있는 돈에 관련된 내용들을 정리하여 보자.

증산상제의 어천 이후인 1910년부터의 내용들은 다음 기회에 정리하기로 한다. 여기서는 1909년까지만 실펴본다.

이해를 돕기 위해 연도별로 정리하면 다음 표와 같다.

지방에 따라서 그리고 해마다 물가가 변하기 때문에 정확한 추계는 거의 불가능하다.[251) 감안하기 바란다.

연도	편장절	내용	풀이
1879	1:24:1-2	정읍 읍내에서 성부의 수백 냥 빚과 이를 해결키 위해 학봉께서 부친께 50냥을 청하다.	1냥=8천원(1891). 10년전 물가임을 감안하면 50냥=50만원 정도.
1894	4:11:4	1결結 80냥 하는 세금을 30냥으로 감하게 한 자가 전명숙.	1894년 쌀 1되=25전. 1결에 쌀 32되 정도를 12되로 낮춘 것. 1결은 곡식 100짐을 생산해 내는 토지면적. 토지 비옥도에 따라 차이가 나며, 3만~15만평 정도.
1901	2:9:1-6	전주 모악산 대원사에서 주지 박금곡 매양 10전씩 주시며 "술을 사 오라." 하고, 하루는 40전을 주시며 술을 사 오라 함.	1900년 쌀 1되 평균=22전, 동대문↔청량리 전차요금은 3전이었다. 10전=1냥=8천원 정도.

251) 엽전은 각 지방마다 시세가 다르게 사용되고 있었다. 곧 서울에서 엽전 10냥이 부산 대구에서는 15냥, 20냥으로 쓰였다. 『제국신문』 창간호(1898. 8. 10)에 따르면, "충청도 내포 근처에서 올라온 사람들의 말에 의하면 그곳에서 동전 한 푼은 엽전 너 푼식으로 쓰고, 대은전 한 푼에는 엽전 넉 량 칠팔 전으로 쓴다"고 했다. 1901년에도 백동화白銅貨가 주조되어 이는 실가와 액면가에 상당한 차이가 있었고, 이 돈은 주로 경기, 평남북, 황해, 충남북, 강원도 지방에 유통되었다. 기타 지역은 엽전이 계속 통용되는 진기한 현상이 나타났다.(민족문제연구소, 『한국인의 생활과 풍속』(상), 143-144쪽)

연도	편장절	내용	풀이
1902	3:8:3	(4월)김형렬이 원평 장날에 양식이 떨어져 돈 한 냥을 주선하여 시장에 감.	쌀 1되=7전(9:9:5). 1냥은 1되 남짓 살 돈. 1말서되지기 논=300평 남짓. 130냥=104만원 남짓(1냥=8천원.
	9:10:1-6	한 말 서 되지기 논이 있어 팔면 백서른 냥이 되리니252)	
1903	5:23:8-15 5:24:3 3:68:3-4	3월, 백남신의 재산이 삼십 만 냥은 되며, 어음으로 10만 냥을 들이기로 증서로 약조함	10만냥=8억 남짓. 1천냥=8천만원 남짓. 1말=7냥이면 1되=7전.(서울은 1904년 쌀 1되=18전). 7냥은 약 5만 6천원 남짓.
	5:38:19-22	늦여름, 군산에서 공사 볼 때 거짓말 하는 자에게 돈 천 냥을 갖다 놓게 함	
	9:9:1-6	흉년으로 쌀값이 한 말에 일곱 냥으로 오르는지라	
1904	3:75:4, 6	2월경, 주막에서 허리가 굽어 기어 다니는 사람을 치유해 주고 사례금 열닷 냥을 받음(널 한 벌 값이 열닷 냥)	15냥=널 1벌 값=12남원 남짓. 50냥=50만원 남짓.
	3:94:1-2	여름 경, 김형렬의 셋째 딸 말순을 은밀히 혼처를 구하여 선폐금先幣金 50냥을 받음.	
1905	3:118:3-4	원일이 부친의 어업이 잘 되어 이익을 얻으면 천 냥을 바칠 것을 천지신명들과 약속함	1천냥=800만원 남짓. 6냥=5만원 정도. 수만냥=수 억단위의 빚. 1원=4만원(일본은전 1원=상평통보 5냥. 1894)
	3:119:6-10	2월, 전주 용머리고개 주막에 계실 때 일진회 회원과 전주 아전이 서로 다투자 여섯 냥을 써서 싸움을 끓름(일곱 냥으로 일흔 냥을 대신케 함)	
	3:134	고기잡이하는 원일의 부친이 실패하여 서울 사람에게 수만 냥 빚을 짐.	
	5:101:17	7월 이전, 어떤 사람을 보고 "돈 일 원이 저 사람에게는 큰 돈'이라 함.	

연도	편장절	내용	풀이
1906	5:121:1	갑칠에게 명하여 "남원 김병선金炳善에게 가서 돈 사 백 냥을 가져오라" 함.	400냥=320만원 . 500냥 =400만원 남짓. 6 두 락 (마 지 기)=1,200평 =300냥=240만원 남짓. 30냥=24만원 남짓.
	5:129:1-7 5:130:1-8	서울에서 병자를 낫게 하여 사례금 일천 냥이 생김	
	5:135:1-4	서울서 받은 돈 일천 냥 가운데 5백 냥을 갑칠에게 주며 백 냥을 만경萬頃의 김광찬에게 전하고, 남은 것으로 구릿골에 가서 종이등燈과 짚신을 만들게 함.	
	9:98:1-4	갑칠이 명을 받아 논밭 여섯 두락을 급히 팔아 삼백 냥을 올림.	
	2:85:9-10	5월, 임피 강화운이 창증을 고쳐준 사례금으로 30냥을 올리자, 지나가는 사람들에게 술을 사줌.	
1907	3:176:11-14	태인 새울의 최창조가 고폐금告幣金으로 천 냥을 드림.	2원=8만원 남짓. 7냥=5만 6천원 남짓. 90냥=72만원 남짓.
	3:205:4-5	공사에 쓸 돈 천 냥을 문공신이 추수한 쌀과 모시도 팔아 드림.	
	9:107:1-15	봄, 송대수宋大綏가 환자의 위로금으로 돈 2원을 주며 "비록 약소하나 술이나 한잔 공양"케 했으나 병자는 1원만 받고, 문치도는 1원을 저녁에 노름 밑천을 하려고 준비해 둠.	
	3:207:1	10월, 경석에게 돈 30냥을 마련케 함	
	4:82	용암리 정태문의 토질土疾 병이 낫자 주막에 가서 일곱 냥어치 술을 올림	
	5:178:5-8	가을 경, 피노리 이화춘李化春에게 돈 서른석 냥을 준비케 함	
	5:181:1-4 5:182:1	태인 행단杏壇 앞 주막에서 술과 고기 값으로 서른석 냥을 줌	
	5:201:1-4	11월, 문공신에게 돈 천 냥을 준비해 놓으라 함	
	6:41:1-4	동짓달 초나흘날, 대흥리에서 엽전 아흔 냥 등을 그릇에 놓고 공사를 봄.	

연도	편장절	내용	풀이
	3:225:1 5:243:3	4월, 백남신으로부터 돈 천 냥을 가져와 방 한 칸에 약방을 차림	
	5:223:1-4	고부 경찰서에 있을 때 차경석과 안내성이 돈 120냥을 가지고 와 새 옷을 지어 드리려 함	
	5:242:1-8	4-5월 경, 집문서를 잡혀 돈 백다섯 냥으로 발바닥의 종창腫瘡을 치유함.	
	5:249:5	김병욱에게 삼백 냥어치 약재를 사 오게 함	
	5:263:3-9	안내성 모친이 한 닢 두 닢 푼푼이 모은 삼백 닢을 올림. "삼백 닢을 삼백 냥 대신으로 쓰면 될 것이 아니냐" 하고 "삼백 닢어치 술을 사오라"하니 장정 한 사람이 바듯이 져야 할 양이더라	
	5:265:2-8	방에 있는 엽전이 도합 백두 냥 두 푼이어야 하리니	
1908	5:267:4-7	상제님 부친의 부고를 전하자 돈 열 냥을 주며 자양물滋養物을 사서 공양케 함	100냥=100만 원 남짓. 300닢=300전=24만 원 남짓. 10닢=1냥 1돈(전)=술 1잔=800원
	5:294:1-6	여름 경, 구릿골 입구 주점에서 면분있던 순사가 상제님 조끼 주머니에서 돈 10원을 꺼내 감. 또 전주에서 편지로 40원을 청구함	
	3:263:6 3:264:3	8월, 살기를 띠고 온 차윤칠에게 돈 3원을 주어 돌려보내고, 수일 후 차경석에게 다시 돈 15원을 줌	
	4:102:6-8	여름경, 돈 석냥 칠전 오푼으로 철기신장鐵騎神將들에게 술과 고기를 대접코자 함	
	8:71:8-10	병자를 치료하며 "돈 서 돈"과 "돈 두 냥"을 받아 박공우가 간직함	
	9:132:16-17	잘못한 노광범을 타이르며 엽전 열 닢을 주며 탁배기나 한 그릇 받아 먹으라고 김	
	9:137:3-6	돈 50냥을 놓고 윷을 쳐 돈 여든 냥을 따고, 닷 돈[五錢]을 남기고 일흔아홉 냥 닷 돈을 돌려줌	

연도	편장절	내용	풀이
1908	9:166:1-4	용머리고개의 젊은 봉사에게 "네 돈 두 돈 닷 푼으로 술 한 잔을 사 먹어도 되겠느냐?" 하곤 한 돈을 집어 술 한 잔을 사 먹음	
	9:169:1-7	박공우가 병자를 치유해주고 돈 두 냥을 사례로 받아 엿을 사 먹음	
	9:179:1-7	구릿골 이장 정성원鄭成元이 세금 수천 냥을 사사로이 써 버림	
1909	6:110:13-15	1월 14일 이후, 최창조에게 "돈 두 냥을 가져오라." 함	2돈(전)=짚신 1 켤레=1만 6천 원 남짓
	10:10:4-7	2월 9일, 만경萬頃 삼거리에서 한 중에게 돈 3전을 줌	
	10:32:1-4	6월 21일, 성도들이 올린 돈 40원을 궤 속에 보관케 함	
	2:131:4 2:132:10	태인읍내에서 죽음직전에 아이를 치유하자 짚신장사 부모들이 장닭을 드림. 증산상제는 짚신 값을 두 돈으로 정해줌 (그동안은 한 켤레에 돈 반밖에 못 받음)	
	3:294:12-15	이치복 성도에게 돈 일흔 냥을 갖고 오게 함	
	3:295:1-7	태인 읍내 주막에서 백 순검에게 돈 백 냥을 줌	
	3:304:1-3	3월. 김자현 조모가 별세하자 돈 3원을 주어 초상에 쓰니 한 푼도 남고 모자람이 없더라	

252) '마지기'는 씨앗 1말 뿌릴 땅 넓이이고, '되지기'는 1되 뿌릴 넓이로 1/10마지기이다. 보통 1마지기는 논의 경우 200-300평, 밭은 100평에 해당한다. 1평坪은 약 3.3058㎡이다.

제 10장. 신의 프로그램으로 진행된 근대문명

17세기 이래 서구에서 발전한 근대문명은 전 세계로 확산되어 명실공히 현대문명으로 자리매김 되었다. 어디가 끝인지 감조차 잡을 수 없는 현대문명! 무한한 속도로 발전하는 현대문명은 이미 인간의 상상을 초월한지 오래다.

이러한 현대문명을 누가 감히 상상할 수 있었겠는가.

> "天이 以技藝로 與西人하여 以服聖人之役하고... 하늘이
> 기예를 서양 사람에게 주어 성인의 역사役事를 행하고."
> (『도전』 4:10:4)
> "서양의 문명이기利器는 천상문명을 본받은 것이니라."
> (『도전』 2:30:8)

무슨 의미인가?

아니, 하늘이 기예를 서양사람에게 주었고, 서구의 근대 문명이기들이 하늘의 문명을 본받았다면 역사에 이미 프로그램, 곧 짜여진 줄거리가 있다는 말인가?

그럼 누가, 왜 프로그램을 짜놓았을까? 왜 기예를 처음부터 동양에 주지 않았을까? 서양사람에게 준 기예, 곧 근대문명은 어떤 특성을 지녔을까? 고도로 발전한 현대문명의 미래는 어떻게 될까? 의문은 꼬리를 문다.

이 모든 궁금증에 답하기는 쉽지 않다.

그 중 몇 가지는 다음을 통해 다소나마 해결된다.

> 서양 사람 이마두가 동양에 와서 천국을 건설하려고 여러 가지 계획을 내었으나 쉽게 모든 적폐積弊를 고쳐 이상을 실현하기 어려우므로 마침내 뜻을 이루지 못하고 다만 동양과 서양의 경계를 틔워 예로부터 각기 지경地境을 지켜 서로 넘나들지 못하던 신명들로 하여금 거침없이 넘나들게 하고 그가 죽은 뒤에는 동양의 문명신文明神을 거느리고 서양으로 돌아가서 다시 천국을 건설하려 하였나니 이로부터 지하신地下神이 천상에 올라가 모든 기묘한 법을 받아 내려 사람에게 '알음귀'를 열어 주어 세상의 모든 학술과 정교한 기계를 발명케 하여 천국의 모형을 본떴나니 이것이 바로 현대의 문명이라. 서양의 문명이기文明利器는 천상 문명을 본받은 것이니라.(『도전』 2:30:3-7)

분명히 인간이라기보다는 신의 프로그램이다. 서양사람 이마두가 동양에 천국을 만들려던 꿈이 현대문명의 씨앗이었다.

이마두라면 예수회 선교사로 중국에 들어와 전도활동을 하면서 서양의 문물을 동양에 전하고, 중국 최초의 세계지도인 '곤여만국전도'를 제작한 마테오 리치Matteo Ricci(1552~1610)이다. 이마두의 꿈은 인간의 노력으로는 이루어지지 못했다.

이마두의 공덕은 죽은 뒤에 나타났다. 신명계의 영역을 개방한 것이다. 이마두가 그동안 닫혀있던 동서양간의 경계를 틈으로써, 천상에 올라간 신명들이 천국의 문명을 본 뜰 수 있었다.

사람들의 알음귀, 곧 지혜의 문이 열렸고, 학문의 발전은 물론 문명의 이기들이 만들어졌다. 근대문명은 이마두의 공덕으로 서양에서 열렸다.

그러면 그 시작은 언제부터였을까?

이마두가 중국에 와 '하나님 아버지의 나라' 건설을 위해 전심전력했던 것이 16세기 후반부터 17세기 초반이었다. 근대문명은 17세기 이래 사람들의 지혜가 열리면서 가능하였고 18, 19세기에 급속한 발전을 보여 명실공히 오늘의 문명이 되었다.

뿐만 아니라 현대문명은 과거처럼 일정 지역에 한정된 문화가 아니다. 동서양간 경계가 허물어짐으로써 인류 보편문명으로 성장하였다.

이마두는 오늘날 우리가 누리는 이 현대문명을 가능케 한 주인공이다. 천상문명은 지상문명의 모태이고, 지상문명은 신의 프로그램아래 전개되었다.

애석하게도, 근대는 이렇게 프로그램을 짜놓은 신의 존재를 철저히 감춘 시대였다. 근대는 이 프로그램을 가려놓고 그 프로그램 아래 움직여 왔다. 그러면서도 이 프로그램을 인간 자신이 만들 수 있고, 그 구도에 따라 역사를 움직일 수 있다는 판타시글 가진 시대기 비로 근대였다.

그러면 서구 근대문명은 어떤 특성을 지녔을까?

몇가지로 나누어 정리하여 보자.

1. 사람이 주인이 된 시대

"우주의 조화세계를 고요히 바라보니 하늘의 조화공덕
이 사람으로 오시는 상제님을 기다려 이루어짐을 그 누
가 알았으리."(『도전』 1:9:19)

태초에 신과 인간 사이에는 아무 것도 없었다. 모든 일을 하는데 신의
뜻을 구했고, 그 결과를 하늘의 은총에 맡겼다. 그렇게 믿고 살았다.

시간이 흐르자, 그 사이에 중간자가 나타났다. 신과 인간의 뜻을 매개
하는 전달자였다. 샤먼이 대표적인 존재였다.

인간은 애초 하늘과 교류하며 아무런 경계가 없었는데 인간이 교만해
지자 교류가 단절되고 인간의 몸은 각종 한계를 지니기 시작하였다. 중
간자가 필요했고 샤먼이 나타났다.

샤먼은 천지를 소통시키며, 하늘과 땅의 이치를 바로 세우는 사람, 즉
천지만물의 이치를 백성들에게 바로 세우는 임무를 맡은 사람이었다.

시대는 계속 변했고, 샤먼도 본래의 의미를 잃었다. 제정일치祭政一致
가 분리되고 전문적인 사제司祭가 나타났다. 하늘에 제를 올리고 백성들
에게 계를 가르쳐 교화하는 것을 주 임무로 하는 제사장이 그들이다.

중세시대 부터는 중간자가 교회나 왕이었다. 시대의 변화에 따라 중
간자가 계속 바뀌었다.

근대는 또 다시 신이 인간과 중간자 없이 직접 연결된 시대였다. 근대
의 인간은 한 걸음 더 나아갔다. 인간이 신의 차원이나 경지에 도달하려
했다. 사람이 신을 위해 존재한다는 사실에 도전했다. 곧 '종교도 사람

을 위해 있는 것이 아니냐 는 것이었다.

인간은 이른바 '근대' 이전의 수 만년의 세월을 종교의 시대에서 살았다. 근대는 소위 탈종교의 시대였다. 아니, 탈종교와 함께 근대가 시작되었다.

종교의 권위로부터 벗어나면서, 근대의 인간해방이 시작되었다. 사람이 전면에 부각되었다. 신의 뜻이 아니라 사람의 뜻과 소리가 중요하게 되었다.

결과적으로 신은 사라졌다. 아니, 신은 죽었다. 사람의 수단이 된 신은 더 이상 신이 아니기 때문이다. 신의 죽음은 근대문명이 낳은 하나의 현상이었다.

신의 자리에 사람이 들어서면서 사람이 세상의 주인이 되었다. 신의 뜻을 살피기 보다는 사람끼리 어떻게 합의를 이루느냐가 문제였다. 종교의 시대에 조심스럽게 살던 사람이 이제 당당하게 살게 되었다. 사람은 신의 은총으로 살지 않고 당당하게 자기가 일한 대가로 살았다.

2. 하늘에서 내려온 문명이기

증산상제가 차경석 성도에게 물었다.

"서양 사람이 발명한 모든 문명이기文明利器를 그대로 두어야 옳겠느냐, 거두어 버려야 옳겠느냐?"

경석이 대답하기를

"그대로 두는 것이 인간 생활에 이로울 듯합니다."하였다.

이에 증산상제가 말하였다.

"네 말이 옳으니 그들의 문명이기는 하늘로부터 내려온
것이니라. … 옛것을 그대로 지키고 있으면 몸을 망치고
새 기운을 취하면 몸도 영화롭게 되나니 나의 운은 새롭
게 바꾸는 데 있느니라."(『도전』 5:340:4-5)

　근대 이후 사회변화의 중심에는 과학이 있었다. 고도로 발전한 근대
의 문명이기는 과학과 불가분의 관계에 있다.

　중세에 우주는 신비의 상징이었다. 신비로움은 신의 존재를 믿게 하
였다. 갈릴레이의 측량술 등이 이끈 근대 과학의 발달은 신을 사라지게
하고 그 자리에 인간을 세웠다. 자연은 수치로 가늠할 수 있게 되었고,
숫자로 표시하기 어려운 감성은 인과관계의 법칙으로 설명되었다.

　근대는 '주술로부터 해방'된 세계였다. 이제 모든 것이 눈에 보이듯
분명해졌다. 사람들은 근대를 간결하고 선명한 기하학적 아름다움에 비
유하였고, 이런 근대의 속성을 합리주의라 불렀다. 근대 서양문명은 합

일제시대 전주시가의 모습

리주의가 가져온 성과였다.

근대 합리주의는 인간(개인)의 자유와 이성, 그리고 보편성을 내세웠다. 근대 휴머니즘의 요체는 개인의 자유였다. 자유는 근대의 인간 그 자체였다. 세상사의 주재자로서 신의 위상이 추락되면서, 결국 인간 스스로 세상사를 결정할 수밖에 없었다.

그러나 자유는 뜨거운 갈채를 받음과 동시에 심각한 우려의 대상이 되었다. 왜냐하면, 자유는 곧 무질서라는 인식이 대두되었기 때문이다.

신이 아니라면, 무질서를 통제할 수단은 무엇일까? 해답은 쉽게 찾아졌다. 그것은 바로 '이성'이었다.

이성의 시대!

인간은 자유를 향유하는 존재이면서 스스로를 통제할 수 있는 존재가 되었다. 이성을 통해서 본능적인 것, 감각적인 것, 물질적인 것 즉, 동물적인 것들을 골라낼 수 있었다. 과거에는 신이 이러한 일을 했다면, 이제는 이성이 그 자리를 맡았다.

이러한 근대 이성의 힘은 종교개혁을 이루어냈다. 과학혁명과 그 결과로 초래된 기술발전도 근대 이성의 주요한 결실이었다.

역사적으로 근대를 연 중요한 두 사건이 있다. 바로 자유와 이성에 토대를 두고 진행된 시민혁명과 산업혁명이다. 영국의 사회학자 기든스A. Giddens는 이를 근대사회의 바탕을 마련한 양대 혁명이라 하였다.

서구사회에 새로운 인간, 곧 시민의 출현했고, 새로운 사회가 열렸다. 이제 인류는 미래에 대한 무한한 가능성과 희망을 갖고 살게 되었다.

새로운 시대는 개인의 자유에 근거하여 선택이 가능하고 경쟁에 이김으로써 태생적인 위기를 뛰어넘을 수 있는 열린 시대였다. 고대나 중세의 위계질서가 태생적인데 비해, 근대의 위계질서는 적자생존의 논리에 따른 것이었다.

그 중심에는 늘 인간이 위치해 있었다. 이처럼 근대의 출발은 자유와 합리성을 지닌 인간의 새로운 재탄생(르네상스)과 결부되어 있다.

합리적인 사고가 이루어졌다. 인류는 동서고금의 차이에도 불구하고 보편성을 갖고 있다고 생각하였다. 기독교만의 무조건적인 우월성도, 배타적인 유럽 중심주의도 인정되지 않았다. 인류 역사는 동일한 궤도를 따라 진행하며, 단지 차이는 빠르거나 느린 정도가 있을 따름이라고 생각했다.

인류의 출발점과 종착점은 동일하지만, 앞선 주자走者와 뒤처진 주자의 구별이 있을 뿐이었다.253) 당연히 앞 선 주자는 서구사회였다. 서구의 모델은 모든 인류가 좇아가야 할 규범으로 간주되었다.

서구의 모델에 따르자면, 서구가 중세(전통)와 결별하고 근대성을 쟁취한 방식을 모방하는 것이 급선무라고 인식되었다. 이 근대성의 파급은 단지 사상 자체의 파급이 아니라, 정치 경제적 제도와 형식으로 정리되어 그 영향을 확대해 나갔다. 그것이 바로 자본주의, 산업화, 도시화, 민족국가, 민주주의 등이었다.254)

---

253) 오해해서는 안된다. 서구와 비서구 사이의 거리가 좁혀진 것이 아니라, 서구의 우월성이 더 교묘하고 세련된 방식으로 유지되었다. 그것은 같은 인간인 한, 동일한 역사적 과정을 밟아 나간다는 전제로 이루어졌다. 비서구인은 스스로를 '결핍된 존재'로 파악하고, 서구를 좇아간다. 비서구는 항상 "근대화의 도상途上"에 있는 존재가 되어 서구를 좇아 갈망을 채우려 한다. 당연하지만, 근대성은 유럽적인 것을 의미하는 것이 아니다. 새로운 사고양식, 새로운 생활방식, 새로운 과학으로서 개인주의에 기초한 다양한 지식을 총칭하는 개념이다.

254) 세계적으로 뒤처진 주자의 성공한 모델이 일본이었다. '탈아입구'脫亞入歐는 그 대표적 표현이다.

3. 세계경제의 늑줄이 된 서양

> "재주財主 기운을 서양에다 두노니 후일에 서양으로부
> 터 재물을 보급 받으리라."(『도전』 5:24:4)

인간이 땅에 얽매어 지낸 역사에서, 근대는 그야말로 땅의 위력을 절실히 실감한 시대였다. 근대 과학기술의 발달은 농업생산력을 확대하였고, 산업혁명을 일으켰다. 의식주를 비롯해 인류에게 필요한 모든 것이 대량생산되었다. 인류의 생활은 풍요롭게 변해갔다.

산업혁명!

그것은 근대를 '근대답게' 만든 최대의 대사건이었다. 서구의 여러 나라들은 하루가 다르게 발전하는 과학을 이용하여 가내공업을 공장제 공업으로 바꾸었다. 농업노동자가 공업노동자로 바뀌었고, 공장에서는 원료확보를 통해 상품을 대량 생산하였다.

소위 산업사회가 열렸다. 1860년 경, 서구 여러 나라는 새로운 산업사회로 들어섰다.

근대는 정신의 근대만이 아닌 물질의 근대였다. 산업혁명은 생산물의 양과 질에 있어서 혁명적 변화를 가져왔다. 인간의 삶의 질이 나날이 향상되어 갔다.

상품의 대량생산은 본격적인 장시場市문화의 시대를 열었다. 주지하다시피 시장은 자본주의 문화의 꽃이다. 시장의 논리는 자본주의 경제의 원리이고, 경제적 근대성은 이러한 시장문화가 전 세계적으로 보편화되면서 절정을 이루어 나갔다.

인간이 신의 자리를 차지했다면 종교의 자리는 자본주의 성세가 차지

했다.

산업혁명과 자본주의 장시문화, 곧 근대문명이 제국주의 물결을 타고 세계 곳곳으로 전해졌다.[255] 교통 · 통신수단의 발달은 여기에 큰 도움을 주었다.

1807년에 미국에서 시작된 기선汽船이 1820년에는 도버해협을 횡단하고 1838년에는 대서양을 횡단하게 되었다. 시간이 지남에 따라 그 속력은 빨라지고 그 수도 계속 증가하였다.

또한 기차도 영국의 스티븐슨이 1814년 증기기관차 시운전에 성공한 이래, 1830년에는 맨체스터와 리버풀 사이를 운행했다. 이후 아메리카를 위시하여 각국이 앞 다투어 철로를 부설하였다.

전신도 1844년에 워싱턴과 보스톤 사이에 가설되었고, 1851년에는 도버해협의 해저와 1865년에는 대서양의 해저를 연락하는데 까지 성공하면서 전 세계를 망라할 수 있게 되었다.

전화도 1875년에 발명되어, 해가 지남에 따라 가설 지역이 확대되었다. 실로 세계의 거리는 해마다 단축되었고 교통도 빈번해졌다.

산업혁명의 성과물들이 발달된 교통 · 통신수단을 통해 세계 각지로 퍼져 나갔다. 근대의 열림과 더불어 서양은 세계경제의 녹줄이 된 것이다. 물론 서양의 녹줄을 근거로 동양은 희망을 머금고 있었다.

> "지금은 서양이 잘살지만 나중에는 동양이 잘살게 되느니라."(『도전』 11:261:1)

---

255) 제도적 차원에서 근대성은 민족국가와 자본주의적 생산이라는 두가지 조직적 복합체가 있다(Anthony Giddens, 『포스트 모더니티』, 민영사, 1991, 177쪽). 이 두 가지가 상호간 폐쇄적 결합 이래 세계를 휩쓸었다.

4. 욕망과 힘의 시대

> 원래 인간 세상에서 하고 싶은 일을 하지 못하면 분통이
> 터져서 큰 병을 이루나니(『도전』 4:32:1)

물질문명에 대한 인간의 욕망은 끝이 없었다. 과학의 발달과 산업혁
명도 그 욕망을 모두 충족시켜주지 못했다. 아니, 오히려 물질에 대한
욕망을 더욱 자극하였다.

사람들은 도대체 풍족함이 뭔지 몰랐다.

> 充者는 慾也라 以惡充者도 成功하고 以善充者도 成功하니
> 라. 채운다는 것은 욕심이라. 악으로 채우는 자도 성공
> (자기 충족)하고 선으로 채우는 자도 성공(자기 충족)하
> 느니라.(『도전』 6:133:2)

욕구의 충족을 위해서는, 개인의 힘이든 국가의 힘이든, '힘'이 필요
하였다. '각기 하고싶은 대로 하도록 풀어놓은' 근대는 바로 이러한 힘
의 시대였다. 곧 근대성은 힘을 상징하였고, 이 때 힘은 남성적인 힘이
었다.

이른바 근대는 남성적 문화의 시대였다. 지구는 남성들의 세계가 되
어 버렸고, 파괴와 전쟁의 신들이 그 대가를 요구하고 있었다.

근대의 힘은 전쟁무기의 발달에서 찾을 수 있다. 근대 과학의 발달은
전쟁무기의 발달과 거의 동의어로 사용되었다. 각종 대량살상무기가 놀
라운 속도로 발달하였다.

교통·통신수단의 발달노 남싱직 힘을 가지려는 인간의 끝없는 욕망
을 충족시켜주었다. 자본주의는 '근대의 힘'을 합리화해주는 이데올로

기이자 신념이었다.

'근대의 힘'은 제국주의로 나타났다. 제국주의는 산업혁명의 결과 국력이 충실해진 민족국가가 적자생존·자연도태의 진화론에 도움을 받고 세계로 눈을 돌린 근대 산업주의의 왜곡된 형태였다. 때문에 이런 '힘'의 시기는 소위 '강자의 복음'을 가진 약육강식의 시대를 말한다.

힘을 갖기 위해서는, 아니 힘을 잃지 않기 위해서는 온갖 수단과 술수 그리고 죄악을 동원하게 된다. 의로움이 없어지고 도덕이 사라진 시기였다. 19세기는 이른바 이런 제국주의가 풍미한 시대였다.

19세기 서구의 제국주의는 먼저 자신들끼리 쟁패를 다투었다.

서구를 무대로 한 1866년의 프로이센-오스트리아 전쟁과 1870년의 프로이센-프랑스 전쟁이 그 전형적인 사례이다. 두 전쟁을 통해 프로이센은 서구 제일의 강국들을 꺾고 위엄과 세력을 세계에 드러내었다. 이를 계기로 1871년, 프로이센의 강력한 국력을 중심으로 한 독일제국이 탄생하였다. 흩어져 있던 독일제국이 통일되면서 서구의 재편에 영향을 미쳤다.

이탈리아도 19세기 들어 통합운동을 대대적으로 전개하여, 1870년 로마 교황령을 합병하면서 통일국가를 완성하였다. 이는 한 나라의 통일이기도 하지만 종교적 힘이 근대적인 정치적 힘에 엎드린 것이다. 중세 이후, 정치적 힘과 종교적 힘간의 오랜 싸움이 결정났다.

이렇게 보면 서구사회에서 독일이나 이탈리아의 새로운 세력이 출현한 것은 의미심장하다. 더욱이 동양에서는 일본이 1868년 메이지 유신을 거쳐 새로운 세력으로 탈바꿈하였다는 점도 같이 생각해야 한다.

5. 전쟁과 원한의 시대

> 전쟁사戰爭史를 읽지 말라. 전쟁에서 승리한 자의 신명
> 은 춤을 추되 패한 자의 신명은 이를 가나니(『도전』
> 4:122:3-4)

'근대의 남성적 힘'을 숭상하는 시대는 전쟁과 학살의 시대일 수밖에
없다.

여성의 시대는 끝났다. 신성한 여신, 여성의 힘과 생명을 창조하는 능
력은 한때 매우 신성한 것이었다. 근대는 그러한 여성의 개념들을 삭제
시켰고, '힘'을 가진 남성적 개념들로 대체하였다.

근대의 삶은 아메리카 인디언인 호피 부족이 말한 '코야니스쿠아치'
즉 균형이 맞지 않는 삶을 야기했다. 테스토스테론[testosterone. 남성
호르몬의 일종]이라는 연료로 빚어지는 전쟁들, 여자를 폄하하는 사회,

전쟁의 참상(11년간의 베트남 전쟁)

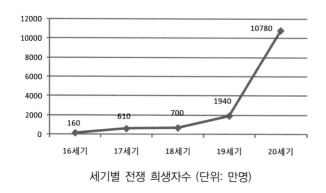

세기별 전쟁 희생자수 (단위: 만명)

그리고 어머니인 지구를 불손하게 대하는 인간들이 증가하였다.

그런 의미에서 19세기는 전쟁과 학살의 세기였다.256) 근대국가는 전쟁과 더불어 발전하였다. 때문에, 군비확장과 안보체계의 수립은 국가의 핵심 과제였다. 문명의 최첨단을 달리는 국가는 언제나 전쟁국가였다.

근대 과학기술의 발달은 대량살상 무기 개발 및 전쟁의 과학화로 이어졌다. 1862년, 미국인 개틀링R. J. Gatling에 의해 기관총이 개발되었다. 그 뒤 무시무시한 대량 살상무기가 계속 개발되고, 전쟁터에서는 대량학살이 시작되었다.

전쟁은 소수 귀족들의 전쟁이 아닌 국민의 전쟁이 되었고, 징병제 등으로 병력 동원이 체계화되었다. 제국주의 국가가 시장 확보, 투자 증대, 자원 확보 등 경제적 이익을 위해선 전쟁이 필수적 수단이었다. 전쟁은 해당 민족국가가 지닌 '근대의 힘'으로 사활이 걸린 문제였다.

전쟁과 학살의 세기인 만큼 원한이 쌓일 수밖에 없는 시대였다. 전쟁

---

256) 19세기에 이은 20세기도 마찬가지다. 냉전의 시기로 알려진 20세기도 대량학살[Holocaust. Genocide]이 도처에서 자행되었다.

은 언제나 참패자가 한을 품게 마련이다.

19세기 서유럽의 경우를 보자.

1870년 프로이센과 프랑스간의 전쟁으로 두 나라 사이에는 적개심이 극에 달하였다. 프랑스는 전쟁에 패하여 배상금을 기한도 도래하기 전에 일찌감치 물어버렸다. 하루라도 파리에 주둔하는 독일 병정의 얼굴이 보기 싫어서였다. 프랑스 사람들의 머릿속에는 말 못할 분노의 불길이 타올랐다.

더욱이 프랑스는 알사스 · 로렌 지방을 독일에 할양하였다. 당시 알사스 · 로렌의 지방의회 의원들이 보낸 탄원서를 보자.

> "동포야 형제야, 그대들이 우리를 버리느냐. 우리는 결코 저들
> (독일)의 신복臣僕이 되지 않으리니. 언제든지 우리를 찾아다오.
> 그리하여 형제와 우리가 영원히 같이 지내도록!"

프랑스인들이 어찌 피눈물을 흘리지 않았겠는가.

프랑스는 산업발전과 교육 그리고 군비확장에 착수하였다. 모든 국민이 "복수Revenge!"를 외치며 돌진하였다. 독일도 외교술을 총동원하여 오스트리아, 이탈리아와 3국 동맹(1882)을 맺고 프랑스를 고립시켰다. 프랑스도 러시아와 공수동맹攻守同盟(1891)을 맺었다.

영국도 가만히 있지 않았다. 영국은 러시아의 극동 진출에 자극되어 일본과 동맹(1902)을 체결하였다. 또한 독일의 강성한 군사력도 좌시할 수 없었기 때문에 프랑스와도 손을 잡았다(1904).

마음속에 깊이 새겨두었던 원한 때문에, 때로는 피맺힌 원한을 숨기고 국가의 이익을 좇아 합종연횡이 이뤄졌다.

전쟁과 같은 경쟁에서는 강한 힘을 가진 자만이 살아 남는다. 자연도태의 학설은 이를 정당화, 합리화시켜 주었다. 제국주의는 자연도태의 학설로 합리화되었다.

약육강식의 잔인한 행동을 논리적으로 인정하여 줌으로써, 제국주의 국가들은 경쟁적으로 해외 원료공급지 및 상품판매지, 곧 식민지를 탈취하기 위해 싸웠다. 이것이 19세기 제국주의가 유행케 된 이유이다. 이 과정에서 많은 전쟁과 학살이 일어났고 원한이 맺혔다.

전쟁은 깊은 한을 안고 일어나는 것이다. 제국주의 시대에 채곡 채곡 쌓인 원한은 더 큰 한풀이, 곧 큰 전쟁을 예고하였다.

> 吟兵戈無用 兵以爲名卽害人이니 自古帝王不已事라 聊憐種德
> 千尋樹하여 枝枝葉葉一般春하라. 전쟁이란 이름 그대로
> 사람을 해하는 행위이니 예로부터 제왕들이 끊임없이
> 일삼아 온 일이니라. 애오라지 불쌍히 여겨 상생의 덕
> 심기를 천 길 생명의 나무 심듯 하여 가지마다 풍성한
> 사시장춘의 후천선경 맞이하길 바라노라.(『도전』
> 6:86:2)

6. 동서양의 문이 열린 시대

> 이마두의 공덕이 천지에 가득하니 신명계의 영역을 개
> 방하여 동서양의 신명들을 서로 자유롭게 넘나들게 한
> 자가 이마두니라.(『도전』 4:13:3)
> 옛적에는 동서양 교통이 없었으므로 신명들이 서로 넘
> 나들지 못하였으나 이제 기차와 윤선으로 수출입하는
> 화물의 물표를 따라 서로 통하게 되었나니(『도전』
> 5:23:1-2)

좋은 의미이든 나쁜 의미이든, 19세기는 동서양의 문이 열리고 세계의 중심무대가 이동하였다.

왜 그런가?

서양 제국주의 국가들이 경쟁적으로 아시아, 아프리카 그리고 태평양 방면의 여러 지역을 헤집고 다녔기 때문이다. 서구 열강이 보았을 때, 이 지역들은 주인 없는 빈집[무주공산]이었다. 발 빠른 나라만이 그 지역을 확보할 수 있을 것으로 생각하였다.

경쟁에 뒤지지 않기 위해, 아니 그들 표현대로라면 생존을 위해서 물 밀 듯이 몰려들었다. 이 과정에서 동서양의 교통이 열렸다. 이마두가 신명계의 영역을 개방한 이후, 이제 땅에서도 동서양이 개방된 것이다.

이제 세계 각국은 자율적이든 타율적으로든 문호를 개방하였고 전 세계는 하나의 무대가 되었다. 아시아만 보더라도, 일본(1854) 중국(1860) 조선(1876)이 문을 열었다.

이 과정에서 세계의 중심 무대도 이동하였다.

세계정세 판도의 흐름을 보면 17, 18세기 및 19세기 전반부까지는 유럽이 세계역사의 중심 무대였다. 서구의 여러 나라들은 전쟁을 통하여 힘을 기르고 합종연횡하면서 제국주의 기틀을 마련하였다. 1870년 프랑스와 프로이센 신생을 지군 후에는 무대가 이동하였다.

러일 전쟁을 풍자한 그림

1878년 러시아와 오스만투르크 간의 전쟁을 전후해서 무대가 근동의 발칸반도로 옮겨졌다. 발칸반도는 동서양의 교통 요지라는 지정학적 위치뿐만 아니라 이슬람과 기독교 세력 간 충돌(종교분쟁의 화약고)과 게르만과 슬라브 민족의 갈등으로 세계인의 이목을 끌었다.

천연의 좋은 항구를 갖지 못했던 러시아는 계속 흑해방면으로 진출을 시도하였다. 영국은 인도에 큰 이해관계를 걸고 있었다. 때문에 러시아의 진출을 불안한 눈으로 바라보고 이를 총력 저지하기 위해 백방으로 노력하였다.

또한 스에즈 운하를 개통하고 터키에 있는 로마 가톨릭교도의 보호를 자처한 프랑스, 러·독·불·이태리에게 봉쇄를 당하고 발칸반도 외에 길이 없는 오스트리아 등도 좌시하지 않았다. 세계 열강이 발칸반도를 두고 판을 벌였다.

서구 열강의 중국 분할을 풍자한 그림

발칸반도를 둘러싼 두 번의 전쟁(1853년, 1878년)에서 서구 열강들의 이해관계가 해결을 보지 못했다. 열강들의 갈등은 다시 수면 밑으로 잠재되었다.

19세기 말에 접어들면서, 세계 열강들의 무대는 동북아시아로 옮겨졌다. 발칸반도에서 미처 이루지 못한 원한을 풀기 위한 판이 마련되고 있었다. 러시아, 영국, 프랑스 등 서구 열강이 몰려들었고, 여기에 중국과 일본 그리고 미국이 새롭게 무대에 등장하였다.

　미국은 남북전쟁(1861~65) 이후 국력을 한층 발전시켰다. 19세기 말에는 동아시아로 간섭의 손을 내밀며 세계역사에 있어 하나의 큰 세력으로 등장하였다.

　일본은 메이지유신(1868) 후 절치부심하여 서구의 문물을 수입하여 공업과 군수산업을 발전시켰다. 1894년에는 아시아의 맹주인 청나라를 격파하였다. 이 사건은 일대 놀라움 그 자체였다. 일본이 근대역사의 한 세력으로 등장하는 순간이었다. 바야흐로 동양의 맹주가 바뀌는 사건이었다.

　뿐만 아니라 1904년 일러전쟁에서는 러시아의 발틱 함대를 격파함으로써 세계의 열강으로 자리매김 되었다.

　19세기 후반부는 이처럼 미국과 일본이 새로운 세력으로 등장하고, 세계역사의 중심무대가 동북아로 이동한 세기였다.

제 11 장. 19세기 조선의 희망

서구 근대문명을 기반으로 고도로 발달한 현대문명은 어떻게 될까?

> "天이 以技藝로 與西人하여 以服聖人之役하고 天이 以造化로 與吾道하여 以制西人之惡하느니라. 하늘이 기예를 서양 사람에게 주어 성인의 역사役事를 행하고 하늘이 조화를 나의 도에 주어 서양 사람의 악행을 제어하느니라."(『도전』4:10:4)

근대는 사람이 중심이 된 시대였지만, 사람들로부터 무엇인가를 분명히 뺏어갔다. 초월적인 존재인 신을 배신하여 낙원을 잃어버렸던 것이다. 초월의 거부는 근대가 이룩한 중요한 성과인 동시에 재앙이었다.

사람들은 낙원을 잃어버렸지만, 낙원은 회복 가능할 뿐 아니라 회복되어야 한다고 보았다.

　불안은 사라지지 않았다. 근대가 찾는 낙원은 도덕으로 뭉친 공동체의 성격을 띠었다. 교회로부터 독립한 인간은 신이 사라진 가운데서 이성을 통해 낙원을 회복하려 하였다.

　근대의 개인들은 초월의 관념을 거부하고 이성의 세기를 연 주체들이다. 그들은 다음 세상이 아닌, '지금 이 곳'을 낙원으로 만들려 하였다.

　그러나 초월자인 아버지(The Father)를 거부하고, 아버지의 이름이 사라진 자리에 낙원은 없었다. 개인의 의지를 신의 뜻과 동일시하는 것은 역사의 재앙을 불러왔다.

　계몽의 환상이 깨졌다. 근대의 희망이었던 기술과 과학이 인간의 삶을 다양하고 풍요롭게 해주기는커녕, 오히려 억압하고 단순화 시키는 원인이 되었다. 물신주의, 소외 등 근대의 비인간성의 원인이 기술문명

에서 찾아졌다.

극미의 세계이든 천체의 현상이든, 모든 자연현상 '그 자체가 신의 조화'임을 망각한 채 신을 부정하여 버림으로써 신도의 권위는 땅에 떨어졌다. 이마두가 동양의 문명신을 주도하면서 비약적인 발전을 보인 현대의 과학문명은 '다만 물질과 사리에만 정통'하였을 뿐이었다.

그것은 근대문명의 초기 담당자였던 '서양 사람의 악행'을 부추겼다. 인간은 '모든 죄악을 거리낌 없이 범행'하는 금수와 같은 존재로 타락하였다.

> 그러나 이 문명은 다만 물질과 사리事理에만 정통하였을 뿐이요, 도리어 인류의 교만과 잔포殘暴를 길러 내어 천지를 흔들며 자연을 정복하려는 기세로 모든 죄악을 꺼림 없이 범행하니 신도神道의 권위가 떨어지고 삼계三界가 혼란하여 천도와 인사가 도수를 어기는지라(『도전』 2:30:9-10)

'떨어진 신도의 권위와 인류의 교만과 잔포'.

서양문명에 대한 증산상제의 진단이다. "신이 떠난 서양"(『도전』4:48:6)과 "서양을 믿는 자는 이롭지 못하리라."(『도전』2:120:3)는 말씀은 그에 따른 준엄한 심판이었다.

하나님을 밀어내고 차지한 자리에서 인간이 누린 권력은 어찌 보면 분에 넘치는 것이었다. '인간이 걸어온 길을 밝힌 이정표'라 칭송받고 있는 프레이저의 『황금가지』에서도 '과학이 종교의 자리를 차지한 것과 같이 앞으로 과학은 우리가 상상할 수 없는 다른 어떤 것에 의해 대치될지도 모른다.'고 하였다.

인간이 스스로 안녕과 행복을 확보할 수 있다는 환상, 스스로 하나님이고자 하는 그걸 김세윤 박사는 인본주의 환상, 휴머니즘의 환상이라 했다. 인간이 자기지혜를 계발해서, 자연을 잘 관찰하고 자연의 힘을 이용하여 과학을 발달시킨다. 그 과학을 생산수단에 적용해서 우리 삶을 안락케 하고, 인간 스스로 모든 문제를 해결하고 모두 잘 사는 것이 19세기 낙원의 모습이었다.

인간은 근본적으로 제한적인 존재이다. 때문에 자기 지혜의 빈곤함에서 내일 무슨 일이 있을지 몰라 불안하다. 능력의 부족, 갈등들. 인간은 시간적 존재이기 때문에 변화하고, 늙고 쇠약해 간다. 쇠약의 짐, 부자유, 이런 것들은 죽음의 증상들이다.

어느 소설가의 이야기다.[257]

"역사를 거슬러 올라가 보면 인간이 신의 자리를 탐할 때 피가 강물처럼 흘렀다."

가슴에 담아둘 만하다.

1. 가을문명으로 바뀌는 시간의 마디

> "내가 천조天朝의 대신大臣들에게 '하늘의 정사政事를
> 섭리하라.'고 맡기고 서양 천개탑에 내려와 천하를 둘러
> 보며 만방의 억조창생의 편안함과 근심 걱정을 살피다
> 가 너의 동토東土에 인연이 있는 고로 이 동방에 와서
> 30년 동안 금산사 미륵전에 머무르면서 최제우에게 천
> 명天命과 신교神教를 내려 주었더니 조선 조정이 제우를

---

257) 정찬, 「슬픔의 강」 1995.

죽였으므로 내가 팔괘 갑자八卦甲子에 응하여 신미辛未
(道紀 1, 1871)년에 이 세상에 내려왔노라."(『도전』
2:94:4-7)

1871년 신미년, 이 해가 바로 선천에서 후천으로 하늘이 바뀌는 시간의 마디였다. 근대 서양문명의 기운이 발칸반도를 돌아 동양으로 들어왔다.

미국의 기운과 동양의 중국과 일본의 새로운 기운도 조선으로 몰아들었다. 바야흐로 동양과 서양의 기운들이 동북 간방에 위치한 조선으로 욱여들어 왔다.

세계의 사정을 보면, 앞에서 보았듯이 1871년에 독일 민족이 대제국을 건설하였고, 전 해는 이탈리아도 통일되었다. 프랑스는 파리코뮌으로 노동자가 2개월 가량 정권을 잡는 대소동이 벌어졌다. 제국주의 침략의 구실이 된 적자생존, 자연도태의 내용을 지닌 진화론도 치열한 논쟁을 거쳤다.

서구 제국주의 국가들이 재편성되어 대열을 가다듬고 서서히 동양으로 나아가기 시작했다. 클라크의 말을 빌면, "서구가 진정한 지혜의 원천을 회복하기 위해 돌아가야 할 곳은 바로 동양이었던 것"이다.[258]

조선 내부에서도 1871년은 혼란과 희망의 한 해였다.
봄부터 동학도들이 난을 일으켰다. 난을 주도한 이필제는 동학의 2대

---

258) J.J.클라크, 『동양은 어떻게 서양을 계몽했는가』, 장세룡 역, 우물이 있는 집, 2004. 141쪽.

교주 최해월에게 뭐든지 "동에서 일어나는 것이기 때문에" 영해지역에서 거사하였다 했다. 『매천야록』에 의하면, 이 때 민심은 극도로 동요되어 난리가 일어나기를 바라는 사람이 많았다.

4월에는 원자元子가 탄생했으나 곧 사망하였고, 지난해부터 세워진 척화비259)는 이 해에도 각 지방에 계속하여 세워졌다. 척화비에도 불구하고 구미의 제국주의 문명은 군함과 상선을 타고 하늘이 바뀌는 땅 조선으로 몰려들었다.

미국과의 본격적인 접촉도 이 해에 있었다. 미국이 군함 3척에 정규군을 투입한 본격적 조선원정이었다(신미양요). 1864년 수운 최제우가 처형되던 해, 미리 안면을 트고 있었지만, 조선과 미국의 본격적인 대면은 이 해 이루어졌다. 그러나 조선정부는 미국의 요구를 거절하고 각지에 척화비를 세워 양이攘夷에 대한 적개심을 더욱 고취시켰다.

조선이 쇄국정책으로 문을 굳게 닫아버린 것이다. 이는 오히려 세계의 주목을 끌었다. 세계 열강은 숨어있는 조선을 세계의 무대에 세우기 위해 계속하여 조선으로 몰려들었다.

위기는 더욱 심해졌다. 조선이 문호를 여는 것이 좋은지 어떤지 누구도 가늠키 어려웠다. 세계의 낙오자가 될 것인지 아니면 제국주의 열강으로부터 지켜낸 유일한 나라가 될 것인지 예측하기 어려웠다.

그것이 좋은지 나쁜지, 해가 되는지 득이 되는지 아무도 모르는 혼돈의 시기였다.

1871년은 그러한 분수령의 해였다.

---

259) 척화비의 원문은 이렇다. "洋夷來侵非戰則和主和賣國以戒我萬年子孫".

이 해에 선후천 온 우주역사의 주관자이신 하나님이 인간 세상에 내려왔다. 조선이 1871년, 신미년에 후천 원년을 맞은 것이다.

일찍 서양 기독교의 총 본산인 이탈리아 로마의 성 베드로 성당 천개탑(canopy)에 내려와 억조창생의 근심 걱정을 살피던 증산 상제였다. 30년 전, 그러니까 오만한 서양 제국주의 국가의 대표격인 영국이 아편전쟁(1840)을 일으켜 중국을 침탈하고 있을 때였다. 증산상제는 이 때부터 동방의 인연 있는 땅 조선으로 이동하여 금산사 미륵전에 머물렀다.

먼저 수운 최제우에게 천명과 신교를 내렸다. 수운은 동학을 열어 포교하였으나 허황한 사학邪學을 폈다는 죄목으로 체포되었다. 1864년 최제우가 참형을 당했다.

일제시대 모악산 금산사

서양에서는 천개탑이 있는 로마 교황령이 1870년 이탈리아에 복속되어 버렸다. 종교적 힘이 크게 약화되었다.

이듬해인 신미년, 새 우주를 열기 위해 '손 바래기', 곧 '하늘의 주主를 기다리는 마을'인 객망리의 강씨 문중에 탄강하였다. 이로써 후천의 첫 발이 내딛어졌다.

선후천의 갈림길에 선 19세기.
제국주의의 핏자국만 즐비한 가운데 인류역사가 완성되는 한줄기 빛이 동방 땅 조선에서 나타났다.

우주의 뜻과 섭리는 우주 주재자가 인간으로 옴으로써 완성되는 길이 열렸다. 그 주재자가 19세기에 동방 땅 조선에 온 것이다.

이 해 12월, 밤하늘이 빨갛게 물들인 기상이변이 있었다. 『저상일월』을 보자.

> "입춘날 밤 북녘하늘이 붉게 물들었다. 그 빛이 마치 불이 타는 듯 하였고 그 형체는 안개가 짙게 깔린 것도 같았다. ...또 동녘 하늘에는 구슬이 노는 것처럼 별이 반짝거려 차마 쳐다볼 수가 없을 정도였다. 이 기상이변은 초저녁부터 새벽까지 계속되었다."

이 조짐들은 무엇을 의미하고 있었을까? 후천 원년의 열림을 축하함인가? 아니면 앞으로 조선에서 일어날 변화와 동방 조선의 운명을 알림인가? 그러나 아직 그 누구도 하늘이 바뀌는 시간의 마디를 알지 못했고, 예측할 수도 없었다.

2. 절망과 희망이 교차하는 19세기 조선

조선의 19세기는 '근대'의 희망을 품고 출발한 시기였다. 새 시대, 새 희망을 연 임금은 순조純祖였다.

순조는 1801년 신유년, 천주교도 300여 명의 목을 베고 다산 정약용을 포함한 수많은 지식인을 유배시키는 것으로 첫 해, 아니 19세기를 맞이하였다. 시작은 매우 암울하였다

1834년 헌종憲宗이 즉위하였지만, 불안함은 사라지지 않았다. 천주교

에 대한 박해도 1839(기해)년과 1846(병오)년 두 차례가 있었다. 천주교를 삿된 학문[邪學]이라 하여 끊임없이 경계한 탓이다.

'아비 없고 임금 없는 종교' '황당무계한 궤변을 늘어놓는 외도' '믿으면 사람이 오랑캐나 짐승이 되어 버리는 종교'라는 이유 때문이다. 또 '외세와 내통하는 자' '외침을 불러들이는 무리'라 하여 나라를 팔아먹을 계책을 서슴지 않는 자들이라 보았다.

이렇듯 조선의 19세기는 밀려드는 서양 제국주의 첨병의 싹을 제거하는데서 출발하고 있다. 불안한 시작이었다.

이런 와중에 1842년에는 중국이 영국 등 제국주의 세력의 끈질긴 공격에 무릎을 꿇고 문을 열었다는 소식이 들려왔다. 그래도 한 가닥 기대를 걸고 믿었던 중국이 무너진 것이다.

순망치한脣亡齒寒이라!

'입술이 없으면 이가 시리나니,' 조선의 불안함은 극도에 달했다. 이때는 서양 대법국 천개탑으로 내려온 증산 상제가 세태를 둘러본 후, 인연이 있는 동토 조선에 와서 금산사 미륵전에 머문 직후이다.

1864년 갑자년에는 수운 최제우가 대구 관덕당觀德堂 장대將臺에서 처형되었다.

> "하늘에서 동방의 이 땅에 이름 없는 한 구도자를 불러
> 세워 신교의 도맥을 계승하게 하고 후천개벽으로 새 세
> 상이 열릴 것을 선언토록 하셨으니 그가 곧 동학東學의
> 교조 수운水雲 최제우崔濟愚 대신사大神師니라". (『도전』
> 1:8:4-5)

이때 수운의 나이 41세.

당시 '승정원일기'承政院日記에 기록된 그의 죄목은 "서교西敎와 같은 것으로 세상을 어지럽혔다"는 것이다. 하나님으로부터 대도를 받아 세상에 알린지 채 3년이 지나지 않은 때다.

최제우가 포교하기 시작한 것이 1861년, 불과 3년 만에 교도가 전국에 흘러넘쳐 마치 6월 장마비와도 같았다. 동학은 짧은 시기에 큰 교세 확장을 이루었다.

하늘에서 천명과 신교를 내려주었던 최수운을 조선 조정이 잡아 죽인 해여서 그런가?

몇 년 전부터 괴이한 사건들이 잇달았다. 지진이 일어나 사람들이 놀라 소동을 벌였다. 솔개 수천 마리가 마을을 습격하고 난데없는 우박이 쏟아져 내려 큰 호랑이[大虎]가 쓰러져 죽었다. 하늘과 땅이 보내는 경고장이다.

서구 제국주의 물결이 조선에 몰려들었다. 1866년 프랑스 신부 9명이 처형된 병인양요丙寅洋擾 때, 국외로 탈출한 리델 신부의 요청으로 프랑스 극동함대가 강화도를 점령하였다.

사령관인 로즈 제독이 '조선이 프랑스 신부 9명을 학살하였으니 우리는 조선인 9,000명을 죽이겠다' 고 위협했다. 독일 상인 오페르트가 대원군의 부친인 남연군 묘를 도굴하였다. 참으로 무례하고 제국주의 본성을 드러낸 사건들이었다.

오만하고 인륜을 거스른 사건에 분개하며 경악하였다. 이미 종교(기독교)는 그 기본 의미를 잃어버렸다. 제국주의적 폭력에 길들여져 신이 떠난 서구문명의 교만과 잔포를 여실히 대변해준 사건이었다. 온 나라가 발칵 뒤집혔다.

더 이상 미룰 수 없었다. 증산 상제는 최수운에게 내려주었던 천명과 신교를 거두고, 1871년 동방의 인연 있는 땅 조선에 직접 내려왔다.

절망이 희망으로 바뀌는 순간이었다.

사람들은 그 변화의 마디를 눈치 채지 못하였다. 잔피에 빠진 조선의 백성들은 절망과 고통에서 벗어나기 위한 몸부림을 치고 있을 뿐이었다.

1876년 병자년은 우리나라 근대사가 본격적으로 시작되는 중요한 해였다. 조선은 이 해에 이르러서야 세상에 문을 열었다(강화도 조약). 그것도 일본에 의해 강제로 열린 문이었다. 조선은 미국(1882) 영국(1883) 독일(1883) 이탈리아와 러시아(1884) 프랑스(1886) 등과 수호통상조약을 체결하고 문호를 개방하였다.

조선 땅에 들어온 그들은 자국의 이해관계를 따라 합종연횡하며 다양한 세력판도를 형성해 나갔다. 바야흐로 동방의 조선은 제국주의 열강의 각축장이 되고 있었다.

1894년 갑오년, 최제우가 형장의 이슬로 사라진 이래, 해월 최시형을 중심으로 교세를 꾸준히 확장하고 있었던 동학군이 마침내 봉기하였다.

일제시대 고부군 고부읍 전경

전봉준을 위시한 동학군이 내건 기치는 '보국안민輔國安民'과 '척양척
왜斥洋斥倭'였다.

> 갑오甲午(道紀 24, 1894)년에 태인 동골 사람 전명숙全
> 明淑이 보국안민輔國安民이라는 기치를 내걸고 동학 신
> 도들을 모아 고부에서 난을 일으키니 온 세상이 들끓으
> 니라.(『도전』1:43:1)

전주성이 동학군에게 점령되었다. 놀란 정부는 청나라의 군사를 불러
들인다. 중대한 실수였다. 5월 초순, 청국은 군함 2척을 아산만에 상륙
시킨다.

더 큰 문제는 일본이었다. 사태를 지켜보던 이등박문 내각은 4천여
병력의 대부대를 인천에 상륙시켰다. 기회를 놓칠 일본이 아니었다. 놀
라운 기동력이고, 필요이상의 병력이었다.

1894~1895년은 근대 100년에 있어 가장 불길했던 해였다. 동학혁명
을 빌미로 조선에 들어온 청국과 일본의 군대로 전 국토는 온통 외국의
전쟁터가 되었기 때문이다.

양계초梁啓超의 『월남망국사』에 보면, "일본이 조선을 도모[謀]한지
수십 년이라, 그 첫째 작업은 조선을 청국으로부터 분리[離]함이니……
그 결과가 청일전쟁이었다"고 말한다.

수천 년간 이루어져 온 동아시아 패권이 바뀌는 순간이었다.

'개벽의 새 시대를 알린 이 혁명'(1:43:11)!

> 혁명이란 깊은 한恨을 안고 일어나는 역사의 대지진인
> 즉, 동방 조선 민중의 만고의 원한이 불거져 버셔 나온
> 동학혁명으로부터 천하의 대란이 동하게 되니라.
> (『도전』1:43:9)

곧 동학혁명은 천하의 난을 일으킨 첫 걸음이었다.

'동학의 발단은 미미하였으나 그 결과는 엄청났다. 조그만 불티가 들판을 태우는 데까지 이르렀으니 한국의 대란大亂과 중·일간 대전이 모두 이로 말미암아 시작되었다.' 전 생애를 민족의 해방과 독립에 바친 박은식의 이야기이다.

근대문명의 이기도 밀려들었다. 우여곡절을 겪었지만, 1899년 서울에 전차가 운행되고, 인천과 노량진 간에 기차가 다니기 시작하였다. 1900년에는 서울 종로에 전등불이 켜졌고, 서울과 충주 사이에 전신이 개통되었다.

증산상제는 이러한 세태를 놓침 없이 살피고 있었다. 그리고는 광구천하의 큰 뜻을 이루기 위해 19세기의 끝자락인 1897년부터 3년간 천하유력의 길을 떠나 세태와 인정을 몸소 체험하였다.

일제시대 정읍 대흥리의 십일전 전경

천하를 주유하실 때 맨발로 먼길을 가시고, 산과 들에서
노숙하시고, 인가에서 걸식도 하시고, 굶는 때도 많으시
니라. 농부를 만나면 대신 밭을 갈아 주시고, 곡식도 거
두어 주시고, 시장에 가면 상인들을 도와주시고, 장인匠
人과 함께 일도 하시니라. 또 누대에 올라 풍물을 들으
시고, 노인을 만나 옛일을 말씀하시고, 관리를 만나 정
치를 들으시는 등 만고萬苦를 체험하시고 만상萬相을 친
히 둘러보시니(『도전』1:73:1-3)

이는 후천의 새 역사를 여는 일이었다.

그래서 그런가. 1898년 12월에 '전라북도에서 서울까지 20여일 동안
뇌성이 그치지 않았고, 초 4일에는 무지개가 해를 관통' 하는 일이 있었다.

3. 세계대운이 조선으로

19세기 조선은 외롭지 않았다.

조선은 우주의 주재자를 맞이하는 '옴파로스Omphalos' 의 자리였기
때문이다. 인체에 비유하자면, '배꼽' 이다. 그곳은 어머니와 연결되어
있고, 생명을 이었던 자리이다. 하늘과 땅이 만나고 땅과 땅 아래가 만
나는 유일한 접점이다.

그곳은 우주의 중심이다. 그곳에 그동안 잃어버린 초월에의 통로가
있고 '열림' 의 자리가 있다. '출구' 이자 '입구' 인 것이다.

동방 땅 조선은 19세기의 험난한 역사의 질곡에서 후천 원년을 맞이
하였다.

"후천 원년은 선후천 온 우주 역사의 주관자이신 하나님이 인간 세상

에 내려오신 첫 해, 신미년 1871년이다."[260]

어둠속에서 서서히 밝아오는 여명의 빛이 보였다. 역사의 마디가 보였다. 그 마침과 시작이 동방의 끝 조선에 있었다.

나는 생장염장生長斂藏 사의四義를 쓰나니 이것이 곧 무
위이화無爲以化니라.(『도전』2:20:1)

문명의 생장염장!

봄·여름철의 문명은 분열·성장을, 가을·겨울은 수렴·완성을 특징으로 한다. 근대문명은 봄·여름의 문명이다. 여름의 성질인 불[火]기운에서 알 수 있듯이, 분열 최고조에 이르렀다.

이성에 바탕한 근대 과학문명은 괄목할 만한 속도로 발전하였다. 근대 물질문명은 제국주의 물결을 타고 거침없이 세계 전 지역으로 퍼져나갔다.

19세기는 문명사적으로 제국주의의 시대였다. 제프리 블루운

---

260) 후천 원년에 대해서는 다음을 참조하라. "....그리고 인간역사 속에 가을 천지기운이 들어와 시작되는 것은 상제님이 도통문을 여시고 새 우주를 열어놓으신 신축년 1901년부터다. 나아가 후천기운에 의해 새 인간역사로 들어서는 출발점이 되는 때는 상제님께서 김형렬 성도의 집에 식주인을 정하시고 천지공사를 보시기 시작하신 임인년 1902년 음력 4월 13일이다. 그리고 실제 이 자연과 문명의 현실적인 모든 조건이 후천 원년이라고 볼 수 있는 때는, 가을개벽이 실제 역사적 사건으로 전개되는 해를 말한다. 다시 말해서 '난리 나간다. 난리 나간다. 난리가 나가고 병이 들어온다' 하신 말씀이 실제 역사의 최종 마무리 사건으로 전개되는 운명의 시간, 그 때부터가 실제 온 우주의 가을철 시간인 것이다."(『개벽』 2005. 7. 53쪽)

Geoffrey Bruun의 지적처럼, '서구과학이 지구를 지배하게 된' 세기였다. 세계는 서구기술의 강제하에서 전 지구의 통합이라는 새로운 시대로 접어들었다.

제국주의 열강의 침략적인 우세한 힘과 광대한 정복은 모든 역사적인 선례들을 무색케 하였다. 제국주의 국가들의 영토전쟁이 극에 달하였다. 이렇듯 혈기왕성한 여름철 문명, 그 분열의 끝자락에는 조선이 있었다.

조선은 문명이 수렴·완성되는 자리였다. 문명은 극대분열하면서 동시에 뿌리로 회귀한 것이다.

그렇다!

조선은 문명의 뿌리였다. 서양 기독교 문명의 뿌리는 슈메르 문명임은 주지의 사실이다. 슈메르 연구학자인 S. N 크래머 교수는 '역사는 슈메르에서 시작되었다'고 말한 바 있다.

『환단고기』「삼성기전 하편」을 보면, 인류의 처음에 환국이 있었고, 그 환국에는 12환국이 있었는데, 그 중 바이칼호 서쪽에 위치한 나라가 수밀이국須密爾國(Sumer)이라 하였다. 당시 슈메르 민족이 사용하던 설형문자가 태호 복희씨가 사용했던 팔괘와 흡사하며, 언어도 한국어와 같은 교착어란 사실을 보면, 그 유사성을 딱히 부정만 하기는 어렵다.

그 환국의 환인, 그리고 환웅, 단군으로 이어져 온 조선은 문명 분열의 끝이자 회귀한 자리였다.

> 천지개벽天地開闢도 음양이 사시四時로 순환하는 이치를
> 따라 이루어지는 것이니 천지의 모든 이치가 역易에 들
> 어 있느니라.(『도전』2:20:4-5)

우주의 질서는 한 마디로 음양의 질서이다. 하늘과 땅, 남과 여, 동과

서... 이 모든 것이 음양질서로부터 벗어나지 않는다.

문명사도 마찬가지이다. 아침(봄)에 일어나 일터로 나가 한낮(여름)에 열심히 일하다가 저녁(가을)에는 집으로 돌아오게 된다. 곧 본래 자리에서 멀어져 분열해가는 양의 과정을 거친 뒤에는 집(근본)으로 돌아오면서 수렴하는 음의 과정이 있다.

곧 봄·여름철의 분열·성장하던 문명에서 수렴·완성되는 가을문명으로, 문명의 결실(열매)을 맺을 수 있는 '옴파로스'의 자리에 돌아온 것이다.

4. 하늘의 정사가 조선에

왜 조선인가?

앞에서 말했듯이, 조선은 '옴파로스'의 자리, 즉 배꼽이다. 새 세상(후천)에는 '새로운(후천의) 집'을 지어야 한다. 그러면 중심이 있어야 한다.

무릇 건축은 중심에서 이루어지는 행위이다. 그곳은 우주의 중심이다. 문명의 '출구'이자 '입구'이다. 거기에 세워져야 하는 것은 하늘과 땅 그리고 인간의 삼계를 꿰뚫는 축이다. 우주축이다. 그곳은 어머니와 연결되었던 자리이며, 생명을 이었던 자리이다.

동방의 조선이 바로 그런 자리였다. 조선은 삼신상제와 연결되어 생명을 이어온 신교 문화의 종주국이다. 삼신상제와 천지신명을 받들어온 제사문화의 본향이자, 천자국이다.

"동방의 조선은 본래 신교의 종주국으로 상제님과 천지

신명을 함께 받들어 온, 인류 제사문화의 본 고향이니
라.”(『도전』1:1:6)

그러한 조선이 19세기에 과학문명과 기독교를 앞세운 제국주의 침탈
앞에 풍전등화의 상태에 놓여있었다. 천자국의 후손인 조선 민중들의
생활은 피폐해지고, 그들의 근본인 혈통줄마저 위협받게 되는 상황에
직면하였다.

"이제 동양이 서양으로 떠 넘어가는데 공부하는 자들 중
에 이 일을 바로잡으려는 자가 없으니 어찌 한심치 않으
리오.”(『도전』2:120:5)
"이제 만일 서양 사람의 세력을 물리치지 않으면 동양은
영원히 서양에 짓밟히게 되리라. 그러므로 서양 세력을
물리치고 동양을 붙잡음이 옳으니“(『도전』5:50:4-5)
"조선을 서양으로 넘기면 인종이 다르므로 차별과 학대
가 심하여 살아날 수 없을 것이요.”(『도전』5:177:3)

뜻을 가진 일반 백성들도 마찬가지였다. 삼삼오오 모여 앉으면 책상
을 치면서 한탄하였다.
"눈앞에 동양형편이 이처럼 위태하거늘 세상에 걱정하는 사람이 많지
않으니 요순우탕 이래 4천여 년을 천하에 문명을 자랑하더니 장차 서양
제국에 삼키어지는 것을 면치 못할지라"고[261].
얼마나 다급하였으면, 마테오 리치가 신명계의 주벽이 되어 상제님의
강세를 하소연하였을까. 그는 바로 오늘날 서양의 현대문명을 연 예수

---

261) 『제국신문』 1898.11.4.

회의 신부가 아닌가.

> 이마두가 원시의 모든 신성神聖과 불타와 보살들과 더불
> 어 인류와 신명계의 큰 겁액劫厄을 구천九天에 있는 나
> 에게 하소연하므로(『도전』2:30:11)
> 천지간의 모든 신명들이 인류와 신명계의 겁액을 나에
> 게 탄원하므로(『도전』2:94:3)

인류구원의 한계에 부딪힌 모든 신명들이 마테오 리치를 중심으로 우
주 주재자에게 달려가 하소연하였다. 천지안의 모든 권력과 삼계대권을
드리고 하소연한다.

천주님, 미륵불, 상제님이시여! 하루속히 인간 세상에 오시어 구원을
주옵소서 라고.

천지대운이 우주주재자가 인간 세상에 나올 때가 되었기 때문이다.
천지가 기다려 온 때가 '꽉' 찬 것이다.

선천 물질문명의 분열이 극에 달하였다. 이는 마치 마차(물질문명)가
말(정신문명)을 끌고 가는 형국으로, 소위 문화지체(cultural lag) 현상
이다. 이 모든 분열이 수렴되고 바로 잡힌다. 말과 마차가 제자리를 잡
아끌고 가는 가을문명 시대가 시작된다.

마치 가을에, 봄 여름에 무성했던 나뭇가지의 잎들이 떨어지면서 수
렴 통일의 기운이 나무의 뿌리로 돌아오는 것처럼. 그 뿌리, 물질문명이
분열을 거두고 후천의 정신문명을 열게 될 곳이 옴파로스의 자리, 동방
땅 조선이었다.

'미네르바의 부엉이는 황혼녘에야 날아오른다.'

헤겔의 유명한 말이다. 지혜의 여신 미네르바의 어깨에 앉아있는 부

엉이는 낮에는 활동할 수 없다. 황혼이 내려앉은 다음에야 비로소 세상을 볼 수 있다.

부엉이가 활동하는 시기는 기존의 이해에 조의를 표하는 죽음의 시기이자 생명의 시기이다. 분출하는 화산의 밑바닥과 같은 용트림의 시기이며 낡은 것을 대치하려는 새로운 모색의 시기이다. 설렘과 불안이 어우러져 소용돌이치는 시기이다.

문명사적으로 그런 시기가 19세기 말이었다. 우리는 그 황혼 빛에 기대어 서서 울부짖는 부엉이의 울음소리를 들어보아야 한다.

부엉이의 울음소리!

그것은 한 역사의 마침과 시작의 소리이다.

한 성도가 증산상제께 여쭈었다.

"천지의 운이 동東은 가득 차고 서西는 텅 빈다 하시니 어인 연고입니까?"

증산 상제는 간단명료하게 말하였다.

"천지대운이 그러하니라...."(『도전』5:143:3-4)

천지대운이 '동'에 있다!

세계대운이 조선으로 몰아들어온다!

'하늘의 정사政事가 동방에 있다' (『도전』5:125:4).

『주역』에서, 동북방은 간방艮方이다. 이 때 간은 변화가 끝나고 새로 시작되는 자리이다. 말씀이 이루어지는 곳이기도 하다. 간은 초목에서 열매로 얘기된다. 열매는 초목에서 결실이자 씨앗이다.

'동'에서, 우리는 이 간방의 땅 조선에서 이루어지는 선천 하늘의 끝(절망)과 후천 하늘의 시작(희망)을 느낄 수 있다.

증산 상제도 "언제든지 동쪽에서 먼저 일어나니 동으로 힘써라"(『도전』3:306:9) 하시고, "어디를 가실 때는 항상 머리를 동쪽으로 먼저 두르시고, 동쪽으로 한 발을 먼저 내딛으신 뒤에야 비로소 다른 곳으로 향하였다"(『도전』5:420:1)고 한다. 이러한 '동', '동방'은 묵은 세상이 문 닫고 우주와 인간의 새로운 살림살이가 시작되는 곳이다.

참고문헌

【단행본】

◇ 원전 및 원전번역 문헌
『증산도 도전』(증산도 도전편찬위원회)
『조선왕조실록』(고종, 순종실록 포함)
『각사등록各司謄錄』
『경국대전』
『계림유사』
『고려사』
『구한국 관보』
『비변사등록』
『주한일본공사관기록』
『만기요람』
『승정원일기』
『여지도서輿地圖書』
『일성록』
『증보문헌비고』
『증보산림경제』

◇ 일기 및 기록 문헌
『고종시대사』 1~6권(국사편찬위원회)
『나암수록』(박주대)
『농사직설』(정초)
『대한계년사』(정교)
『동사략東史略』(남궁억. 1924)
『매천야록』(황현)
『속음청사』(김윤식)
『승총명록勝聰明錄』
『오주연문장전산고』(이규경)
『오하기문』(황현)

『용호한록』(송근수)
『임원경제지』(서유구)
『저상일월』
『죽계일기』(조응록)
『하재일기荷齋日記』
『한계유고』(이승희)
『향산일기』(이만도)
『반계수록』(유형원)
『성호사설』(이익)
『강위전집』(강위)
『백범일지』(김구)
『동춘당집』(송준길.『韓國文集叢刊』)
『쇄미록』(오희문)
『묵재일기』(이문건)
『목민심서』(정약용)
『여유당전서』(정약용)

◇ 신문 및 정간물 자료
『대한민보』
『독립신문』
『매일신문』(전신 :『협성회회보』)
『대한매일신보』
『제국신문』
『한성주보』
『황성신문』(전신 :『경성신문』『대한황성신문』)
『신한민보』
『경향신문』
『개벽』(증산도)
『개벽』(천도교)
『대한자강회월보』
『조선경제년보』(조선은행)
『서우西友』

『서우학회월보』

◇ **여행기 자료**

올리버 에비슨, 『구한말비록(상, 하)』, 대구대 출판부, 1986.
게일 『전환기의 조선』 신복룡 역, 집문당, 1999
달레, 『조선천주교회사』, 분도출판사, 1980.
비숍, 『조선과 그 이웃 나라들』, 집문당, 1999.
새비지 랜도어, 『고요한 아침의 나라 조선』, 신복룡 역, 집문당, 1999
알렌, 『구한말 격동기 비사 알렌의 일기』 김원모 역, 단국대 출판부,
　　　1991.
언더우드, 『상투의 나라』, 신복룡 역, 집문당, 1999
오페르트, 『금단의 나라 조선』, 신복룡 역, 집문당, 1999
하멜, 『하멜표류기』, 신복룡 역, 집문당, 1999
해밀턴, 『한국, 새벽의 나라』, 독일, 1904.
헐버트, 『대한제국 멸망사』, 신복룡 역, 집문당, 1999
베네데크, 『코리아, 조용한 아침의 나라』, 집문당, 2005.
드레이크, 『일제시대의 조선생활상』, 집문당, 1999.
칼스, 『조선풍물지』, 집문당, 1999.
샌즈, 『조선비망록』, 집문당, 1999.
길모어, 『서울풍물지』, 집문당, 1999.
켐프, 『조선의 모습』, 집문당, 1999.
그리피스, 『은자의 나라 한국』, 집문당, 1999.
메켄지, 『대한제국의 비극』, 집문당, 1999.
알렌, 『조선견문지』, 집문당, 1999.

◇ **일반 참고문헌**

안경전, 『개벽 실제상황』, 대원출판사, 2005
강만길, 『조선시대 상공업사 연구』 한길사 1984.
강만길, 『한국근대사』, 창작과 비평사, 1985.
고승제, 『한국촌락사회사 연구』, 일지사, 1979
과학, 백과출판사, 『조선전사』, 1980
국사편찬위원회, 『중국정사조선전』, 1987.

국사편찬위원회, 『한국사』 33권, 국사편찬위원회, 1997.

권오익 외, 『경제학대사전』, 박영사, 1966.

권희영, 『한국사의 근대성 연구』, 백산서당, 2001.

근대사연구회, 『한국중세사회 해체기의 제문제(하)』, 한울, 1987

김광언, 『한국농기구고』, 한국농촌경제연구원, 1986.

김성환, 『아틀라스 한국사』, 사계절출판사, 2004.

김영모, 『조선 지배층 연구』 일조각 1977

김영진 외, 『조선시대 농업과학기술사』, 서울대 출판부, 2000

김용섭, 『조선후기 농업사 연구 Ⅰ, Ⅱ』, 일조각, 1984

김종대, 『도깨비를 둘러싼 민간신앙과 설화』, 인디북, 2004

까레이스끼, 『또 하나의 민족사』, 우리문학사, 1995.

노형식, 『모던의 유혹, 모던의 눈물-근대 한국을 거닐다』, 생각의 나무, 2004.

달레, 『조선천주교회사』(1874) 상, 한국교회사연구소, 1990.

渡部學, 『한국근대사』, 동녘신서, 1984.

무라야마 지준村山智順, 『朝鮮の鬼神』, 조선총독부, 1929.

민족문제연구소, 『한국인의 생활과 풍속』(상), 아세아문화사, 1995

배도식, 『한국민속의 현장』, 집문당, 1993.

변주승, 『조선후기 유민연구』, 고려대 박사논문, 1997.

신동원, 『호열자 조선을 습격하다-몸과 의학의 한국사-』, 역사비평사, 2005

신용하, 『한국근대사회사 연구』, 일지사, 1987

안토니 기든스, 『포스트 모더니티』, 민영사, 1991

오지영, 『동학사』, 대광문화사, 1987.

윌리엄 맥닐, 『전염병과 인류의 역사』, 허정 역, 한울, 1988

윤병석, 신용하, 안병직, 『한국 근대사론 1』, 지식산업사, 1987.

윤효정, 『한말비사-최근 60년의 비록』, 교문사, 1995.

이능화, 『조선무속고』, 한국학연구소, 1927/1977.

이덕일, 『송시열과 그들의 나라』, 김영사, 2005

이성무, 『조선왕조사-숙종에서 순종까지』, 동방미디어, 1998.

이호철, 『조선전기 농업경제사』, 한길사, 1986.

이화여대 한국여성연구소, 『한국여성관계 자료집-한말 여성지』,
　　　　　　　　　　　　　　　　이대 출판부, 1981.

인정식, 『조선의 농업기구 분석』, 1937.

전종휘, 『한국급성전염병개관』, 의약계사, 1960
정석종 외, 『전통시대의 민중운동』 하, 풀빛 ,1981
정석종, 『조선후기 사회변동 연구』, 일조각, 1990
정옥자, 『조선후기 문화운동사』 일조각 1988.
제프리 불루운, 『19세기 유럽사』, 탐구신서, 1984.
조선일보사, 『격동의 구한말 역사의 현장』, 조선일보사, 1986.
조흥윤, 『한국종교문화론』, 동문선, 2004.
주영하, 김소현 외, 『19세기 조선, 생활과 사유의 변화를 엿보다-오주
　　　　연문장전산고를 통해 본 조선후기 생활문화』, 돌베개, 2005.
케이비에스(KBS), 『조선은 양반의 나라가 아니오』, 가림기획, 2004.
크래머, 『역사는 슈메르에서 시작되었다』, 가림기획, 2000.
클라크, 『동양은 어떻게 서양을 계몽했는가』, 장세룡 역,
　　　　우물이 있는 집, 2004,
토마스 매큐언, 『질병의 기원』, 동문선, 1996.
한국고문서학회, 『의식주, 살아있는 조선의 풍경』, 역사비평사, 2006.
한국고문서학회, 『조선시대 생활사 1, 2』, 역사비평사, 1996/2000.
한국근현대사연구회, 『한국근대사 강의』, 한울, 1997,
한국역사연구회, 우리는 지난 100년동안 어떻게 살았을까 1
　　　　(삶과 문화)』, 역사비평사, 1999.
한국은행, 『대한민국 화폐연대표』, 2001.
한국은행, 『한 눈으로 보는 우리의 화폐, 세계의 화폐』, 2001.
한국정신문화연구원, 『한국민족대백과사전』, 1997.
한미라, 전경숙, 『한국인의 생활사』, 일진사, 2005
한우근, 이성무 편저, 『한국문화사-조선후기편-』, 일지사, 1989.
홍이섭, 『한국근대사』, 연대 출판부, 1986.
朝鮮總督府, 『朝鮮の衣食住』, 1916.
朝鮮統監府 臨時間島派出所, 『間島産業調査書』. 1910.
朝鮮總督府, 『小作農民ニ關スル調査』, 1911,
朝鮮總督府, 『朝鮮産業誌』(上), 普門館, 1910
日本農商務省, 『韓國土地農産調査報告』, 1906.
加藤末郎, 『韓國農業論』, 東京, 1904.
宮島博史, 『兩班-李朝社會の 特權階層』, 東京 : 中央公論社, 1995

　　　(노영구 역, 『역사적 실체를 찾아서 양반』, 도서출판, 강, 1996).

四方博, 『朝鮮社會經濟史研究』, 東京, 1938/1976

三木榮, 『朝鮮醫學史及疾病史』, 京都, 思文閣出版, 1991.

John N. Somerville, 「Success and Failure in Eighteenth Century
　　　　　　Ulsan」, Harvard Univ. ph.D. Thesis, 1974.

◇ 논문자료

김병태, "머슴에 관한 연구(1)" 『경제학연구』 4-1, 1956.

김두하, "두창장승고," 『한국민속학』, 1980

김아름, "마마배송굿의 특성연구", 한양대 석사논문, 2008.8

김영모, "조선후기 신분개념과 신분구조의 변화", 『현상과 인식』 2-1,
　　　　1978.

김정실, "조선소작문제총관", 『신동아』 1934.4

김철수, "강증산과 일본제국주의(Ⅰ)-'삼한당三恨堂' 연구"(미발표 논
　　　　문)

김호, "조선후기 痘疹 연구", 『한국문화』 17, 1996.

노진영, "17세기 초 산음현의 사회신분구조와 그 변동,"
　　　　『역사교육』 25집, 1979.

박용숙, "18, 19세기의 고공," 『부대사학』 7

변주승, "조선후기 유민의 생활상", 『전주사학』 8집

성기영, "삼한당에 관한 고찰", 『증산도사상연구』 4집, 1994.

염정섭, "농업생산력의 발달," 『한국역사입문』, 풀빛, 1995

이문규, "조선후기 서울시정인市井人의 생활상과 새로운 지향의식",
　　　　서울시립대, 『서울학연구』 5호, 1995.

이부영, "한국설화에 나타난 치료자 원형상-손님굿 무가를 중심으로-",
　　　　『심성연구』 1, 1986.

이종범, "19세기 후반 호포법의 운영실태에 대한 검토-전라도 구례현
　　　　사례-," 『동방학지』 77.78,79합본, 1995

전병태, "머슴에 관한 연구", 한국경제학회, 『경제학연구』 4, 5권,
　　　　1956/1957.

정석종, "숙종조의 사회동향과 미륵사상", 『조선후기 사회변동 연구』,
　　　　일조각, 1990.

지승종, "조선전기 주노主奴관계와 사노비의 성격"『한국의 사회신분과
　　　사회계층』문학과 지성사, 1986
최대식, 최지년 "양반에 대한 머슴의 반항극" 대구대 『사회과학연구』
　　　9-2, 2001.
최순희. "다산 정약용이 본 농민 생활상 및 그의 개선책-목민심서를 중
　　　심으로-", 단국사학회, 『사학지』 7권, 1973.
최지년, "밀양백중놀이의 연극성에 관한 연구", 단국대 석사학위논문,
　　　1999.
최진옥, "1960년대 민란에 관한 연구", 『전통시대의 민중운동(하)』,
　　　풀빛, 1981.
홍태한, "손님굿 무가연구,"『한국민속학보』 1999.
四方博, "李朝人口に關する身分階級別的觀察"『朝鮮經濟の硏究』,
　　　岩波書店, 1938.
志賀潔, "痘瘡の傳染と朝鮮の傳染病に就て",『朝鮮及滿洲』 184, 1923.
KBS, "마음에 점을 찍는 식사, 점심",「KBS다큐멘터리 이야기 속으
　　　로」, 2004.3.29.
KBS, "차라리 노비가 되리라",「KBS다큐멘터리 이야기 속으로」,
　　　2003.12.8.
KBS, "머슴의 날-백중-",「KBS다큐멘터리 이야기 속으로」,
　　　2003.10.6. ■

색인